馬のためのグルーミング
完全ガイド

WORLD-CLASS
GROOMING *for Horses*

馬のためのグルーミング
完全ガイド　WORLD-CLASS GROOMING for Horses

共著：キャット・ヒル ＆ エマ・フォード
撮影：ジェシカ・デイリー

監修：瀬理町 芳隆／仲澤 真里　　翻訳：野津 紗綾

EQUINET

この本を、お世話になったすべての馬たちに捧げます。

私たちをこの業界のトップに導いてくれた立役者は、他ならぬみんなです。

特に、ニッキー、サイモン、そして類稀なるウッドバーン。

ウッドバーン、君は、あまりにも若くして神様に連れていかれてしまったね。

みんなの、ちょっと風変わりな性格、貴重なご意見、才能、

そして何よりハートがなかったとしたら、

私たちは、今の私たちみたいなグルームにはとてもなれませんでした。

監修のことば

　乗馬に関する書籍は、騎乗や調教のノウハウが書かれたものがたくさん翻訳されて出版されています。そのような中この本は馬を世話するグルームの視点から馬たちとどの様に接していくかを非常にていねいに紹介してくれています。

　海外のトップ選手の多くは、必ず信頼のおけるグルームを雇用し馬の管理の一切を任せて世界を転戦しています。馬に関する情報はグルームから入手し、調教や競技のエントリーのプランを立てるといっても過言ではありません。従って優秀でプロフェッショナルなグルームは選手と二人三脚で競技を戦っています。

　そのようなプロフェッショナルグルームによって書かれたこの本は、馬に接する上で様々なシーンの参考になること請け合いです。

　特にこの本の内容で非常に優れている点は、馬の管理におけるすべての作業の目的や理由、なぜ必要かという読者が持つであろう疑問に全て答えてくれている点です。また、500キロを超える動物に接する際に必ずついてまわる「危険」というものをきちんと具体的例を挙げて紹介してくれています。

　日本とアメリカでは馬の飼育環境は異なる点も多々あるとは思いますが、馬という動物に国境はありません。我々が馬をより深く理解し、まず身近にいる馬からより良い生活を提供していくことが、最良のウェルフェアではないでしょうか。

　この本は必ずやそのための良い教科書となってくれるでしょう。

乗馬クラブクレイン

瀬理町　芳隆

監修のことば

この本を読んだ時、これは馬を心から愛し、馬のためには可能な限りの最善を尽くす「馬と生きる」2人の女性、キャット・ヒル女史とエマ・フォード女史から産み出された珠玉の逸品であると心が震えました。

馬の毎日のケアや競技会でのグルーミングについては、馬に関する専門知識と科学的知識、経験、実績、そして共感力と感性が必要です。

「馬は大きくてもとても繊細な生き物である」とはよく耳にすることですが、その「繊細」さは感性だけではありません。馬は肉体的にも精神的にもとても繊細な生き物で、ほんの少しのことでトラウマを抱えたり、怪我をしたり、命を落としたりしてしまいます。それは馬が草食動物であるということにも起因しており、独特の消化器系のシステムを持つ難しさと同時に、元来捕食されてしまう立場の馬は、その大きさに関わらず「恐怖」や「ストレス」にとても弱い生き物です。捕食される草食動物は恐怖を感じたら身を守らなければならず、身を守れないときには簡単に心臓が止まってしまう仕組みになっているのです（これはいつまでも恐怖を感じたり、痛い思いをしなくてすむようにとの神様のはからいとも言われています）。そのようにあまりにもはかなく命を落としてしまうため、ある程度の年数馬を管理している人間は皆、馬を送った経験があるものです。その心の痛い経験は何回しても慣れることは決してなく、何年経ってもその馬の存在が薄れることはありません。

生き物は皆素晴らしく、驚くべき存在ですが、馬の存在はその中でも格別だと常に感じています。その繊細な優しさ、魂の美しさから、霊格がとても高い生き物であるとも言われています。なぜ人はいつの時代も馬に魅了されるのでしょうか？なぜ馬は人を乗せてくれるのでしょうか？背中に鞍をしょって「乗ってください」と現れた馬はいません。すべて人が始めたことですが、馬は寛大にもそれに付き合い、たくさんの神経が通っている大事な背骨の上に人を乗せて繊細な口にハミをくわえることを許容し、一緒に仕事をすることを受け入れ、協力してくれているのです。そう思っただけでも涙がでるほどありがたいことだと毎日思い、愛おしくてたまらなくなるのです。その気持ちを、この本でキャットとエマと分かち合えたように感じました。

毎日のケアでは、馬にとって必要なこと、彼らに快適さや安心を提供できることは、明日やいつかではなく「今」できることを「今」する、「今に最善を尽くす」ことが大切であると、経験から学びました。競技会では、日々の協力関係で築いたパフォーマンスを披露し、彼らの本来の輝くような美しさ、気高さを存分に引き出すことが彼らへの最大の賛辞であると思い努力を惜しみません。そして、それらを実践するための選りすぐりのアドバイスがこの本には詰め込まれています。

実績と豊富な経験を持つ二人の素晴らしいプロのグルーマーがただでさえ忙しい日々の中、貴重な時間を割き、分かち合ってくれた大切なエッセンスを、日々のそして競技会での馬のケアに存分に活かしていただけたらと願っています。この本が確固としたベースとなり、その上にさらに知識と経験が積み重ねられたら、馬との心温まる素晴らしい関係が築かれることでしょう。

末尾となりましたが、本書の監修の機会を与えていただきました株式会社エクイネットの亀井伸明氏に心より感謝申し上げます。

すべての馬の幸せと関わる人の幸せを祈りながら……

TRC 乗馬クラブ小淵沢
仲澤 真里

目次

- VI　監修のことば──瀬理町 芳隆
- VII　監修のことば──仲澤 真里
- XII　まえがき──フィリップ・ダットン
- XIII　まえがき──シルバ・マーティン
- XIV　著者と写真家について

- 1　**第一部　厩舎にて**
- **2　第1章　ある一日**
- 2　日々のスケジュール
- 4　毎日の基本のキ
  - 4　無口（ネハリ）をつける、曳き馬、無口を外す
    - 4　無口をつける
    - 5　チェーン付きの曳き手
    - 6　馬を放す
  - 6　手によるチェック
  - 6　グルーミング（手入れ）
    - 7　裏掘り
    - 7　ブラシ掛け
  - 10　問題への対処
- 10　騎乗準備
  - 10　肢の保護
    - 12　ネオプレインブーツ（ブラッシングブーツ）のつけ方
    - 13　ドレッサージュ・ブーツ（ファジーブーツ）のつけ方
    - 13　ポロバンデージ（肢巻）をつける
    - 17　キルトパッドを入れて肢巻を巻く
    - 17　ワンコ
    - 18　球節リング
- 19　運動後のケア
  - 19　ホースを使って冷やす
  - 20　バケツを使って冷やす
  - 20　ケガのチェック
  - 21　カラバン（スタンディング・バンデージ）
    - 22　その他のカラバンの巻き方
    - 22　誤まったピローラップとカラバンの巻き方
    - 22　外し方、カラバンの巻き直し方
- 24　厩舎のケア
  - 24　馬糧庫
    - 24　馬房掃除
    - 27　水飼い桶
    - 27　飼い桶
    - 27　乾草
  - 27　厩舎でのその他のヒント

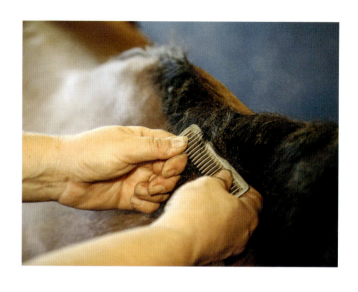

- **29　第2章　隅々まできれいに**
- 29　週ごとに必要な事項
  - 29　蜘蛛の巣
  - 30　扇風機・換気扇
  - 30　排水溝、蹄洗所
  - 30　オガ
  - 30　ブラシ
  - 31　馬糧庫
- 31　牧場の管理
  - 31　運動馬場、放牧場、ラチ
  - 33　毒のある植物、雑草
- 34　馬の健康
  - 34　歩様検査
  - 35　TPR（体温、脈拍、呼吸）を知る
    - 35　体温
    - 36　脈拍
    - 36　呼吸
    - 36　水分
    - 36　目
    - 36　鼻
    - 36　お腹の音
    - 37　ボロ

- **38　第3章　ゼンマイ仕掛けの時計のように**
- 38　定期的なケア
  - 38　獣医師
    - 39　ウェル・ビジット
    - 40　アージェント・ケア
  - 41　ボディ・ケア
  - 42　歯
  - 43　寄生虫駆除
  - 45　装蹄師

VIII

45		蹄鉄を外す
46		包皮洗浄
47		頻度
47		洗浄方法

49　第4章　一揃い全部
49	毛刈り（クリッピング）	
49		なぜ毛刈りをするのでしょうか？
50		いつ毛刈りをするか
51		毛刈りの準備
52		毛刈りに必要な道具
52		シェーバーの刃とそのサイズ
53		安全に毛刈りができる場所を用意する
53		毛刈りをする
54		覚えておくべきこと
55		肢の毛刈り
56		肢の毛刈りはしないでおく場合
57		頭の毛刈り
57		頭全体
59		尻尾の上
59		筋（スジ）
60		毛刈りの種類
60		ベリー・クリップ（お腹の毛刈り）
60		トレース・クリップ
62		ブランケット・クリップ
62		ハンター・クリップ
63		ショー・クリップ、全身の毛刈り
63	毛刈りをした馬のケア	
63		手入れ
65		クオーターシーツ
65		クールダウン／丸洗い
65		クーラー：ニットやウール製
67		丸洗い
68		馬着を着せる
70		特殊な馬着
70		馬着の手入れ
71		馬着を畳む

73　第5章　こまごましたこと
73	馬具	
73		毎日の手入れ
74		頭絡やストラップ状の道具の汚れ落とし
75		毎日の保管
76		鞍の汚れ落とし
77		定期的なよりしっかりとした汚れ落としとコンディショニング
79		真鍮や金属
80		馬具庫の整頓

81	**第6章　位置について、用意……**	
81	競技会に備える	
81	必要なもの	
82		馬具
82		柔らかいもの
82		堅いもの
82		馬糧
83		コンテナ
83	「アスリート」	
83		洗う
85		泡風呂
87		毛刈り
88		顔
89		耳
90		四肢
92		きれいに毛刈りされたところ

93	第二部　競技会にて	
94	**第7章　馬運車の扉を閉める**	
94	輸送	
94		一般的なメンテナンス
94		トラック（馬用トレーラーを引く牽引車両）の安全
95		馬運車・馬用トレーラーの安全性
96		輸送用救急箱

IX

98	馬を馬運車に乗せたら
99	輸送用グッズ
99	輸送用ブーツ
101	ピローラップとカラバン
102	ギャロッピングブーツとワンコ
102	何もつけない
102	温度の管理
103	尻尾の保護
105	輸送用の無口、虫よけマスク（フライマスク）、 馬用ヘルメット（ヘッドプロテクター）
105	業者による輸送
107	安全に馬運車に乗せる
107	自分で馬運車に乗る馬
108	馬運車から降ろす
109	注意
110	輸送が難しい馬
110	運ぶ馬の数
110	音
110	プロテクター
110	積み方
110	空輸

113 第8章　本番

113	競技会の会場で
113	競技会当日のスケジュールの一例
113	現地での厩舎作業
114	輸送の時間
116	競技会場でのベース
116	馬運車
116	馬房
118	安全に関わること
118	馬装を終えた馬をつないでおく場合
118	セイフティ・ノットの結び方
118	整頓して掛ける
120	曳き手を丸めてまとめる
120	革製の曳き手のまとめ方

122 第9章　タテガミ

122	タテガミ
122	種目別の長さ
122	総合馬術
123	障碍馬術
123	馬場馬術
124	ハンター
124	趣味の乗馬
124	毎日のケア
124	タテガミを「馴らす」
126	タテガミを短くする
127	梳く
127	ハサミで切る

128	「ソロコーム」を使う
128	剃刀を使う
128	長いタテガミのケア
130	競技会のためにタテガミを編む
130	道具を揃える
130	三つ編み
132	輪ゴムを使う場合
132	糸を使う場合
133	ゴムで三つ編みを止める場合
134	輪ゴムの外し方
134	縫い込み型のシンプルなお団子の作り方
136	縫い込み型のお団子の外し方
137	毛糸を使った編み方——エマ・フォード流
138	毛糸のお団子の外し方
139	ハンター編み
140	ランニング編み
143	前髪の編み方
143	普通の三つ編みで前髪を編む
144	編み込み

147 第10章　尻尾の先まで

148	尻尾：日々の手入れ
148	毛の長い馬
148	三つ編み
149	テールバッグ
150	「ラッピング」
152	競技会への備え
152	「バンギング」
153	毛刈り？毛梳き？それとも編む？
153	毛刈り（トリミング）
154	毛梳き
155	編む
158	尻尾を巻く
158	基本的なやり方

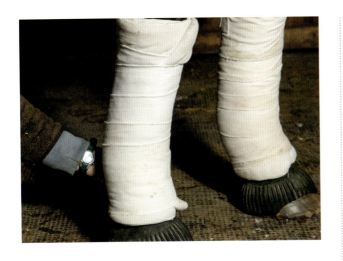

159		上級編
160		バンデージを外す
161		フェイク・テールのつけ方——キャット・ヒル流

163 第11章　最後の一瞬まで
163	競技会のための馬装	
163		勒につける番号札
164		勒に番号札をつける
164		ゼッケンに番号札をつける
167	競技別の秘訣やコツ	
167		蹄油
167		馬場馬術のためのヒント
168		勒をつける
170		馬場馬術：全体的な「見栄え」
170		馬場馬術の準備運動の秘訣
171		障碍馬術のためのヒント
171		前が開いたプロテクター
172		アンクル・ブーツ（球節を保護するプロテクター）
173		ゼッケン
174		競技馬場に向かう
174		障碍馬術の準備運動の秘訣
174		ハンターのためのヒント
175		ハンターの準備運動の秘訣
176		総合馬術のためのヒント
176		調教審査
176		余力審査
176		胸がい
179		耐久審査（クロスカントリー）
186		クロスカントリーの準備運動の秘訣
187		総合馬の見栄えを良くする

192 第12章　しっかり地面をとらえる
192	クランポン	
192		なぜクランポン？
192		一般的なガイドライン
193		全種目のためのクランポン
193		馬場馬術
193		障碍馬術
193		総合馬術
194		ハンター競技
194		クランポンを選ぶ
194		馬の個性
194		競技会のクラス
195		馬場の素材
195		どのクランポンを使うのか？
196		クランポンの道具セット
196		クランポンの穴の準備
197		クランポンをつける
198		クランポンを外す

199 第13章　最後の仕上げ
199	クールダウン	
199		寒い気候
200		スポンジを使う
202		温タオルを使う
202		暑い気候と激しい運動
203		ミスト扇風機
203		クールダウン
204		水分補給
205	競技馬のアフターケア	
205		肢
206		冷却
211		カラバン（ドライ・ラッピング）
211		塗布剤
212		湿布
216		蹄のパック
218		市販製品での代替
218		ボディ・ケア
218		マグネット付き馬着
219		Equissage®
219		RevitaVet™
219		レーザー治療
220		カイロプラクティック、スポーツ・マッサージ、鍼

221 あとがき
223 謝辞
226 翻訳者あとがき

まえがき
フィリップ・ダットン

馬に乗ること、そして競技会で戦うこと（さらにはそこで勝つこと）は、単に自分の馬をレッスンや競技会場でキレイに見せるだけではありません。馬を幸福で、健康かつ健全に保つために必要不可欠な技術を持たずして、真のホースマンシップとは言えません。この本には、みなさんが、完璧な馬の手入れをして、素晴らしく見せるための方法だけでなく、みなさんが、自分の馬により良いケアをするにあたって、参考となるような貴重な知見が詰まっています。

この本の表題は、今、みなさんがどんなレベルにいたとしても、「ワールド・クラス」、すなわち、世界に通用するレベルに到達するのは、夢物語ではないことを示唆しています。でも、どうしたら、普通の馬乗りが、私の考える「ワールド・クラス」になれるでしょうか。簡単に言いますと、それは、グルーミングとマネジメントのスキルを学ぶことです。おしゃれな鞍をいくつも買い替えるよりも、何時間もの高価なレッスンを受けるよりも、ずっと上達や競技会での目標への近道になるでしょう。そして、馬のケアという点に関しては、絶対に妥協できないという人たちから、敬意を払ってもらえるようになるでしょう。

私のように、プロとなり、馬術競技を世界最高レベルで競っている人にとっては、自分の馬がどのようにケアされているか――それは、毎日のことから競技会の前後まで――、これは、自分の成功、ひいては生計そのものにも影響します。ここに、馬なしには馬に乗れないという、ごく単純な真実があるのです。ですから、みなさんが「ただ楽しみのために」馬に乗っているのだとしても、質の高い馬の管理と、それに基づくケアをすることは、その先何年も馬との生活を楽しみ続けられるかどうかに直結します。

エマ・フォードがいてくれたことは、私と私の馬たちにとって、本当に幸運なことでした。彼女は馬のケアに関して、世界トップクラスであり、また、競技会で馬をピカピカに見せることについても完璧です。キャット・ヒルも、私はとても尊敬しています。彼女はマーラ・デピュー選手がトップクラスの馬を持っていた頃に厩舎のマネジメントに携わっていました。彼女たちは、プロのグルームという仕事を、違う次元に引き上げました。仕事に対して持っている誇り、厩舎においても、競技会においても、馬たちをしっかり管理するための彼女たちの技術については、肩を並べる人はいないと思います。

彼女たちから学ぶことで、よりよいホースマンになれるはずです。

フィリップ・ダットン
米国馬術連盟年間トップライダーに12回選出
オリンピックに5回出場、2つの金メダルを獲得

まえがき
シルバ・マーティン

　常々言っていることですが、私にとって、馬に乗らない生活は、普通の暮らしではありません。

　でも、馬に乗っていること自体は、そのごく一部でしかありません。なぜなら、馬といっしょにいること、そして馬に幸せでいてもらい、最高のパフォーマンスを出してもらえるようにケアすることは、もっと大切だからです。

　どうしたら馬をつやつやに、肢は白く光り輝くようにできるのか。中央線に入っていくときにスーパースターのように感じ、そしてそう見えるような毛刈りの仕方にタテガミの梳き方や編み方は？この他、肢巻の巻き方や、テールガードの付け方、お尻の模様の描き方や、ハミの金属の磨き方。キャット・ヒルとエマ・フォードは確かにこれらのテクニックについても、本書で解説してくれています。でも、それ以上に、馬を何よりも優先して行動する誠実で意欲あふれる二人の馬好きを、本書を通じて知ることになるでしょう。そして、二人は、この本を通じて、みなさんにどうしたら同じようにできるか、力を尽くして教えようとしてしています。

　私がこの本の一番好きなところは、キャットとエマが、どれほどの喜びを馬といっしょにいることで得ているのかを感じられるところです。二人は、グルームとしての仕事をとても真剣に考えています。彼女たちが携わっている馬を見れば、二人のプロ意識と技量が間違いなくトップクラスなことが一目瞭然です。そして、彼女たちも、私と同じように、馬なしの生活なんて考えられないと思います。二人とも、自分の仕事が大好きなのです。

　本の中に散りばめられた、二人の体験談を読むと、厩舎や競技会の場にもたらす温かいユーモアやものの見方を感じら

れるでしょう。この点については、必ず触れなければと思っていました。なぜなら、馬のかたわらにいるときの人の「在り方」はとても大事だからです。私は、とても前向きな人間です。これまで、馬乗りとして、あるいは調教師、指導者として、難しい問題に直面したときに、この前向きさがあったからこそ、乗り越えられました。そして、馬に乗っていないとき、馬の世話をしたり手入れをしたりしているときも、前向きであり続けることは、究極的には馬にも影響を与えます。馬がみなさんとどういう風にコミュニケーションをとるのか、馬場の中でどんな動きをするのかにつながるでしょう。

　キャットとエマが、最後の章で言うように「私たちがこのスポーツをする目的は、ただ一つ、それは馬」なのです。

　馬装に誇りを。前向きに。そして、安全に。

シルバ・マーティン
ドイツの調教師
トップクラスの新馬の馬場馬術調教師で、米国馬術連盟デベロッピング・ライダー
2014年CDIOウェリントン・ネーションズ・カップの米国馬場馬術チームのメンバー

向かって左から右へ：写真家・ジェシカ・デイリー、共著者・キャット・ヒルと娘のアデレード、共著者・エマ・フォードとミステリー・ウィスパー号、飼い犬のチャーリー

著者について

キャット・ヒルはアップステート・ニューヨークの農場で育ちました。彼女の幼い頃の記憶の中で、一番最初のはっきりと覚えていることは、5歳の誕生日に両親からポニーをプレゼントされたことです。彼女はそのポニーと共に大きくなり、その後もショー用のアラブ種の馬を何頭も飼いました。キャットは大学に入ってからハンター競技に出るようになり、ニューヨーク州立大学ジェネセオから大学対抗戦に出場しました。学位取得後、馬に対する愛情を追いかけたキャットは、アイルランドのダブリンから北西に1時間ほどの場所にあるムリンガー馬術センターで研修生として働き始めました。彼女はすぐに厩舎責任者に昇格し、半年間、障碍馬術や総合馬術の選手と共に働きました。

アメリカに帰国してからのキャットは、グランプリ・クラスの馬場馬術のトップライダーの厩舎で研修生として働いたほか、フロリダ州ウェリントンで開催されるWinter Equestrian Festivalに出場するグランプリ・クラスの障碍馬術選手のために働きました。その後、AAクラスのハンター厩舎の責任者となりました。それ以降、総合馬術選手クレイグ・トンプソン選手に雇われ、総合馬術のグルームを学び、その後、トップ選手であるマーラ・デピュー選手の厩舎責任者になりました。家族のかたわらで働くためにマーラ・デピュー厩舎を退職したのち、キャットはフリーランスとしてすべての競技のグルームを始めたほか、馬場馬術、障碍飛越、総合馬術の初級者向けの指導を始めました。キャットはこれまで、ほとんど全種類の馬術競技種目、クラスでは地元の馬術大会からパン・アメリカン大会まで経験しました。

エマ・フォードは、イングランドのノース・デヴォンに生まれました。父親がマスター・オブ・フォックスハウンズ（訳注：キツネ狩り犬、必要なスタッフ、道具、ハンティングの準備などの責任者）であったこともあり、狩場で馬に囲まれた環境で育ちました。ポニー・クラブ・システムで馬を習いはじめ、B級を取得、1991年のホース・オブ・ザ・イヤー大会で障碍飛越競技に出場しました。ウェールズ大学で学位を取得後、アメリカに移り住み、馬への情熱を追求することにしました。

エマは、マサチューセッツ州ボストン郊外のアデリエンヌ・イオリオ厩舎で上級の総合馬の管理に7年間携わった後、ペンシルバニア州ウェスト・グローブのフィリップ・ダットン厩舎に移籍しました。エマは世界中の総合の4スター競技ほぼすべてでグルームとして活躍した他、米国総合馬術チームのグルームとしていくつものオリンピック、世界選手権、パンアメリカン大会に貢献しました。総合馬術の他にも、フロリダ州ウェリントンのWinter Equestrian Festivalはじめ、多くの上級の障碍飛越競技大会でもグルームとして活躍、有望な若手馬場馬術選手を上級の競技会でサポートするなどの仕事を行いました。

XV

写真家について

ジェシカ・デイリーは Jess Lynn Photography のオーナー。同社はアップステート・ニューヨークの風光明媚なフィンガー・レイクス地方にあります。ジェシカは従前よりアートをこよなく愛しており、それが写真への情熱、ひいては今日の彼女の成長著しいビジネスへとつながりました。彼女の写真は国際的な写真雑誌はじめ、写真関連のソーシャル・メディアにも取り上げられています。ジェシカが活躍する領域は商材写真の他、イベント、風景、人物写真など多岐にわたっています。本書での仕事を通じ、ジェシカは新たに馬の美しさに魅了されました。この他のジェシカの作品は www.jesslynn.photography でご覧ください。

第一部
厩舎にて

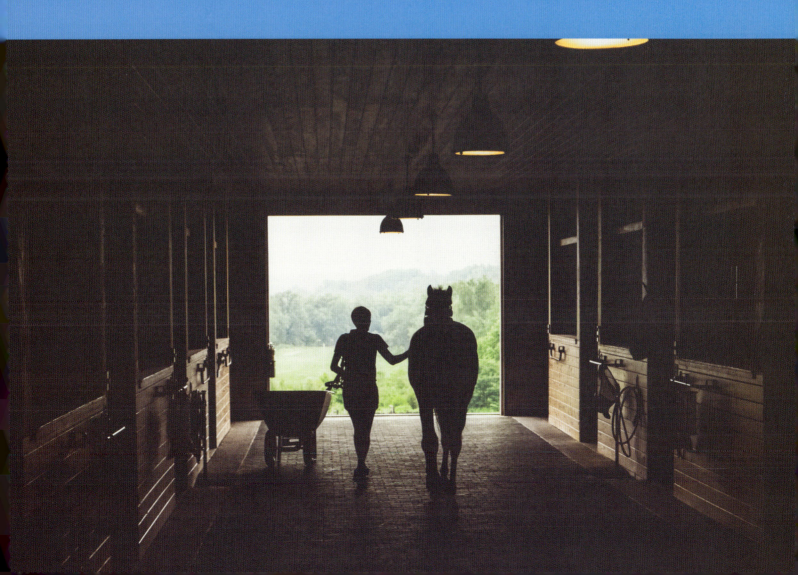

第1章
ある一日

キャットの話

何年も前のことですが、私は、新進気鋭の障碍飛越競技の選手と友人になりました。その選手ととても親しかった2人の友人もプロのグルームでしたが、私とそのグルームたちは、いつも彼の日々の馬の管理にぞっとさせられていました。彼は、馬に乗ることにかけては素晴らしくて、高いトレーニング技術を持っていました。でも、馬にブラシ掛けをしたこともほとんどなく、馬具の手入れも全くせず、ともかく馬の管理の体をなしていませんでした。実際、ある年のクリスマスに、私たちはブラシセットを買って、彼用に目印になる色をつけてプレゼントしました。これでひょっとして、少しは手入れをしてくれるのではないかと願って。でも、ダメでした。少し経つと、馬具や馬体重の他にも、徐々に問題が出てきたのです。小さな傷が原因で、セルライティス※1のような深刻な問題になりはじめたのです。そこで、彼は私に電話をしてきました。私は「そろそろステップアップするときね。馬をよりよくケアして、グルームを育てるべき頃合いよ」と言いました。私は彼の厩舎に出向いて、彼が雇った新人の女性たちに会い、何日間か泊まり込みで、どうやって厩舎を運営していくのか、実際にやって見せました。さらに、試合にもついて行き、タイムスケジュールの組み方を教えました。日々の管理、運営についてのメモの入った手書きの本を作ってあげました。そして、ようやく、彼の馬の管理や手入れのレベルが、彼の騎乗技術やホースマンシップの水準に見合うまでになったのです。今や、その選手は、試合では上位の常連になりました。あの数年前の手書きのノートは、この本の元となっています。何が言いたいのかというと、どんなに上手く乗れたとしても、日々の厩舎管理を無視するわけにはいかないということです。

日々のスケジュール

全ての馬に共通の日々のスケジュール（日程）：

午前7：00・厩舎にいる馬の飼いつけ
午前7：15・夜間放牧※2していた馬を放牧場から連れてきて、飼いつけ（四肢、馬体をチェックする）
・そのまま放牧しておく馬の飼いつけ（四肢、馬体をチェックする）
・放牧場や馬場にある水飲み場のチェック
午前7：30・馬を外に出す

午前7：45・馬房掃除、各馬に乾草をつける
・水桶※3の中を捨てて、こすり洗いをし、新しい水に換える
・通路の掃き掃除
午前中を通して：
・騎乗のための準備
・クールダウンとアフターケア
午前9：00・飼い桶を洗う
・次の飼いの準備
午前11：30・適切な時間に昼飼いをつける
・水飼いチェック、必要であれば足す
・ボロ取り

※1）細菌性の組織の病変で日本では一般的に「フレグモーネ」と呼ばれている。
※2）地域にもよるが米国では夜間に放牧されているケースが多い。
※3）原文は「水桶」だが放牧場にある作り付けの水飲み場を指している。

朝のルーティーンワーク

午後を通じて：
- 馬の手入れ（全体）
- ケガの治療などやその他の問題のケア
- 雑用（蜘蛛の巣を取る、厩舎の修繕など）

午後3：00・夕方・夜間に向けて馬を外に出す
- 馬房掃除、乾草やり
- 水飼いチェック。きれいなら注ぎ足し、汚ければ捨てて入れ直す
- 放牧場や運動場の水飲み場、やったことをチェック

午後4：00・飼いつけ

午後8：00
～10：00・夜の見回り（具合の悪そうな馬はいないか、疝痛（せんつう）などの兆候はないか。馬着を着替えさせる）
- 夜飼いつけ（必要な場合に）

　グルームにとって最も重要とされる仕事は、競技会場での仕事ではありません。馬具を手入れしたり、金属部分をピカピカに磨き上げたり、完璧にタテガミや尻尾を編むことでもありません。一番大切なのは、日々の基本の「キ」にあります。問題が大きくなる前に、馬の皮膚のちょっとした異常に気づいたり、本当に悪くなる前に「何かちょっとおかしい」ということに気が付くことなのです。少しずつ、毎日の積み重ねで、手に負えなくなるような問題が起こらないようにすることです。では、1日の初めから終わりまで、見ていきましょう。

1 季節にもよりますが、馬はふつう朝方に厩舎から出ていくか、厩舎に戻ってくるかします。一般的に、夏の間、馬は放牧場で夜を過ごし、冬の間は厩舎内で夜を過ごします。特に様子を見ておく必要がある馬や、放牧には慎重になる必要のある馬

第1章　ある一日・3

無口のつけ方

については後述します。馬にストレスのかかったとき、その馬がどういう反応を見せるか、それは、みなさんが日々、どのように馬を扱うかによって決まります。人間はいつも落ち着いて、ちょっとした瞬間でも主導権を握っていなくてはなりません。馬を捕まえるとき、曳き馬をするとき、馬を放すときの全てを正しく行うことから始まります。最終的に、どんなに大きな影響を及ぼすのかに気が付いていないため、毎日の馬の扱いを多くの人が手抜きしてしまいます。

毎日の基本のキ

無口（ネハリ）をつける、曳き馬、無口を外す

無口をつける
1A&B：悪い例：馬に無口をつけるときは、決して正面から近づいて、無口を押し出すような動作をしてはいけません。馬の視界は、正面が盲点になっており、そこから近づくと馬は逃げようとします。

2：代わりに、馬の頭の横に立って、無口の鼻を通す部分を広げて持ち、そっと馬の頭まで引き上げます。

3：悪い例：無口の喉革を止めておかないと、馬の視界にちらついたり、柵に引っかかったり、馬の頭に強くあたって馬が走り出し

兼ねません。いつもきちんと止めましょう。

曳き手を自分の手に巻き付けるのも、とても危険です。穏やかな馬であっても、馬が躓くと人間も転んでしまう可能性があります。また馬が走り出したときには、引きずられてしまいます。さらに、曳き手を手に巻き付けておくと、馬に緊張感を与えてしまいます。

4：曳き馬をしているときには、馬をちょうど良いペースで人間の隣を歩かせるようにさせます。

5：悪い例：馬を引っ張るようにしないでください！

チェーン付きの曳き手

中には、通常の無口と曳き手に対する「敬意」を忘れてしまう馬もいます。人間が止まっても馬が止まらない、歩かせたいペースよりも馬が速く歩いて人間を引っ張る、肩で人間にぶつかってくるようであれば、それは、馬が無礼なのです。馬は、犬と全く同じように、人間に「ついて」来るべきです。馬は人間の肩の横を歩いて、曳き手はゆったりとリラックスした状態であるべきです。馬が「無礼」な時には、馬に注意をうながすためにチェーンを使う必要があるかもしれません。

ただ、一般に売られている多くの曳き手についているチェーンは短すぎて、これではかえって危険です。問題はふたつあります。第一に、正しくチェーンを使うには、チェーンにたるみが必要です。いつもぴっちりと張った状態で使っていると、馬はすぐにチェーンに対する敬意を失います。素早く、強く引いて、ゆるめるのが、正しいチェーンの使い方です。第二に、チェーンが短くて無口の鼻革の上を通す分くらいの長さしかないようなものは安全ではありません。

1：悪い例：無口の鼻革にチェーンをひっかけると、2つの問題を引き起こしかねません。まず、チェーンが滑って馬の頤の下に入り込んでしまい、馬が強く引っ張った場合、馬が驚いて立ち上がってしまう可能性があります。また、急に引っ張られたときには、ナスカンの（長い方の）端が鼻腔にめり込んで、その部分にある繊細な骨を折ってしまう可能性があります。

2A：代わりに、鼻革の下からチェーンを通します。

2B&C：そこからチェーンを一度鼻革の上に（鼻革を挟むように）持ってきて、反対側に持っていき、金具に通します。

3：チェーンの長さに余裕がなければ、頬革の上の金具に止めます。

4A：チェーンの長さにゆとりがあるようであれば、頬の下を通して反対側に持っていき、

4B：反対側の頬革の金具で止めます。このようにすることで、チェーンを使ったときに無口が捻じれてしまうのを防げます。

チェーン付きの曳き手のつけ方

馬を放す

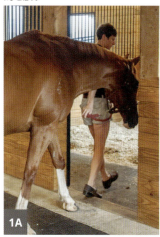 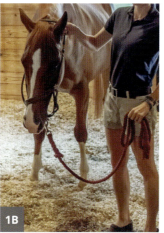  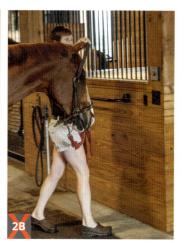

馬を放す

1A&B：馬房内でも、放牧場内でも、馬を放すときは、必ず出入り口や扉を通過して、ゆっくりと馬の向きを変えてから無口を外すようにします。

2A&B：悪い例：馬に人間を追い越して扉を通過させてしまったり、馬がまだ動いている間に無口を外してしまってはいけません。最悪の場合、馬が腰を打ったり、放馬してしまったり、馬に悪癖をつけさせかねません。

放牧場でも馬の向きを変えてから止めるという動作を怠ったり、放牧場に入るなり放すようなことをしていると、馬に出入り口を通過するなり走り出すことを教えてしまいかねません。これは馬にとっても、人間にとっても危険です。

手によるチェック

朝一番にやるべきことは、馬房の中で馬の肢を触って状態をチェックすることです。人の手に代わるものはありません。ただ見ただけでは、被毛の下で何が起こっているかはわかりません！

1：その馬の「ふつう」とは違う点がないか探します。

2：繋（つなぎ）をチェックして、繋靭（けいくん）の前兆がないか確認しましょう。

3：後肢も忘れずに！

新しく来た馬については記録簿を作るのが良いでしょう。骨瘤、球節炎（球節の腫れ）、傷や古傷など、その馬にとっての「ふつうのこと」を記録しておきます。

グルーミング（手入れ）

馬の手入れを毎日しっかりするべき理由は、皮膚を健康に保ち、筋肉をほぐし、手に負えなくなる前に小さな皮膚の異常を見つけ、そして深く内側からにじみ出る美しい輝きを作り出すためです。

手によるチェック

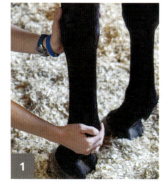  

裏掘り

グルーミング・キット

裏掘り

1：馬を馬房から出す前に、まず、小さなバケツを用意してその上で裏掘りしましょう。泥などがオガやワラに混ざって埃っぽくならないようにするためです。裏掘りが終わらないうちに馬が馬房から出てしまうのを防ぐために、馬に無口をかけ、馬房の扉は閉めておきましょう。こうすると、厩舎の通路が散らかって汚れずに済みます。

2A&B：蹄の裏掘りをするときは、必ず鉄爪をつま先方向に向けて使うことを忘れずに。蹄叉はていねいに扱いましょう。
悪い例：鉄爪を踵に向かって使うのは危険です。蹄叉の肉質部分を鉄爪で引っかいてしまうとケガにつながりかねません。

ブラシ掛け

1：さて、次はブラシ掛けの道具を揃えましょう。

- ゴム製のカリーブラシ
- 根ブラシ
- 中くらいの大きさの根ブラシ（毛が硬いブラシ）
- 柔らかくて心地良いブラシ、または羊皮のミット
- タオル
- ハサミ
- 櫛とブラシ
- 日焼け止め
- タルカムパウダー（ベビーパウダー）
- BB® Double Strength Super Gro※1
- 蹄油、蹄用のコーティング剤（蹄シーラント）
- 鉄爪（てっぴ）
- ウィッチヘーゼル
- 尻尾のコンディショナー、絡まり防止剤
- 被毛用のコンディショナー
- 虫除け

2：まず、カリーブラシを使います。しっかりと円を描くようにブラシをかけて、抜け毛や汚れなどを浮かせていきます。筋肉をマッサージする効果もあります。脂肪や筋肉で覆われていない部分には優しくブラシを掛けましょう。どれくらい強くブラシを掛けて良いものかどうかは、一頭ごとに違います。馬に聞いてください。

3A〜C：手入れをしている時は、どんな傷や腫れ、皮膚の異常も見逃さないようにして、馬をきれいにしたあとで治療します。

ブラシ掛け

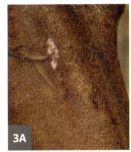
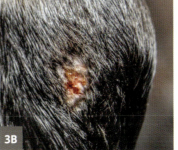

次ページへつづく ▶

※1) BB® Double Strength Super Gro：BBはBronner Brothersの略。本書おすすめの育毛剤。

ブラシ掛け（つづき）

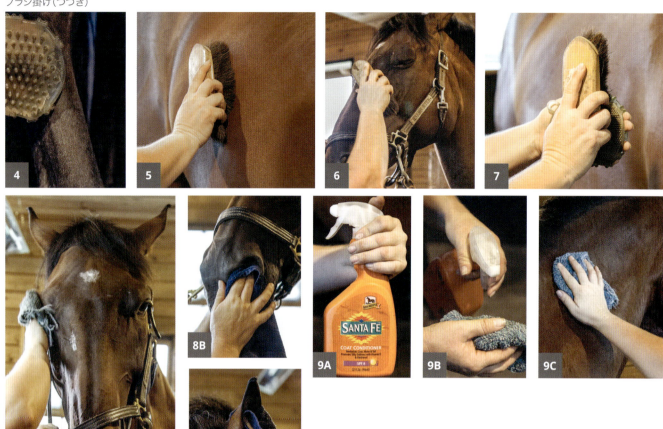

8A〜C：目、鼻、耳をタオルで拭きます。

9A〜C：被毛用コンディショナーをタオルまたは羊皮ミットに吹き付けて撫で、毛を柔らかくして艶を出します。

尻尾

1A〜D：尻尾のブラシ掛けをする際は、尻尾の先から掛け始めて、優しく絡まりをほどきながら少しずつ上の方に移動していきます。

2：慌てて尻尾の真ん中あたりに櫛を入れないように！後で痛い目を見ますよ。

タテガミ

1：しっかりとかれたタテガミは、櫛や硬めのブラシでブラシ掛けができます。

2：日常的に温かいタオルをタテガミに充てておくと、寝かせ癖をつけられます。かなり温かいタオルを使えば、それだけで1時間

4：ゴムのカリーブラシの小さな突起を使って、四肢の管骨もやさしくブラシ掛けします。

5：馬がかなり汚れている場合、頑固な泥の塊は、根ブラシを使って落としましょう。中くらいのサイズの硬めのブラシで、小刻みに強くこすり、馬の皮膚近くまで入り込んだ泥も落とします。

6：顔も優しくブラシ掛けするのを忘れずに。

7：首の方から始めて、お尻に向かって手入れしていく間は、カリーブラシを使いましょう。

尻尾のブラシ掛け

1A

1B

1C

1D
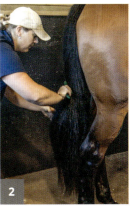
2

タテガミのブラシ掛け

1

2

3A

3B

半くらいはタテガミを寝かせておけます。

3A&B：タテガミに癖をつける際に、毎日蜜蝋の入った整髪料を使うと柔らかく滑らかなタテガミを作れます。

蹄

　蹄に湿度を与えるためには蹄油、湿気から蹄を守るためには蹄用のコーティング剤（蹄シーラント）を使います。

1A&B：蹄油は蹄冠部から踵まで塗ります。

2A&B：蹄用のコーティング剤は蹄冠部の柔らかい部分や踵に塗ってはいけません。

蹄のブラシ掛け

1A

1B

2A

2B

第1章　ある一日・9

問題への対処

最後に、手入れの途中で見つけたケガなどの問題に対処しましょう。

1：Thermazene® または SSD（スルファジアジン銀）※1 は強力で優しい抗生物質・抗真菌薬で、さまざまな種類の、ちょっとした皮膚のトラブルに使えます。

2A&B：まずケガのある部分を、ウィッチヘーゼルに浸したコットンできれいにします。

3A&B：必要に応じてSSDクリームを塗布しま

騎乗準備

馬の手入れができたら、次は馬具を準備しましょう。常に帯道（腹帯の通る場所）、おなか、口角が乾燥していないか、擦り傷や肌荒れがないか、再確認してください。こうしたちょっとした問題を馬に乗る前に見つけることで、大きな問題に発展するのを予防できます。腹帯の擦れや拍車傷であれば、その部分にSSDやNeosporin® ※2 のような抗生物質を塗り、その上にVaseline®（ワセリン）やDesitin® ※3 を塗り重ねることで擦れ防止になります。ハミの擦り傷や口角のひび割れなど、口には騎乗前後にワセリンを塗っておけば柔らかさを保てます。じんましんや拍車傷、乾燥など何らかの皮膚トラブルがあるときは、鞍下のパッドと鞍の間に、タオルを挟み、皮膚を長靴の革や騎手の脚による刺激から守ります。

肢の保護

どんな競技をするにしても、馬の肢を保護するための選択肢はさまざまです。運動内容に応じて最も良い方法を選びましょう。

1：ネオプレインブーツ、ブラッシングブーツ：
ネオプレインブーツには柔軟性があって、水を吸収しません。そして、馬が自分で自分の肢を蹴ったり、何かにぶつかったりしたときの衝撃から肢を守ります。ネオプレインブーツは外乗や速歩、駈歩運動、重馬場でフラットワークをするときなどに適しています。Woof Wear ブランドのロングセラーのネオプレインブーツはとても良い商品です。筆者としては、「スプリントブーツ」よりもネオプレインブーツの方が優れていると考えています。どちらも見た目は似ていますが、ネオプレインブーツの方が球節をしっかり保護できて、軽いからです。また、エコノクラストのような「スポーツ・メディシン・ブーツ」と呼ばれるものをご覧になった方もいらっしゃるかもしれません。これは、バンデージのストラップを球節の下まで通すものです。この種のプロテクター（肢まわり）はウェスタン競技用に作られたもので、馬がスライドしたりスピンしたりするときのサポートとなります。ただ、これは肢をしっかり下まで保護する一方、擦れの原因になったり、馬場馬術では馬の自由な動きを妨げてしまう可能性があります。また、障碍飛越では、やや厚ぼったくて重すぎますし、総合の野外走行時には水を吸ってしまったり、植物の種や草がくっついてしまったりして、刺激の原因になえます。

2：ポロバンデージ（肢巻）：
ポロバンデージとは、細長いフリースの帯状のもので、片方の端にマジックテープ（Velcro®）がついています。衝撃からの保護、多少の腱のサポートの役割を果たします。フラットワークや、乾いた馬場での馬場馬術の運動にとても適しています。ポロバンデージは重馬場はもちろん、馬場に水を撒きすぎたようなときには、決して使ってはいけません。フリースが水を吸収してしまうことが

ケガなどの問題への対処

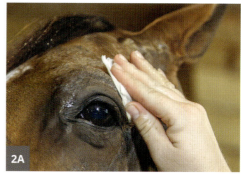
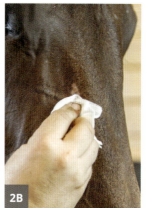

※1）Thermazene®またはSSD（スルファジアジン銀）：やけどの感染予防などに使う、強力な抗生物質で抗菌効果、痒み止め効果のあるクリーム。肌には優しい。日本ではゲーベンクリームとも。
※2）Neosporin®：消毒剤の一種。ネオスポリン軟膏。
※3）Desitin®：日本の「オムツかぶれ薬」が近い。擦り傷などの皮膚トラブルに使う保湿クリーム。

問題になります。ポロバンデージが濡れると伸びて捻じれて外れてしまうだけでなく、馬の腱を傷めて「バンデージ・ボウ」を起こし兼ねません。「バンデージ・ボウ」は、馬の肢の大きな腱が、水を含んで重くなったポロバンデージに引っ張られることで腫れたり、傷んだりして屈腱炎を起こした状態です（13ページ参照）。

3：前開きのブーツ：
　「前開きのブーツ」は多様な素材で作られています。革製、合成ゴム製、フリースの裏地付きなどがあります。このプロテクターは、馬の肢の腱の後ろ側と球節をカバーする形状で、前側には細い小さなストラップがついています。このプロテクターは、障碍の調教に用いられます。ケガは防止しつつも、馬が注意散漫で、横木に肢を当てたときには、当てた感覚があります。革製のものは、毎回汚れを落として油を塗る必要があるので、試合用に使われることが多いです。合成ゴム製のものは、洗濯も簡単で軽いので、普段使いに最適です。Eskadron®ブランド※1のプロテクターはつけるのが簡単で丈夫です。フリースの裏地付きのものは、敏感肌の馬にはとても良いですが、清潔に保っておく必要がありますし、吸水すると擦れてしまうので、重馬場や雨の日には使えません。

4：アンクルブーツ：
　アンクルブーツは前開きのブーツとセットで使われる、後肢用のプロテクターです。アンクルブーツは、球節につけ、内側に小さな丸い形の保護パッドがついています。そして小さなストラップが球節を一回りするようについていて、プロテクターを固定します。

5：フリースの裏地付き運動用ブーツ：
　これはよく「ファジーブーツ」と呼ばれているものです。コーデュラ（Cordura®）※2製またはビニール製で、内側にフリースがついているものです。肢の下側全体を覆います。ファジーブーツは馬場馬術やフラットワークには最も手軽な選択肢です。敏感肌の馬には、地面が乾いた日の外乗に使うのも良いでしょう。横運動の際に、肢の衝突から完全に肢を保護できますし、敏感肌に優しいプロテクターです。DSB™ Dressage Sports Boots※3ブランドは優れた商品で、洗濯機で洗えるため普段使いにちょうどいいです。ポロバンデージと同様にファジーブーツは水を吸ってしまうので、雨の日に使うととても重くなってしまいます。使用は地面が乾いている時に限るべきです。

四肢の保護

次ページへつづく ▶

※1）Eskadron®ブランド：ドイツの馬用エキップメントブランド。
※2）コーデュラ(Cordura®)：防水耐久性に優れた生地、繊維の名前。ナイロンの7倍の強度と言われる。
※3）DSB™ Dressage Sports Bootsブランド：フロリダ州にある馬術用ブーツブンド。

四肢の保護（つづき）

馬術選手の多くは、横運動をたくさんすることから、四肢に使用しています。

ネオプレインブーツ（ブラッシングブーツ）のつけ方

肢を保護するためにプロテクターをつけるのは、通常、馬が四肢に蹄鉄を履いているときです。馬が蹄鉄を履いていなかったり、前肢にしか蹄鉄がついていなかったりする場合は、前肢だけプロテクターをつけるか、四肢ともにプロテクターなしでも構いません。

6：ストレッチまたはドレッサージュ・ラップ：
　「ストレッチブーツ」は薄くて軽く、多少の衝撃の保護もできます。さらに、水を吸わず、腱も保定できます。馬場馬術選手のお気に入りの一品です。洗濯機洗い可で、つけるのも簡単なので、普段使いにも向いています。

7：ワンコ：
　ワンコはお椀型のゴムまたは合成ゴム製のプロテクターで、「踏み掛け」によるけがを防止するためのものです。また、蹄鉄が外れてしまうのも防止できます。一般的には前肢に使われますが、馬場

1：ストラップが肢の外側に来るようにつけます。締めるときに力を入れて良いのは、肢（管骨）の前側だけです。腱のある後ろ側を力を入れて締めてはいけません。

2A&B：プロテクターが大き過ぎるような場合には、あまった部分は前の方を下、後ろの方が上に来るようにして、しっかり締めます。馬の肌に当たる部分にはシワができないようにします。

3A〜C：ダブルロックになっているプロテクター（2切れのくっつく方のマジックテープで、1切れのくっつける方のマジックテープ

ネオプレインブーツ（ブラッシングブーツ）のつけ方

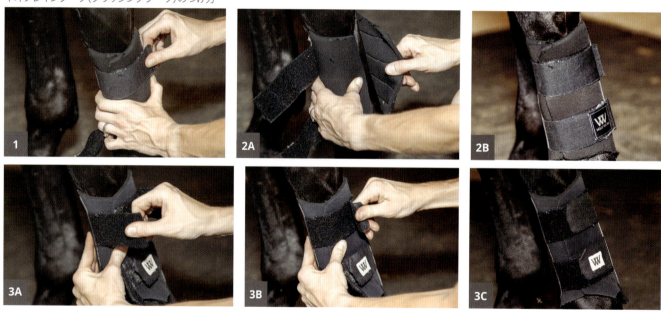

を挟む形状になっているもの）を使うときも、締めるときに力がかかって良いのは、管骨の前側であって、腱がある後ろ側ではありません。そのため上側に来るマジックテープは、前から後ろに向かって締めることになります（写真参照）。

ドレッサージュ・ブーツ（ファジーブーツ）のつけ方

ドレッサージュ・ブーツはネオプレインブーツと同様につけます。力をかけて良いのは、やはり肢の前側だけです。伸縮性のあるファジーブーツの取り扱いには気を付けましょう。ぴったりするように引っ張りますが、きつくなり過ぎないように。間に指が入れられる程度まで締めます。

1：ストラップが肢の前側に来るようにして、膝のすぐ下あたりにブーツを当てます。

2：プロテクターを肢に巻いたときに太さが余るようであれば、前側のあまり部分が後ろ側のあまり部分の下に来るようにします。肢まわりがぴったり合うように、最初に上のストラップを締めますが、きつくなり過ぎないように。続いて下のストラップも同様に締めます。

3：プロテクターについている大きくて丸い保護パッドは、球節を覆うように肢の内側にくるようにつけます（この写真は、肢の内側から撮ったものです）。

4A&B 悪い例：プロテクターの位置が高すぎるつけ方が多く見られます。これでは馬にとって不快ですし、保護も不十分です。

ポロバンデージ（肢巻）をつける

敏感肌の馬で、かつ乾いた場所で騎乗するような場合には、ドレッサージュ・ブーツかポロバンデージが使えます。ポロバンデージは他のプロテクターで擦り傷ができてしまった馬や、馬の肢にかすり傷があるような場合にはとても助かるプロテクターです。擦り傷防止には、あらかじめ馬の肢に少量のタルカムパウダー（ベビーパウダー）をかけておくのが良いでしょう。ポロバンデージは、「高度な」テクニックです。練習あるのみ。時間をかけ、正しく巻けるようにしましょう。下手に巻いて「バンデージ・ボウ（肢巻屈腱炎）」を作ってしまうことだけは避けたいですよね？バンデージ・ボウ は、浅指屈筋腱のケガで、肢の後ろ側の腱が腫れるものです。深刻さの度合いは、単に見栄えが悪い程度のレベルから、長く患うものまでさまざまです。

ドレッサージュ・ブーツ（ファジーブーツ）のつけ方

 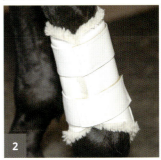

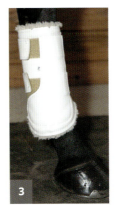  

厩舎のうわさ話

馬場馬術の厩舎で働いていたころ、トレーニングにやってきた馬がいました。その馬の使っていたファジーブーツはちょっと古くて、ゴムが伸びきっていました。私は、プロテクターをつけるとき、それがずり落ちてしまわないように、しっかりとゴムを引っ張って、かなりきつめに止めました。最初の日の運動のあと、馬を洗って、放牧し、万事順調と思っていたのですが、数時間後に放牧から連れて帰ってくると、ぴったり同じような腫れが両前肢にできていたのです。ゴムが古くなっていたために、プロテクターを強く締め過ぎていたのです。そして、ちょうどストラップの位置に、圧迫による血腫ができてしまったのです。言うまでもないことですが、ぞっとしました。幸いにも、若干の水冷と、塗り薬で問題は解決しましたが、以来、肢まわりの締め過ぎと古いゴムにはかなり気をつけるようにしています。

ポロバンデージ（肢巻）の巻き方

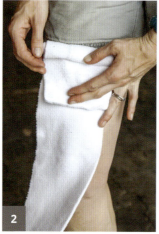
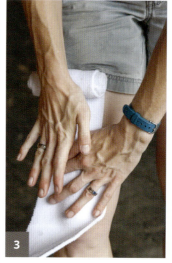
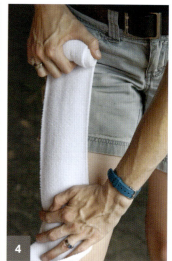
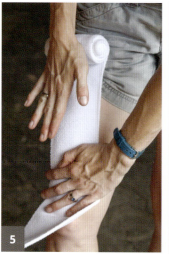

ポロバンデージ（肢巻）を巻く

1：まずポロバンデージを「巻物」にするところから始めましょう。ポロバンデージの「巻物」の巻きが甘いと、馬の肢に巻いたときにも緩くなってしまいます！ポロバンデージをきれいな場所で広げて、マジックテープのある方を上にして自分の太ももの上に置きます。マジックテープを合わせて折ります。

2：ピンとはるように注意しつつ、マジックテープを（内側に巻き込みつつ）、膝に向かって巻いていきます。

3：マジックテープ部分が巻き終わっても、そのまま膝に到達するまでどんどん巻いていきます。

4：巻けた部分をしっかり握っておいて、巻き取っていない方を持って（自分の腿の付け根まで）引き上げます。ぴしっと力をかけたままです。

5：再びポロバンデージを膝まで巻いていきます。

6：巻き切るまで5を繰り返します。終わった時、ポロバンデージはぴちっと巻けていなければなりません。

7：**悪い例**：簡単につぶれてしまうようなだらしない巻物になってしまったら、やりなおしです。

単純なポロバンデージ（肢巻）の巻き方

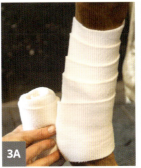

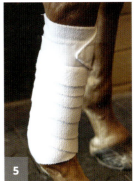

単純なポロバンデージの巻き方

1：膝下からポロバンデージを巻き始めます。巻く方向は、自分の側へ、尻尾の側へ、です。

2：しっかりと一定の力をかけながら、均等に（2.5㎝くらいの間隔で）下に向かって球節まで巻いていきます。

3A&B：球節を同じ力の掛け具合を保って覆っていきます。

4：今度は、上向きに巻いていくために、球節の前側で「V」の字を作ります。

5：同じ一定の力をかけながら、膝下まで巻いて戻っていきます。最後はきちんとまっすぐにマジックテープをつけて、巻き方を確認してください。

気を付けるべきポイント

1：悪い例：一定の力で引っ張っていません。前に持ってくるときに強く引っ張ってはいけません。しっかり一定の力をかけて巻くことでどこか一か所が圧迫されることを防げます。

2：悪い例：巻く方向が間違っています。巻く人の側から見て、後ろから前に持ってきてはいけません。

3A&B：悪い例：巻き幅が不均等です。

4：悪い例：球節部分ががばっと開いて緩んでいます。

5：悪い例：巻き終わった様子が、どうもずんぐりして凸凹です。

気を付けるべきポイント

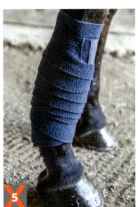

保護機能を強化したポロバンデージ(肢巻)の巻き方

 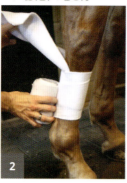 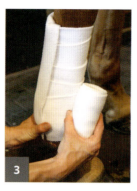 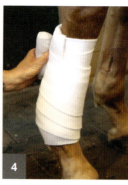 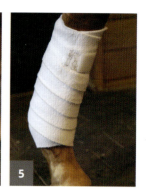

後肢への巻き方

 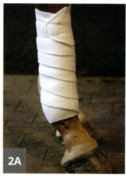 

5：腱の上まで巻ききったら、最後はマジックテープがまっすぐに合わさるように止めます。

後肢
1：後肢にポロバンデージを巻くときは、飛節の下からはじめます。やはり、自分側で前から後ろにくるように巻きます。

2A&B：前肢と同様に球節まで巻いて、戻ってきます。後肢の方が太いので、マジックテープが完全に重ならないかもしれませんが、まっすぐに凸凹せずにくっついていれば、心配いりません。

ポロバンデージを外す
1：ポロバンデージを外すときには、外した部分をしっかりまとめて持つようにしましょう。

2A&B：悪い例：床につけたり、ぶらぶらした部分があると危険です。

保護機能を強化したポロバンデージ
　自分で自分の肢を蹴ってしまう傾向のある馬には、改造版の巻き方が使えます。このやり方は、肢の後ろ側に、もう一重分、保護の役割を果たす「尻尾」をつけて巻く巻き方です。

1：管骨分の長さの「尻尾」を余分にとっておいてから巻き始めます。このときも、自分から見て、前から後ろに向かって巻いていきます。

2：一定の力をかけながら、注意深く下まで巻いていきます。まだ「尻尾」は巻き込みません。

3：球節まで巻いていって、前側で「V」の字を作って、上に戻ってこられるようにします。球節で折り返して上に戻るときに、「尻尾」を腱の後ろ側にそっと沿わせます。

4：上に向かって巻きますが、その際、「尻尾」を腱の後ろに添えて、その上から巻いていきます。

ポロバンデージの外し方

キルトパッドを入れてポロバンデージを巻く

1：キルトパッドを使ってポロバンデージを巻く巻き方は、横運動をすることが多い馬場馬によく使われるやり方です。キルトパッドを1枚、ポロバンデージの下に入れて巻くことで、よりしっかりとした肢の保護が得られます。さらにワンコもつけることで下肢全体が保護できます。

2：まず、運動用のキルトパッドを肢に巻きます。キルトパッドをぴったりと、自分から見て前から後ろに向かって巻きます。

3：ポロバンデージを持って、管骨の真ん中あたりから巻き始め、下に向かって球節まで巻いていきます。

4：均等な力がかかるように注意しながら巻き続けます。最後の巻き終わりは上に戻って、マジックテープを止めます。

5：全肢にポロバンデージとワンコをつけ、鞍を乗せる準備が整った馬場馬です。

ワンコ
ゴム製のワンコ

1：ワンコは、馬が前肢の蹄鉄を踏んで外してしまったり、このような「踏み掛け」を防ぐためのものです。ワンコにはいくつかの形状がありますが、最大の問題は、きちんとフィットするかどうかと、しっかりときれいにされているかです。そうでないと、擦れてしまいます。

2：ゴム製の引っ張ってつけるタイプのワンコは、常日頃ワンコをつけていなくてはいけない馬にとっては、理想的です。汚れを落とすのが簡単で、肌にも優しいからです。まず、ワンコを裏返しにしておいて、馬の膝を自分の太ももに乗せます。球節をまっすぐにもって、ワンコを引っ張って蹄を通します。

キルトパッドを入れてポロバンデージ（肢巻）を巻く

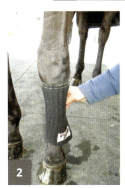
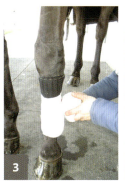
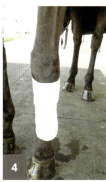
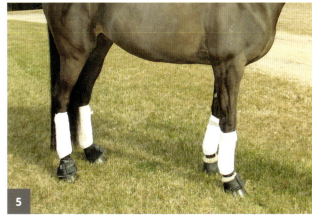

ゴム製のワンコのつけ方

3A&B：馬の肢を地面におろして、ワンコを表に返します。

4：外すときには、ワンコの後ろ側を持って、つま先に向かって引っ張ります。このとき、蹄鉄を外さないように注意してください。

マジックテープ付きのワンコ
1：蹄の外側にマジックテープがくるようにします。閉じる部分が馬の前から後ろに向かうようにします。

2：しっかりと、凸凹しないようにマジックテープを止めます。

マジックテープ付きのワンコのつけ方

ナイロン製ファブリックのワンコのつけ方

3：ワンコは、地面から少し浮いていて、かつ、指1本分の余裕があるようにしておきます。

ナイロン製ファブリックのワンコ
　ナイロン製ファブリックのワンコには、2種類あります。一つは、全体が平坦なものですが、もう一つは小さなコブがワンコの内側についています。このコブは、ワンコがグルグルと回ってしまうのを防ぐものです。ナイロン製ファブリックのワンコは短時間の使用には適していますが、長期間にわたって使用したり、放牧に使ったりすると、擦れの原因になりかねません。

1A&B：コブ付きのワンコを使う場合、コブは馬の踵の割れ目の部分にあうようにつけます。

2：マジックテープは踵の前側にきて、上のマジックテープが前から後ろに向かうようにつけます。

球節リング
　球節リングまたは「インターフィアレンス・ブーツ」は、シンプルなゴム製の輪っかで、繋（球節）につけて、馬が自分で自分の肢を踏み掛けてけがをするのを防ごうとするものです。どの肢にも使え、必要があれば長期間にわたってつけておけます。

1：まず、リングを開いて、繋の上につけます。

2：リングを止めます。指が2本入るくらいの余裕を残しておき、ストラップの端はリングの中にしまっておきます。

3：つけ終わったら、もう一度、指2本分の遊びがあることを確認してください。

球節リングのつけ方

ホースを使って冷やす（蹄洗所とホースが使える場合）

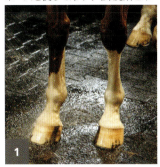
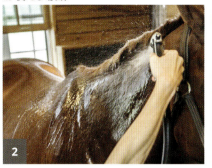
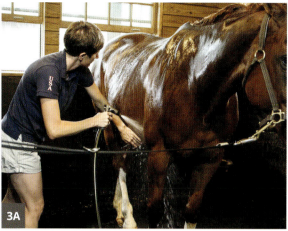

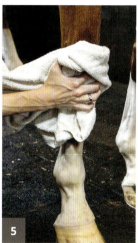

運動後のケア

馬が運動を終えたあと、まずは馬に問題がないかどうか、そして十分クールダウンしていることを、手入れを始める前に確認します。これは、馬が乾いているかどうかというわけではありません！馬の呼吸と心拍数を確認（TPR、トータル・フィジカル・リスポンスについては、35ページを参照）し、血管を見ることも馬の状態のヒントになります。血管がまだ浮き上がっている状態の馬は、止まって立たされている間に、再びヒートアップしてしまう可能性が高いです。浮き上がった血管は、まだ馬の深部体温が高いことを示唆しています。後肢や肩などの大きな筋肉は、熱をため込んでおり、ゆっくりした常歩によって筋肉を動かし、熱を逃がすのを助けます。活発な運動をして馬の体温が上がっている時には、呼吸が落ち着くまで常歩させ、その後、水を与えることがクールダウンには効果的です。

ホースを使って冷やす：
（蹄洗所とホースが使える場合）

1：馬が水に慣れていないようであれば、足先から水をかけ始めましょう。

2：首から尻尾まで、全身を流していきます。手を使って、しっかりと汗を落とすようにします。

3A&B：脇の下、胸前、後肢の間も忘れずに流します。

4A&B：大丈夫なようであれば、顔も流してしまいましょう。ダメなら水をスポンジに吸わせて、汗をこすり落とします。

5：汗こきで全身の水気を切って、タオルで肢と顔を拭きます（絶対に肢が濡れたままオガの馬房に戻さないように。皮膚が菌類に感染してしまう可能性を考えれば、ここで乾かすことを手抜きする選択肢はありえません！）。

バケツを使って冷やす

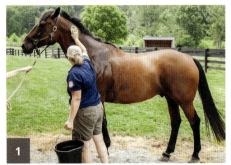

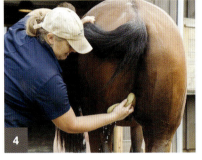

バケツを使って冷やす：

ホースと蹄洗所がなければ、次善の策はバケツを使って流すことです。

1：冷たいきれいな水をバケツ一杯に汲み、スポンジを浸します。首から始めましょう。

2：首からだんだんと胴に向かって行って、特に帯道はていねいに。

3：次いで、後ろへと向かっていきます。

4：後肢の間も忘れずに。

5A&B：顔に戻ります。額側のあたりも、全体的に流します。

6：また、耳の後ろの汗を落とすのも忘れずに。優しく！

終わったら、タオルで拭きます。

プロのコツ

障碍練習の後は、馬を洗う水に少量の筋肉痛に効く塗り薬を混ぜると良いでしょう。さらに、肢にカラバンを巻いておけば、翌日の回復に差が出ます。ハードなフラットワークをした馬には、全身に軽く塗り薬を擦り込み、夜間、放牧しないならカラバンを巻くと良いでしょう。

ケガのチェック

打撲、コブ、傷などがないか、肢をくまなくチェックします。さらに、口やアバラに擦れがないか確認します。
全身を洗い流す必要がなければ、カリーブラシと毛ブラシをかけて、蹄油を塗ります。裏堀りをして、尻尾とタテガミにブラシをかけて、汗の跡をどこにも残さないようにしましょう。見落としがちな場所は、おなかの下と耳の横です。

カラバン（スタンディング・バンデージ）

　カラバンは2つの道具を使います。まず、肢をクッション性のあるパッド、「ピローラップ」で巻きます。その後、「スタンディング・バンデージ」（カラバン）をぴったりと巻いてサポートします。本書のオススメは、フランネル製のカラバンです。いろいろなブランドのものが売られていて、きれいな色が揃っています。「トラックバンデージ」の名称で宣伝されていることもあります。フランネル製でないと、伸縮性が出てしまいます。伸縮性のあるバンデージは、巻き方を覚えるには分かりやすいですが、間違った巻き方をしてしまいやすく、馬の肢に深刻な影響を及ぼしてしまう可能性も高いのです。

　「ピローラップ」には、何種類かありますが、著者の愛用はWilker's※1ブランドかNo-Bows※2ブランドです。Wilker'sのピローラップは、フランネル製の布と綿布でフカフカの芯を挟んだものです。No-Bowsブランドのものは、ポリエステル製のフリースがフカフカの芯にくっついたものです。これらのブランドの製品は、厚みと柔軟性がちょうどよく、正しく巻けます。パッドが凸凹していたり、薄すぎたり、汚かったりすると、大きな問題につながりかねません。また、巻くのが簡単な「クイックラップ」などと称して、マジックテープがくっついているパッドがありますが、これは避けるべきです。カラバン巻きの技術は、習得するのに時間と練習を要するものです。そして、正しく巻かれる必要があります。間違った巻き方をするくらいなら、肢に何も巻かないでおいて、塗り薬をちょっとつけるくらいの方がよほどマシです。

1：左から：No-Bowsのピローラップと、フランネル製のカラバン。

2：まずは、ピローラップを硬く巻いておきます。

3A&B：管骨の前側からピローラップを前から後ろへ向かって巻き始めます。

4A&B：ピローラップは均等にやさしく引っ張って巻いていきます。シワがないように整えます。

5：カラバンの端を、膝の下で、ピローラップの中に入れ込みます。

6：ぴったりと一定の力で引っ張って、下まで巻いていきます。巻いていく途中、カラバンは馬の肢にそっと滑らかに沿わせていきます。

カラバン(スタンディング・バンデージ)の巻き方

次ページへつづく ▶

※1) Wilker's：テネシー州に本拠地を置くWilker's Custom Horse Productsの製品。
※2) No-Bows：カラバンの下に巻くピローラップの一種。一般に「ピローラップ」と呼ばれるものよりもやや薄手の商品。

カラバン（スタンディング・バンデージ）の巻き方（つづき）

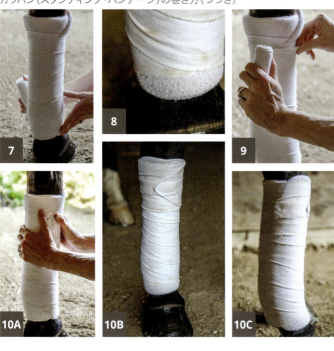

7：球節を覆います。常に均等に力をかけるように。

8：球節の前側で「V」の字を作ります。

9：上に向かって滑らかに均等に巻いていきます。

10A～C：膝下で終わります。マジックテープは地面に水平にぴったりとつけます。

その他のカラバンの巻き方
1A&B：ピローラップとカラバンの両方を一度に押さえておくのが難しいと感じる場合は、きつく巻いたカラバンをピローラップの中にあらかじめ巻き込んでおいてから、馬の肢に巻くやり方もあります。カラバンの端を少しだけ出しておいてピローラップに巻けば、ピローラップとカラバンの向きを揃えやすくなります。

2A&B：そのままピローラップをしっかりと硬く巻きます。

3：21ページと同じように、肢に巻きます。中に巻き込んでいるカラバンをしっかりと押さえながら巻きます。

4：ピローラップを肢に巻き終わったら、そのままカラバンを巻き始めれば良いのです。
前述のとおり、最後までカラバンも巻きます。

その他のカラバンの巻き方

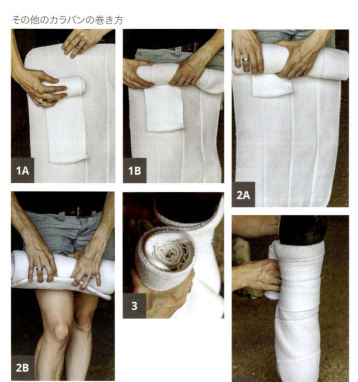

誤まったピローラップとカラバンの巻き方
1A&B：悪い例：正しくない位置から巻きはじめると、浅指屈筋腱を圧迫してしまいます。

2：悪い例：カラバンの巻きはじめの位置が低すぎると、巻き終わったときに不均一な箇所ができてしまいます。

3A&B：悪い例：前側だけを引っ張ったり、球節のところでだぶつきを作ってしまうと、部分的に強く圧迫される箇所ができてしまいます。

4A&B：悪い例：緩くてシワができてしまうような巻き方は危険です。馬にしてみれば、下手な巻かれ方をするくらいなら、何も巻かれない方がずっと良いのです。

外し方、カラバンの巻き直し方
1A&B：カラバンを外すときは、まず、マジックテープを剥がして、

誤ったピローラップとカラバンの巻き方

   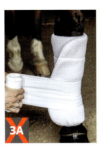   

馬の肢の近くで外していきます。外した部分を床につけないように気を付けます。カラバンが外せたら、ピローラップの端を持って、やさしく引っ張れば外せます。

2：カラバンを巻き直す（巻物の形に戻す）ときには、方向を間違わないように、まずマジックテープをくっつけて内側にくるようにしましょう。

3：自分の肢を使うと、しっかりとテンションをかけて巻き直せます。巻いていった方は、しっかり握っておいて引っ張りながら巻き進めます。

4：巻いた部分はしっかり握ったまま、腕を使って均等に巻いていきます。

5A～C：悪い例：きつく巻き直せていない緩いパッドでは、正しく馬の肢に巻けません。

プロのコツ

さまざまな理由からカラバンを巻いたまま馬を放牧したいということもあるでしょう。馬に関連する多くの物事には、多様な考え方がありますが、この件についても諸説あります。ご自身にとって違和感のない考え方に従ってください。大部分の馬にとっては、カラバンを巻かれたまま放牧されるよりも、外して放牧された方が良いものと思われます。少し動くだけでも、血液循環が良くなって炎症や腫れを防げます。しかし、怪我をした馬や、循環器系に問題のある馬の場合には、動き回るだけでは効果が不十分な可能性もありますので、カラバンが必要になります。もし、カラバンをつけたまま放牧するようであれば、マジックテープの上からマスキングテープを巻いて補強してください。ただし濡れる可能性がある場合には、決してカラバンを巻いたまま放牧に出さないでください。

カラバンの外し方、カラバンの巻き直し方

厩舎のケア

馬糧庫

　1日の中でもう一つ重要な仕事は、厩舎を整頓して安全に保つことです。飼いについては、次の飼いつけの時間が来るまでに、あらかじめ穀類の配合を済ませて準備しておきましょう。一度に少量の飼いを頻繁に与える方が、馬の消化器系には好ましいため、1日3〜4食に分けましょう。他の仕事があって、一日中厩舎にいられない場合には、朝飼い（午前6時〜8時）、夕飼い（午後4時〜6時）、そして夜飼い（午後9時〜11時）と分けるのが解決策かもしれません。

1：馬の名前がついた小さめの飼い桶を使うと混乱を防げます。

2：穀類、サプリメント、常服薬などを飼い桶に入れて、各馬に必要なものを忘れずに与えられるようにします。

3：穀類は全て、害虫やネズミが入らない容器にしまい、こぼれてしまった穀類はすぐに掃くようにします。

4：悪い例：飼い桶の縁に穀類がついたままになっていると、ハエやネズミなどが寄ってきます。飼い桶は毎日洗ってください。

5：穀類が飼い桶の中にこびりついてきたら、強力な食器用洗剤を用いてこすり洗いします。

6：逆さまにして、馬が通らないところで自然乾燥させます。

馬房掃除

　馬房は時間がある限り、できるだけ頻繁にしっかりと掃除しましょう。職業として営まれている厩舎では、少なくとも朝、昼、晩の1日3回の馬房掃除がされています。時間にゆとりができた時に、少しずつボロ取りをしておくだけで、馬房掃除の作業がぐっと楽になります。アンモニアは馬房にすぐに蓄積してしまいます。湿り気のない馬房は、馬の健康には欠かせないものです。

1：汚れた馬房を見ると途方に暮れてしまいます。驚くべきことに、多くの人がどこから手をつけて良いか分からなくなり、結局、全部できていないことになってしまうようです。

2：見てわかるボロの山や湿った箇所を取り除きます。

3：次に、壁際に山を作っていきます。ボロ取り用のフォークなどを使って、ひとすくいずつ、オガをすくって積んでいきます。

4：まず、壁際を済ませてから、中央に移ります。

5：ボロはフォークに残りますから、きれいなオガだけをふるい落として、ボロだけを取って捨てます。

馬糧庫の整理

プロのコツ

馬が蹄洗所に繋がれているときにボロをしたら、すぐに掃除しましょう。ほんの少しの時間、放置してしまったばかりに、馬がボロを踏んで、蹄に入ったり、粉々になってしまうと、片付けがもっと大変になります！

馬房の掃除

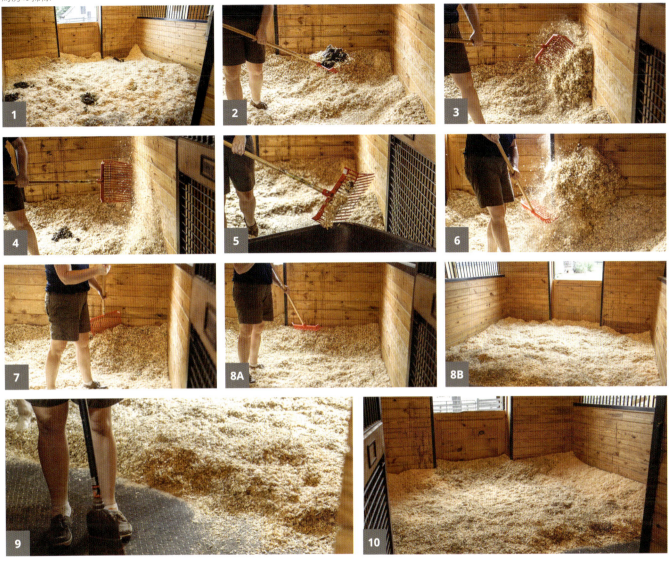

6：オガ全体をふるうのを忘れずに。湿った箇所、ボロを見落とさないように。

7：オガを一通りふるい終えたら、オガを再び真ん中に戻してからならします

8A&B：馬房で馬が寝ころんだ時にハマって起き上がれなくなってしまうのを防ぐために、馬房の奥や脇のオガを高くしておいても良いでしょう。あるいは、全て平らにならしても構いません。

9：水飼い桶の下や、扉付近のオガをよけます（もし、馬房の床が土の場合には、ならします）。

10：整った、思わず入りたくなるような馬房に仕上がっていなければなりません。

第1章　ある一日・25

水飼い桶の扱い方

ヘリンボーン(すぎ綾)模様の作り方

厩舎の地面を平らに整えるときは、ヘリンボーン模様を描きましょう。見た目がきれいなだけでなく、熊手を使って線をつけていくことで、落ちている乾草をきれいに取り除けます。

1：まず、熊手を馬房の外の通路に対して45度の角度に構えて、線を引きます。

2：次に、熊手を逆側に45度にして、引きます。

3：この動作を続けていきますが、壁際では、壁に沿ってまっすぐ線を引きましょう。取り残しがないように。

4A&B：端までできたら、再びまっすぐ引いて、ゴミを取り除きます。

5：できあがり。

水飼い桶

　水飼い桶は毎日中身を捨てて、入れ替えなければなりません。私たちの厩舎では、いつも2つ水飼い桶をつけていて、一日中、たっぷりと水を入れて置いています。きれいな水が多すぎて困る、ということはありませんから！

1：水飼い桶は馬房の手前に配置しておきます。高さは、馬が前掻きをしても届かない高さ、かつ、水が十分に飲みやすい程度の場所にします。

2：悪い例：水飼いをかけるフックは、絶対に上向きや外向きにしないように。馬の目に引っかかって重大な怪我につながりかねません。

3：フックは下向き、ないし、壁側に向くように設置します。

飼い桶

1：飼い桶は、馬が安心して食事のできる馬房の角に設置します。飼い桶の近くの馬房の壁を木の板などで仕切っておくと、馬房の柵越しに馬同士が喧嘩するのを防げます。床置きタイプの飼い桶は定期的に擦り洗いして、床のきれいな場所に設置します。

乾草

1A&B：乾草は水飼い桶の近くでオガが掃かれている床の上か、小さな乾草ネットに入れ、馬が肢を引っかけない十分な高さにつりさげます。

飼い桶

乾草

厩舎でのその他のヒント

　厩舎におけるその他のヒントにも触れておきましょう。

1：可能なようであれば、乾草は馬のいる建物とは別の建物に保管しましょう。火事の最大のリスクは、乾草です。乾草用の台車を使えば、通路に乾草をばら撒くことなく、1〜2梱の乾草を一度に運べます。

第1章　ある一日・27

厩舎でのその他のヒント

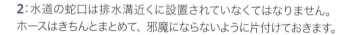

2：水道の蛇口は排水溝近くに設置されていなくてはなりません。ホースはきちんとまとめて、邪魔にならないように片付けておきます。

3：全ての出入口の上に、非常口の標識をつけます。火災が起こると、出口の方向を間違いやすくなります。

4A&B：厩舎の全ての出入口には消火器を設置する必要があります。さらなる備えとしては、消火斧も有益です。

5：水がかかる可能性のある電源コンセントには、カバーが必要です。

6A：悪い例：壁に固定された金具に、直接、曳き手をつなぐのは危険です。

6B：壁に固定された金具には、切れやすい荷造りヒモなどで作った輪っかをつけて、そこに曳き手をつなぎましょう。馬をつなぐ曳き手と壁の間には、必ず、緊急事態にはぷつんと切れやすいものをかませるようにします。パニック状態の馬に近づいて、曳き手のつなぎ目を外さなければならないような状態になると危険です。

7：馬房掃除が終わったら、通路は掃くか、熊手をかけておきましょう。

8：電気コードは邪魔にならないようにまとめておきます。

9：悪い例：換気扇が緩んでいて、電気コードが垂れ下がっています。ホースも床に落ちていて、乾草ネットは低すぎる位置にあります。水飼い桶が床におかれていて、曳き手も床に引きずっています。

第2章
隅々まできれいに

エマの話

フィリップ・ダットン選手のトゥルー・プロスペクト・ファーム※1では、月曜日の朝、全ての馬の歩様検査をしています。厩舎にいるのが30頭であろうが、60頭であろうが、名医のケビン・キーン獣医師が、上級の競技に出ている馬から4歳の新馬まで、全頭の健康チェックをしてくださいます。この全頭検査から、フィリップ、キーン先生、そして私は、たくさんの情報を得ています。FEIの競技会に行ったり、トライアル競技に行くのとは違う形で、個々の馬が毎週の運動にどう対処してきたか知ることができます。時々、キーン先生による健康チェックが午後にならないと始められないこともあります。私は、週末に競技会に出場した馬については、朝の放牧前に一度、必ず歩様検査をするようにしています。これは、自分の心の平安のためにやっています。跛行している馬を放牧してしまうようなことをなくしたいからです。前日まで総合馬術のCIC競技が行われていた翌日の月曜日の朝、私は上級の競技に出場した馬数頭の歩様検査を行いました。全頭、問題なさそうに見えました。3時間後にキーン先生とフィリップが見に来たところ、そのうちの1頭が5段階中グレード3の跛行となっていました※2。私は、青ざめました。フィリップは、私が居眠りをしながら仕事をしていたと思ったでしょう。でもそのときは、歩様検査を手伝ってくれた研修生が味方になってくれました。私が見たときに馬に問題なかったということにフィリップも納得してくれました。その後、しっかりと精密検査を行った結果、放牧場で少しはしゃぎ過ぎて、思い切り楽しみ過ぎてしまったのだろうとの結論に達しました。

週ごとに必要な事項

馬のために清潔で安全な環境を確保するためには、季節や人間の手の空き具合にもよりますが、毎週もしくは隔週でやっておかなければならない雑用があります。定期的に済ませておく方が、2か月に1度やろうとするよりも、結局は短時間で済みます。また、定期的にチェックすることで、修理が必要な道具や設備について、壊れる前に気づけます。さらに、注意を払わなかったために、いつの間にか危険な状態になっていた、などということも防げるでしょう。

蜘蛛の巣

1：蜘蛛の巣取りは、どんな厩舎にとっても、重要な安全対策です。蜘蛛の巣は燃えやすく、火災のリスクを抑えるためにも、毎週掃除すべきです。箒を持って、全ての物の表面、天井の垂木、馬房の柵、窓の周辺を掃いて、蜘蛛の巣を取ります。

蜘蛛の巣取り

※1）トゥルー・プロスペクト・ファーム：米国ペンシルバニア州にある牧場。
※2）グレード3の跛行とは、「直線上での速歩運動で跛行が確認される」レベル。

扇風機・換気扇

扇風機・換気扇

1：馬房に取り付ける扇風機を買うときには、モーターが外に露出しておらず、埃がモーターの上にたまりにくそうなものを選んでください。さらに、特に扇風機まわりの埃や蜘蛛の巣には注意して、掃除をしましょう。取り付け場所は馬が届かない馬房の外で、電源コードは整頓して馬の通り道にかからないようにしましょう。

排水溝、蹄洗所

排水溝、蹄洗所

1：悪い例：排水溝が詰まっています。全ての排水溝は定期的に掃除して、悪臭や詰まりを防ぎます。多くの厩舎の排水溝は、網が二重になっていて、ゴミが流れていかないように工夫されています。上の網も下の網も両方外して、きれいに洗い、汚れが蓄積するのを防ぎましょう。漂白剤を排水溝に流すことで悪臭を防止できます。排水溝が完全に覆われていないような場合には、薬剤の代わりにお酢を使えば、毒性もなく、バクテリアの増殖を防げます。

　蹄洗所にボロ入れが放置されていることは、プロのグルームにとって非常に腹立たしいものです。ボロ入れは毎日、できれば1日の終わりに、空にしましょう。また、汚れがこびりつかないように、定期的に洗う必要もあります。

オガ

オガ

1：最低でも週に一度は馬房の中のオガを積み上げ、床を乾かしましょう。

　太陽光は素晴らしい消毒薬です。でも、自然の太陽光がそれほど入ってこない馬房であれば、石灰粉（いい馬糧屋さんであれば、たいてい取り扱っています）を床にまきます。石灰が尿に由来するアンモニア臭を取るのに役立ちます。

ブラシ

1：ブラシが汚いと、馬も汚くなります。最低でも週に1度はブラシの洗濯をする必要があります。もし、馬が何らかの皮膚のトラブルを抱えているのであれば、ブラシは毎日、イソジン®（Betadine®）のような抗菌・抗カビ剤入りの洗剤で洗わなくてはなりません。洗剤の効果を最大限に発揮させるためには、ブラシはイソジンの中に少なくとも60秒は浸して、細菌やカビを殺します。馬がたくさんいる場合には、馬ごとに手入れ道具を分け、馬から馬への感染を防止します。皆でブラシを共有しているような場合、

厩舎のうわさ話

ハンティングの厩舎にいたある年、私たちのところに、若いライダーが「腕を磨きに」来ました。典型的な10代の男の子で、ちょっとした問題児でした。何週間か、彼をどうしたものかと思い悩んでいたのですが、私は、彼が起こす問題とつり合いがとれるような罰をようやく思いつきました。それは、彼が問題を起こすたびに、蹄洗所のマットを全て剥がして、コンクリートからマット、排水溝まで手作業でこすり洗いをさせるというものでした。あのときほど蹄洗所がピカピカであったことはありませんでした！　キャット

ブラシの洗浄

プロのコツ

馬房内の水飼い桶には、アンモニアが溶けてしまうことをご存じでしたか？毎日水飼い桶を新鮮な水に入れ替えて、桶をこすり洗いしなくてはならないもう一つの理由は、これです。馬房の床が土の場合には、オガを奥に積み上げた時、馬房の真ん中をならしておいて、穴が開いてしまうのを防ぎましょう。こうすると、床から石などが出てきていないかどうかも確認できます。

白癬症のような皮膚の感染症はごく簡単、かつ急速に厩舎中に蔓延してしまいます。

馬糧庫

1A：悪い例：散らかっていて、汚い馬糧庫

1B：馬糧庫は毎日きれいに掃き掃除します。毎日は時間がとれないのであれば、馬糧を保管する容器や動かせる棚などは最低でも週に一度は動かして後ろ側まで掃くようにしましょう。乾湿両用の掃除機があれば、さらにしっかりと掃除できます。馬糧を蓋つきの容器に入れて棚や土の床の上に保管している場合、特に気を付けて、容器の下や周辺を掃き、ネズミの害を防ぎましょう。

馬糧、乾草、オガの在庫については、一週間の消費量がどれくらいか把握しておくことが重要です。夏の間は、気温や湿度が高いので、特に馬糧の在庫は多く抱えておきたくないですが、一方で冬の間は、悪天候による配送の遅れや、取りに行けなくなるような事態を想定し、少なくとも2週間分の在庫は持っておくようにしましょう。

牧場の管理

運動馬場、放牧場、ラチ

運動場のラチをチェックし、ラチが壊れた際に起こりうる怪我を最小限に抑えましょう。木の板で作られたラチは、緩んだ釘がないか、壊れた板がないか、ぐらついた柱がないかをチェックします。

馬糧庫の掃除

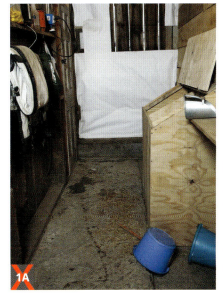 

第2章 隅々まできれいに・31

ラチの種類

運動馬場・放牧場・ラチの状態を確認する

1：どんなラチも全て永遠に長持ちする……というのは理想の世界での出来事です。現実の世界ではラチをメンテナンスする必要がありますし、なかなかの費用がかかるでしょう。安全で効果的なラチを作る方法はいろいろとありますが、いずれの場合にもメンテナンスは必要です。金網でできたラチは理想的ですが、雑草が絡みつかないようにしなければなりません。木板製のラチも良い選択肢でしょう。電気柵も便利ですが、馬をあらかじめ十分に馴らしておかないと、初めて電気柵に触れてしまったときに馬がパニックを起こしてしまう可能性があります。さまざまな形状のラチがありますが、運動馬場や放牧場の間は、通路で仕切られていることが望ましいです。板や金網越しに、馬同士が喧嘩したり遊んだりすることがないように通路を設けるべきです。

2：電気を通したワイヤーをラチの上に張っておくことで、馬がラチに寄り掛かったり、かじったり、お尻を乗せたりして壊してしまうことを防げます。また、ラチ越しに馬同士が喧嘩することも防げます。

1A：悪い例：この丸太でできたラチは、一部の板がなくなってしまっています。

1B：悪い例：板が支柱から外れかかっています。

1C：悪い例：出入り口の金具が飛び出ていて、馬体に刺さりかねません。

1D：悪い例：柱の中心が腐っており、交換が必要です。

2：悪い例：金網のラチは、たわみがないか、針金が切れていないか、穴が開いていないかなどを確認します。この写真では、切れてしまって鋭い針金が放牧場側に飛び出しています。

　塩ビ製の板で作られたラチについても、たわみや支柱と固定する留め具に弛みがないか、太陽光線（紫外線）による劣化でひび割れや退色、弱った部分ができていないか確認します。電気柵はワイヤーがピンと張っているか確認し、ワイヤーやテープに

馬が肢を引っかけないようにします。また、どんなラチであっても、雑草が伸びすぎたり絡みついたりしないようにしておきます。雑草は電気柵がショートする原因となるほか、金網を引き倒してしまったり、木板や塩ビ製のラチについても見えづらくしてしまいます。

3：悪い例：このような編み目の大きな金網で作られたラチは、有刺鉄線と同じくらい危険です。いかなる状況においても、使用してはいけません。

4：悪い例：馬場を歩いて危険な物や箇所がないか、点検しましょう。乾草ネットの切れ端が落ちているかもしれません。

5：悪い例：あの厄介なウッドチャック※1がまた穴を掘ったのでしょうか。それとも馬がラチの近くを掘ってしまったのでしょうか。馬が寝ころんだとき、こうした穴にはまってしまうと、起き上がれなくなってしまう可能性もあります。

毒のある植物、雑草

馬が食べると深刻な症状が出たり、死に至ったりするような植物も多くあります。良い牧草がたっぷりとある場合には、馬は通常、そうした植物に口をつけません。また、そうした危険な植物には植物自体に「防護メカニズム」があって、たとえば葉っぱに油分が多かったり、酸っぱい味がしたりします。キンポウゲは、馬には毒ですが、キンポウゲの咲いている牧草地に馬が放牧されることも珍しくありません。たっぷりと牧草があれば、馬はキンポウゲを食べません。乾燥した場所や、牧草が育ちすぎているところに放牧するときは、たっぷりと乾草を用意するか、牧草に雑草が混ざっていないかどうかを確認してください。

それから、気のいいご近所の方が、庭で刈った草を親切心から放牧場に持ってきて、馬のおやつ代わりに与えるようなケースにも注意しましょう。東洋風の庭の植物は多くが毒性を持っています。セイヨウキョウチクトウやシャクナゲは有毒な植物の一例です。ご近所の方には、友好的に状況を説明しておきましょう。もし、放牧場のラチのかたわらに、樫やイチイ、アメリカハナノキ※2などが植わっているようであれば、落ちてくる木の実や葉っぱに気を付け、取り除くようにしておきます。しおれたアメリカハナノキの葉はとても甘く、味を覚えてしまう馬もいますが、非常に毒性が高いのです。イチイの木は常緑樹で、年間を通じて葉が茂っていますが、毎週、落ち葉が牧草に混ざっていないかチェックしましょう。きれいな桜の木でさえ、有毒になりえます。

※1）ウッドチャック：北アメリカに広く分布するリス科のマーモットの一種。
※2）アメリカハナノキ：カエデの仲間。

第2章　隅々まできれいに・33

歩様検査（馬に曳き馬で速歩をさせる）

　ゴボウも、国中どこでも見られる植物で、毒性こそありませんが、種が馬のタテガミや尻尾にくっついてしまうと、手入れがとても大変になります。

馬の健康

歩様検査

　趣味で馬に乗る人でも、競技会に出場しているアマチュア・ライダーでも、あるいはプロのライダーでも、乗っている馬の「正常」な状態を知っていることは非常に重要です。少なくとも週に一度は、定期的に曳き馬で速歩をさせ、自分ないし知見の深い人（獣医師やトレーナー）が見るようにすべきです。競技馬は、シーズン中のみならずオフシーズンにも行いましょう。

プロのコツ

　曳き馬で馬を速歩させている時には、馬の動き全体を評価しましょう。歩様が均等かどうかや、ストライドの大きさなども見ます。歩様が均等であっても、肢が地面に着くときの音を聞いていると、どこかの肢がほかの肢に比べて軽やかさに欠けているようなことがあるかもしれません。誰かに曳いてもらって、馬の後ろから見るようにします。後ろから見て均等に動いているでしょうか。あるいは、お尻の片側が反対側よりも大きく沈んでいるなどということはないでしょうか。馬にとっての「正常」な状態を知り、毎週歩様検査をしていれば、何か変わったことがあれば気づきます。ただ、前日に馬がハードな運動をしたとか、馬房に入れっぱなしだったとか、夜間放牧されていたなどの状況も考慮する必要があります。前日にクロスカントリーを走った馬であれば、馬房から出てきた時の歩様はやや強張った感じになるでしょうし、夜間放牧されていたのだとすれば、溌溂とした感じに見えるはずです。

馬にきちんとした曳き馬での速歩を教えることは大切です。何か問題が生じて、獣医師や装蹄師が歩様を見たい時、ずっと楽になります。曳き馬で、落ち着いて速歩ができるよう、馬を調教しておきましょう。馬の反応の度合いによっては、鞭を使う必要があるかもしれません。芝生や砂利道など、滑りにくい場所で練習をします。自分の肩の横の位置で、馬をしっかりと歩かせます。声に出して号令をかけると同時に、馬の脇腹を軽く鞭で触り、速歩を出します。

1：悪い例：引っ張り合いにならないように。

馬は人間の右側に。鞭は左手に持って、自分の背中越しに使います。右手は曳き手を持ち、全くテンションがかかっていない状態か、軽くテンションのかかった状態であるべきです。馬が良好な前進気勢を見せたら、馬の頭を引っ張らないようにして、まっすぐ前に進ませます。

2：悪い例：馬の頭がまっすぐ向いていなければ、前肢が均等かどうかの見え方に影響が出ます。

3：馬は、まっすぐで元気よく進み、コンタクトは軽く、曳いている人間の肩と並んでいなくてはなりません。

4：向こう側から折り返してくるときには、馬を自分から遠ざけるように、右に押して回転させます。こうしておけば、万が一、馬が走り出したとしても、馬が自分の上に乗りかかってくることはありません。馬は自分から遠ざかる方に走って行ってくれます。

5：曳き馬で落ち着いた速歩ができるようになったら、サウンドネス※1の評価は、硬い地面で実施します。米国サウスカロライナ州のレッド・オーク・ファームでは、獣医師のケビン・キーン先生が舗装された車道の上でチェックを行っています。

TPR（体温、脈拍、呼吸）を知る

サウンドネスの観点からは、馬のTPR（体温、脈拍、呼吸）を知ることが、体調を判断する上で不可欠です。これらの情報は獣医師による往診時に報告できるようにしておきます。馬のTPRを週ごとで計測しておくことで、素早く状況を理解し、獣医師を呼ぶべきか否かの判断にも役立ちます。馬の健康状態（フィットネス）のレベル、気温、馬の自然体温などの要素がTPRに影響します。

体温

1A&B：馬の検温にはデジタル体温計が便利です。体温計の端にワセリンなどの潤滑剤をつけ、肛門に刺します。検温完了を示す電子音が鳴るまで待ちます。水銀体温計を使う場合、正確な検温には3分間必要です。必ず体温計の端をしっかりと持っておきましょう。安全を期すため、ヒモをつけて尻尾に止めておくのも良いでしょう。

体温の計り方

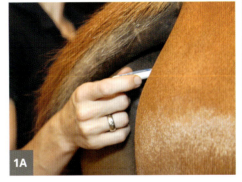
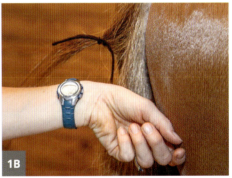

正常なTPRのガイドライン

体温：37.2℃〜38.3℃

脈拍：毎分28〜44回

呼吸数：毎分10〜24回

TPRはさまざまな異なる状況で測っておきましょう。安息時、軽運動後、ギャロップ（襲歩）の後、蒸し暑い日などです。こうした情報を知っておくことは、馬の健康状態を理解するためにとても重要です。

※1）サウンドネス：soundness。健全さの意味。馬の健康状態を指す。

脈拍

1A&B：聴診器がない場合に、最も簡単に脈が取れる場所は、馬の頬の下で、骨に沿って内側から出てくる舌動脈のある場所です。中指と人差し指を使って脈をとりましょう。親指ですと、自分の脈と馬の脈を混同してしまいます。15秒間計測し、4倍にして1分間の脈拍を求めます。

呼吸

馬の脇腹が上下に動くのを30秒間目視し、2倍して1分間の呼吸数を求めます。馬の鼻を手で覆ったりしないように。これでは馬を不安にさせ、通常よりも呼吸が速くなってしまう可能性があります。

水分

1A：馬の頸の皮膚を親指と人差し指でつまんで、やさしく捻ります。こうすると馬が脱水状態になっていないか確認できます。

1B：正常であれば、皮膚は2秒以内にもとに戻ります。もしこれ以上時間がかかるようであれば、水分補給が必要な可能性があります。

脈拍の取り方

2A~C：正常な粘膜は湿っていて、サーモンピンク色です。正常ならば、歯茎を押すと2秒以内に元に戻ります。歯茎が乾燥し、押した部分が元に戻らないようなら、脱水症状か、何らかの感染症、馬がショック状態などになっている可能性があります。こうした状況が見られたときは、獣医師に連絡しましょう。

目

1：健康な目は、明るく、輝きがあって、目やになどがない状態です。継続して涙を流していたり、目が曇っていたら、何らかの異常があります。

鼻

1：健康な鼻は、鼻水がないか、出ていたとしても透明です。黄色や緑色の鼻水が出ている、または、加えて悪臭があれば、それは感染症の兆候です。

お腹の音

1A&B：お腹の音がするのは、馬にとって非常に好ましいことです。疝痛が疑われる馬がいる場合、まず馬のお腹の両側から、高い位置と低い位置に耳を当ててお腹の音を聴いてください。ゴロゴロ音やゴボゴボとした音がしないのは、良くない印です。

脱水状態の確認方法

ボロ

1A：ボロは毎日チェックしてください。健康なボロには穀物は混ざっておらず、少しの衝撃で崩れる程度の硬さです。馬の個体差はありますが、一般的には、12時間馬房にいるうちに、7〜10回ほどボロをするはずです。

1B：ボロが硬すぎるときは、馬に脱水症状が出ていないかチェックします。逆にボロが緩すぎる場合には、前日あたりからのルーティーンを振り返ってください。

馬糧は変わっていないか、新しいサプリメントを与えていないか、馬出しのルーティーンに変更がなかったか、何らかの治療をしたり、虫下しを与えたりしなかったか。あるいは牧場に何かストレスになるような出来事がなかったか。たとえば、新しい馬が来たとか、工事があったとか、その馬の運動に何らかの変化があったとか。馬によっては、輸送でお腹を壊すこともあります。これらの出来事が一切なかったとしたら、検温し、脱水症状が出ていないかチェックしましょう。感染症の可能性もあります。全てが正常であれば、毎食に乾いたふすまを一掴み分加えて、消化器官が整い、ボロが正常に戻るかどうか試してみましょう。それでも改善しないようであれば、乳酸菌などの善玉菌サプリを与えてみましょう。問題が長引くようであれば、水分摂取状況を観察し、獣医師に連絡します。

健康な目

健康な鼻

お腹の音を聴く

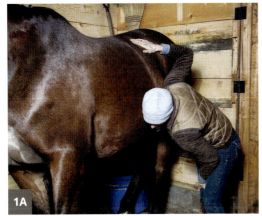

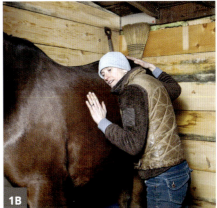

ボロのチェック

第3章
ゼンマイ仕掛けの時計のように

エマの話

> トゥルー・プロスペクト・ファームは、もともと、オランダ人の一家が1980年代に創設しました。当時、厩舎は最新鋭の技術の粋を集めて造られました。地下厩肥システムや自動給餌システム、馬房には自動給水設備も完備されました。ところが、今や自動給餌システムは使われなくなって久しく、地下厩肥システムも、古き良き一輪車に取って代わられました。そして、自動給水設備も、常に問題含みです。ウォーターカップで体を掻く馬もいれば、給水管を蹴って配管を緩ませてしまう馬もいます（なお、給水管そのものはマットで保護しています）。問題の早期発見ができないと、厩舎は水浸しになってしまいます。
>
> 私がトゥルー・プロスペクト・ファームで働き始めて最初のクリスマスのことでした。厩舎に朝飼いをつけるために降りて行ったとき、水浸しになった通路が目に飛び込んできました。自動給水設備の元栓の締め方などまったく知らなかったので、インドア・アリーナの隣のアパートに住んでいる従業員や研修生たちを起こして、どうにかして解決しようとしました。結局、元栓を閉める道具は、階段裏に隠されていた特殊なもので、元栓そのものはウッドチップの下に隠されていました。今では、トゥルー・プロスペクト・ファームに新たにやってくる従業員や研修生には、この道具と元栓がどこにあるか、そしてどうやって締めるかを教えています。さらに、給水設備に故障の前兆がないかどうか、定期的に点検しています。

定期的なケア

馬や厩舎を責任もって管理するにあたり、毎日の日課は極めて重要です。その他にも、定期的に習慣づけてケアしなければならないことがあります。日課ではないため忘れがちになりますので、カレンダーに予定を明記しておきましょう。獣医師、装蹄師、ボディ・ワーク（鍼灸、マッサージなど）の専門家は、先々の予定まで埋まっているものです。早めに予約をしておきましょう。

獣医師

獣医師による定期健診はどんな馬にとっても重要です。獣医師と仕事上の良い関係を構築できれば、いろいろな面で助かります。獣医学では「何かがおかしい（Not Quite Right）」を略して「NQR」と表現しますが、獣医師に、馬の「NQR」を訴えても、その獣医師がその馬をあまり良く知らなければ、いつも診察している獣医師ほどは確信を持った診断ができないでしょう。

獣医師の往診には、2種類あります。1つは「ウェル・ビジット」と呼ばれる、馬が健康な時に行う診察、もう1つが「アージェント・ケア」と呼ばれる急を要する診察です。これらを区別して、見ていきましょう。

ウェル・ビジットによる一般的な検診の様子

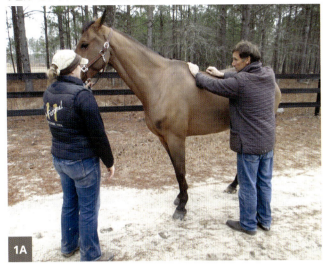
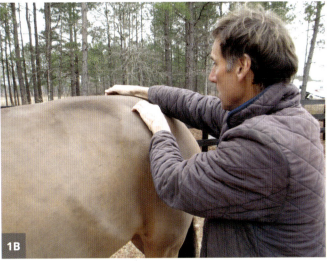

ウェル・ビジット

　ウェル・ビジットは、ワクチン接種のために行われる診療などです。競技会に出場する・しないに関わらず、ウェル・ビジットは、すべての馬が春または秋のいずれかに受ける必要があります。獣医師が注射をしに来たついでに、獣医師に健康診断をお願いしましょう。獣医師に馬の全身を触診してもらい、癖についての問診、そして常歩や速歩の歩様検査を行います。毎日馬を見続けていると、体重減少などに気がつかないこともあります。少しずつ古傷が悪化していることにも、気づきにくいものです。専門家に診察を頼むことで、手に負えなくなる前に問題を見つけられるかもしれません。

　競技会に頻繁に出場している馬には、シーズン中、本書では「サウンドネス・チェック」と呼ばれる、月ごとのウェル・ビジットをお勧めします。フィリップの厩舎の馬では、キーン獣医師が定期検診を行っています。写真は、一般的な検診の様子を紹介しています。

1A&B：獣医師が馬の全身をくまなく触診します。

1C：特に肢は念入りにチェックします。

1D：悪い例：馬の前持ちをする人は、必ず獣医師のいる側に立ちましょう。この写真のように、獣医師の反対側にいてはいけません。馬が急に暴れたりしたとき、反対側に立っている前持ちの人が、馬を引っ張ってしまったら、獣医師が下敷きになってしまう可能性があります。

2：獣医師に速歩をチェックしてもらいます。

獣医師が馬の関節を曲げ伸ばししてみてから、速歩をするように指示されることがあります。ちょっとした歩様や馬体の変化が、大きな問題の存在を知らせてくれることもあります。こうした予兆を獣医師が早期に発見できるようにすることが、馬の健康寿命を長くする手助けとなります。

厩舎に置いておくべき救急キット

厩舎のうわさ話

何年間か、私は、サウスカロライナ州のキーン獣医師のアシスタントを務めました。キーン先生は、業界でも尊敬されているサウンドネス検査の名手とされる獣医師ですが、先生についてさまざまな場所に行った経験は、私にとって、これまでにないほど勉強になるものでした。私が本当に驚いたのは、あまりにもたくさんの人びとが、馬のサウンドネスのために、早期介入をためらっていることでした。馬が精力的に競技会に出ているような場合、ちょっとしたメンテナンスで馬の体調を良好に保てる可能性があります。キーン先生は、予防的なメンテナンスとして、競技会に多く出場する馬には、Adequan® ※1やLegend® ※2の注射を勧めていました。変性関節炎と診断された馬には、関節内注射を推奨することもありました。関節炎は野生馬にも見られ、馬の老化と共に自然に起こります。でも、近代医学はこの老化の進行を遅らせて、馬が競技馬としてのキャリアをより快適に積んでいくための手助けができるような、素晴らしい方法を編み出しました。一昔前であれば、この措置は、かえって関節を劣化させる原因となることもありましたが、今は違います。この措置は無菌状態で行う必要がありますが、きちんと処理されれば、馬を助けられ、害にはなりません。

覚えていてほしいのは、馬が身体のどこかに痛みを覚えていれば、必ずどこか別のところでカバーしてしまうということです。加えて、歳を取れば、例え運動のレベルを落としても、馬が快適でいるためには、より多くの手助けが必要になります。　キャット

アージェント・ケア

時には「エマージェンシー」(緊急事態)や、「アージェント・ケア」(急を要する治療)のために、獣医師を呼ぶ必要もあるでしょう。しかし、たいてい獣医師は、かなり広域をカバーしています。ですから、その事態が馬の生死に関わるものなのか、あるいは、数時間待っても差し支えないのか、この違いを知っていることは重要です。アージェント・ケアには、じん麻疹、咳、ちょっとした怪我や軽い疝痛など、さまざまなものがあります。一方、エマージェンシーに相当するものとしては、深刻な怪我や、重い疝痛などが挙げられます。大きな傷口があって、そこら中に出血しているような事態は、エマージェンシーです。一方、じん麻疹が出ているとか、空咳をしているような馬がいるなどは、アージェント・ケアに相当する事態です。急いで対応する必要はありますが、緊急事態とは言えません。馬の状態をできるだけ正直に伝えることは、獣医師の適切な対応のためにも重要です。獣医師が必要としているすべての情報を、詳細に、確実に伝えましょう。また、きちんと中身を整備した救急セットを厩舎と、馬運車の両方に必ず用意しておきましょう。そうすることで、獣医師が到着するまでの間の対処できます。

1：厩舎に置いておくべき救急キット

・イソジン(傷の消毒)
・アルコール(殺菌・洗浄用)
・過酸化水素(オキシドール。死んだ組織を拭き取る)
・Epi-Sooth® ※3
・Destin®(10ページ参照)

※1) Adequan®：FDAの承認を受けた唯一の馬用ポリ硫酸化グリコサミノグリカンの注射薬のブランド。非感染性の変性および(または)外傷性関節機能障害とそれに伴う手根関節に起因する跛行に対する治療に用いられる。(www.adequan.com)
※2) Legend®：ヒアルロン酸ナトリウムの注射薬のブランド。
※3) Epi-Sooth®：コルチゾン・シャンプー。皮膚トラブルの緩和。

- SSD（スルファジアジン銀 10 ページ参照）
- Quadritop™※1
- 検温計
- ハサミ
- ガーゼの包帯と傷口に張り付かない四角いガーゼ
- ベトラップ（Vetrap™、10.16cm＝4 インチ幅）
- カラバン
- おむつ
- ダクトテープ

　非ステロイド系抗炎症のバナミン（Banamine®、フルニキシン・メグルミン塩）を置いておくべきかどうかは、獣医師と相談してください。経口投与できるペーストは、扱いが容易で安全です。疝痛の痛みの緩和に役立ち、獣医師の到着までの馬の苦痛を緩和できます。

ボディ・ケア

　鞍のフィッティングとボディ・ケアについて見ていきましょう。どんな馬も、鞍をつけるのであれば、その鞍はきちんと馬体に合ったものでなければなりません。人間と全く同じように、背中や腰に痛みを抱えた馬は、身体中の調子が悪いように感じています。馬の体に痛みを抱えさせたくなければ、経験豊富なサドル・フィッターこそ、最も重要な鍵となります。みなさんに認識していただきたいのは、時間の経過とともに、運動によって馬の背中の筋肉の形は変わっていくということです。このため、定期的に鞍の微調整が必要かどうかチェックして、背中の問題が大きくならないよう予防に努めましょう。

　強い運動をする馬にとっては、腕のいいボディ・ワークの専門家も欠かせない存在です。カイロプラクティック師、鍼灸師、マッサージ師、あるいはこれらの組み合わせ、そのどれを選んでも馬にとっては良いことです。効果があるかどうかは、馬が一番良く教えてくれます。馬が嫌がったり、抵抗する、もしくは治療中に強く拘束しなければならないような場合は、治療による十分な恩恵が得られていません。ボディ・ワークの中には、最初のうちは気持ち良くないものもあるでしょうが、一旦緊張がほぐれ、馬がリラックスして治療を受けられれば、効果が得られるようになるでしょう（ボディ・ワークについては、220 ページ参照）。

FEI規程

FEI の競技会に出場するためには、馬のための FEI パスポートと有効なワクチン接種証明書（Drug Administration Sheet）が必要です。ワクチン接種には極めて厳格な規程があります。FEI パスポートを常に最新の（有効な）状態に更新しておくためには、かかりつけの獣医師も非常に重要な役割を担っています。FEI パスポートは、トリッキーです。必須とされているワクチンは一定の間隔で接種させていなければならず、1度でも欠かしてしまうと、その後、複数回正しい間隔で接種させるまで「最新の（有効な）状態」を取り戻せないこともあります。こうした遅れによって、資格を失ったり、競技会に出場できなくなることもありえます。私たちは、シーズンの始まりの時期に、必ず獣医師に FEI パスポートの再確認を依頼して、正しいスケジュールでワクチンが接種できているか、念を入れて確認しています。現在（訳注：本書の執筆時点の 2014 年）、投薬関連の規程では、全ての FEI 規制物質を記録するように求められています。かかりつけの獣医師といっしょに、痛み止め、注射、抗生物質に至るまでしっかりと記録してください。また、FEI 規程は、頻繁に変更があります。常に変更点や要件を確認してからワクチン接種や投薬をするようにしましょう！

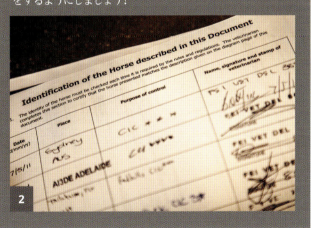

※1）Quadritop™：ステロイド系の抗生物質入り局所薬。

ボディ・ケア

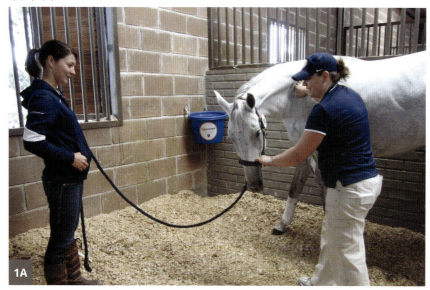
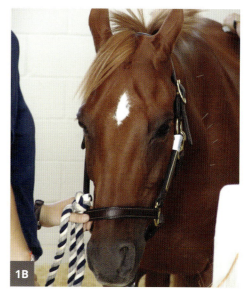

1A：米国総合馬術チームのマッサージ師、アンジー・クーニー氏です。2011年のパン・アメリカン大会で、マイケル・ポラード選手のハン二号を治療しています。

1B：2007年のパン・アメリカン大会でテディ・オコナー号が鍼治療を受けています。このとき、金メダルを獲得しました。

プロのコツ

良いマッサージは、ここぞというときに馬のパフォーマンスの成否を大きく左右できます。馬場馬術の競技馬にとっては、競技前の治療で背中をリラックスさせる手助けができれば、騎手が乗ったときにも真に背中を「使って」運動できるかもしれません。障碍飛越競技馬やハンターの馬であれば、ハードに運動したあとに全身をマッサージすることで、翌日もその翌日も、背中が硬くなるのを防ぎ、馬自身、後肢の先まで注意深くなるでしょう。総合馬術競技馬には、タフな野外走行のあとにマッサージをしておくことで、歩様検査を無事に通過し、余力審査（障碍飛越）で良い結果を残せるか、あるいは最後の歩様検査で落とされてしまうかの違いが生まれることもあるでしょう。

歯

どんな馬でも、歯の手入れは定期的に行う必要があります。半年ごとにチェックをして、何らかの問題が手に負えなくならないようにしておきます。最低でも、1年に1度は必須です。馬は横方向の動きで噛みます。このため、歯の縁に尖った部分ができてしまい、これが口腔内の側面にできる口内炎の原因となります。この口の痛みが騎乗の際に問題となる他、飼いや乾草の咀嚼に影響し、むせたり、体調不良につながることもあります。

歯科医による診察

寄生虫の駆除の仕方

1A：良い馬の歯科医は、検査用の鏡（スペキュラ）を用いて馬の口を開かせ、頭を上げさせておき、馬の口の中を診察します。

1B：歯科医はさまざまな道具を用いて、慎重に歯の尖った箇所を削ります。同時に、ぐらついた歯や割れた歯、その他問題がないかチェックします。

寄生虫駆除

　誰もが、昔からの定番、定期的な虫下しについては聞いたことがあると思います。何十年にもわたり、定期的な虫下しを行ってきた結果、一部の地域では標準的な駆虫薬が効かない「スーパー寄生虫」が生み出されてしまいました。投薬は必要なときにのみするように注意喚起がなされていますが、これは駆虫剤についても同じです。定期的な虫下しには、それなりの効用もありましたが、寄生虫のいない厩舎を実現するには、ボロの検査が最も良いでしょう。近くの獣医師に頼めばやってくれるでしょう。ジッパー付きのビニール袋に馬がしたばかりのボロを入れて行けばいいのです。馬房の中にしばらくあったようなボロは使わないように。ハエが卵を産んでしまうため、検査結果が混乱してしまいます。

1A：袋に日付と馬の名前を記入します。

1B：袋を裏返しにして、手を中に入れます。

1C：正常なボロを一つ取って、袋に入れます。

1D：ジッパーを閉めて、獣医師に連絡し、どこに持っていけば良いか聞きましょう。

寄生虫の駆除の仕方（つづき）

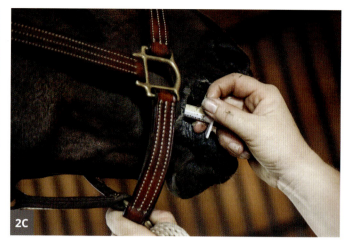

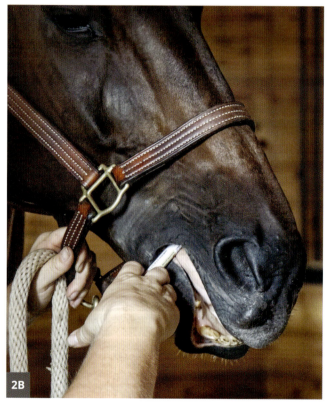

2B：シリンジをできるだけ奥に入れます。

2C：注射器のピストンを押します。10秒から15秒ほど馬の頭を上に向けて、飲み込ませます。

　馬の所有者から馬を預かり、定期的な預託料を得ているような厩舎の場合、一年を通じてたくさんの馬の出入りがあって、1頭ずつボロを検査して寄生虫駆除対策を取るのが難しいこともあります。こうした場合、定期的な虫下しが必要ですが、重要なのは、いつ、どの駆虫剤を使うかを理解しておくことです。
　Strongid® C ※1 は毎日使用する駆虫剤で、良く使われています。年に2回、春と秋にQuest® またはQuest Plus ※2 を併用します。それでも、少なくとも年2回は、ボロ検査を行い、馬の状態が良好か確認しておくことを強く推奨します。駆虫剤を毎日使うと、薬品耐性のある寄生虫が発生してしまう可能性があり、長期的な寄生虫対策には十分ではないかもしれません。
　もし、使用する駆虫剤を定期的に変えることにするのであれば、年間スケジュールは次のようにしましょう。

1月：Anthelcide® EQ ※3
4月：Quest または Quest Plus
7月：Anthelcide EQ または Strongid ペースト
11月：Quest または Quest Plus
春と秋には、Zimecrtin® ※4 を与え、ボッツ症（ウマバエの幼虫が胃に寄生する）を予防します。

　何が個々の馬にとって最も良い選択なのか、いつも獣医師とよく話し合うようにしましょう。

2A：虫下しを与える必要がある場合には、キャップを外し、必要な分量にダイヤルを回します。

※1）Strongid® C：世界的な動物のための製薬会社ゾエティス製の馬の駆虫薬。
※2）Quest®またはQuest Plus：ゾエティス製の馬用の寄生虫向けの駆虫薬。
※3）Anthelcide® EQ：オキシベンダゾール。ゾエティス製のペースト状の広域スペクトル寄生虫駆除剤。
※4）Zimecrtin®：メリアル（Merial Ltd）の商標。ペースト状の馬用駆虫薬。

また、南のより温暖な地域では、寄生虫が早い時期に体内に侵入します。温暖な地域では上記よりも 1 か月早く Quest を与えましょう。一方、北の寒冷な地域ではこの逆です。

装蹄師

　装蹄は、馬の健康にとって極めて重要です。その馬がよく競技会に出場しているような馬であっても、静かに放牧場で過ごしている馬であっても、足許が健全でなければ、馬は快適で幸福には過ごせません。馬の装蹄の頻度は、馬の運動量、季節、馬の個体差によって異なります。馬の蹄は足先への血流によって伸び、血流量は運動や外気温によって変化します。気温が高くなったり、運動量が増加すれば、血流量は増加し、蹄も速く伸びます。ですので、夏の間、比較的運動量が多い馬であれば、4 〜 5 週間ごとに蹄鉄を付け替える必要があるでしょう。一方、蹄鉄を履いておらず、軽い運動しかしていない馬であれば、8 週間に一度の削蹄でもいいかもしれません。以下、装蹄、または削蹄の必要性を判断する際のポイントを挙げます。

1：蹄鉄を止める釘は緩んでおらず、蹄鉄が蹄にフィットしているように見えるか（蹄鉄はしっかり見える状態でなければならない）？この写真は、最近つけられたばかりの蹄鉄です。

2A&B：釘が緩んでいたり、切った先が伸びてしまっていないか？蹄壁が蹄鉄の上に出てしまっていないか？この写真の馬は、装蹄が必要です。

3：蹄壁が割れてしまっていたり、つま先が長くなり過ぎていたり、不均一になっていないか？この馬は蹄鉄を履いていませんが、削蹄が必要です。

蹄鉄を外す

　蹄鉄を外す必要に迫られることがあるかもしれません。馬が自分で蹄鉄を踏んでしまい、曲げてしまったような場合や、蹄鉄がずれてしまい、蹄鉄の端を踏んでしまう可能性が高いような場合には、蹄鉄を外す必要があります。曲がった蹄鉄を長い間つけっぱなしにしておくと、跛行の原因になりますし、馬が自分で蹄鉄の端を踏んでしまうと、

「ハイ・シェダーズ」の駆虫

寄生虫の卵がいつも多く確認され、他の馬といっしょに放牧されたとき、他の馬に寄生虫が移るきっかけになってしまうような馬は、「ハイ・シェダーズ」と呼ばれています。こうした馬を見つけたら、厳格な駆虫プログラムを実施し、同時にボロ検査を行って寄生虫をコントロールできているか確認しなければなりません。こうした状況に有効な駆虫剤を使う順番は次の通りです。

- まず、Panacur® ペーストから始めます。
- 続いて、8 週間後に Zimectrin® を使用します。
- さらに 4 週間後、Strongid® を使用します。
- さらに 4 週間後、Zimecrtin® を使用します。

装蹄や削蹄が必要か判断するポイント

第 3 章　ゼンマイ仕掛けの時計のように・45

蹄鉄の外し方

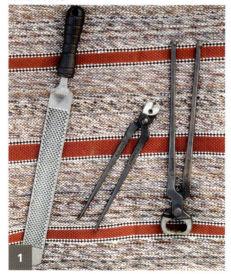

踏んだ肢の蹄底に刺し傷ができてしまうこともあります。装蹄師のラス・ヤング氏が正しい蹄鉄の外し方をお見せします。

1：必要なもの：釘抜き、シュースプレッダー、ヤスリ

2A：まず、馬の肢を自分の両足で挟んで立って、しっかり太腿でつかんでおきます。

2B：釘抜きを使って、釘をつかみます。

2C：蹄鉄に沿って回転させ、釘を抜きます。

2D：同じことして、全ての釘を抜きます。

2E：最終的には、蹄壁にはほとんど傷がなく、蹄はきれいな状態になっているはずです。

2F：216ページの手順に従って蹄をパックし、装蹄師に見てもらえるまで待ちましょう。

包皮洗浄

包皮洗浄は、馬関連の作業で最も人気のない作業です。しかし、家畜化された牡馬や特にセン馬の健康状態を保つには必要な作業です。

ときとともに牡馬の包皮には垢（恥垢）がたまっていきます。これは、牡馬がペニスに潤滑性を持たせるための自然のプロセスです。この恥垢には、健全性を保つ善玉の微生物が自然と含まれているため、過度に洗浄しすぎると、かえって悪い影響が出てしまいます。洗い過ぎはダメージを起こし、微生物のバランスを

包皮の洗浄方法

損なう可能性があります。考えてみると、野生の馬の場合、特段何の手入れもされずとも、問題なく生き、そして繁殖しているように見えます。一部の研究によれば、野生の牡馬の方が、繁殖スケジュールによっては日に3〜4回と包皮洗浄をされている家畜馬よりも、繁殖率が高いと言われています。

一方、セン馬については、繁殖に用いられないため、恥垢がたまりやすくなります。

頻度
1：セン馬の包皮洗浄は多くとも年2回程度行えば十分です。温水を使うのが理想的で、また、蹴られないよう一部の馬には温水を使わなければならない場合もあります。包皮専用の洗浄剤、eZall® などを使用するのが最も良いでしょう。抗菌効果のあるイソジン系の洗浄剤や、洗浄力の強すぎる食器洗剤は決して用いないように。

洗浄方法
この作業は、慎重に行います。馬によっては受け入れてくれるものもいますが、一部の馬は触ろうとすることさえ嫌がる場合があります。馬がリラックスしてペニスを伸ばしていてくれるとやりやすいため、こういう状況になる時間帯を記録しておいて、馬がリラックスしている時間を利用しましょう。

2A：手袋をはめ、包皮用の洗浄剤を手のひらにたっぷりとつけます。馬のペニスに温水をかけ、そっと洗い、恥垢を柔らかくします。

2C：温水をホースまたはスポンジで、きれいになるまでかけ続けます。

3A：ペニスの先の小さなポケット状になった部分に恥垢が蓄積すると「豆」のような塊ができます。

3B：この恥垢の塊が大きくなると、らい豆※1ほどの大きさになり、取り除いておかないと馬の排尿に影響する可能性があります。触って「豆」を確認できたら、ペニスの先から絞り出せるはずです。

恥垢が蓄積してできた「豆」

※1）らい豆：註・インゲン豆の仲間。別名はアオイマメ。大きなものは2cmくらいになる。

第3章 ゼンマイ仕掛けの時計のように・47

プロのコツ

馬の中には、分泌された恥垢が肢にかかってしまうものもいます。ベビーオイルを使って恥垢が肢につくのを防ぎましょう。必要があれば、洗浄力が弱めのDawn® ※1やIvory® ※2などの食器用洗剤を使うと、脂っぽさや汚れを落としやすくなります。

もし、馬がペニスを伸ばさなかったとしても、問題ありません。ゆっくりと手を入れて、そっと包皮の壁を落としていきます。ペニスはかなり奥までしまわれていますので、肘くらいまで手を入れなければなりません。できれば、獣医師に頼んで長い手袋を分けてもらうといいでしょう。これでだいぶ作業も楽になります。馬が受け入れてくれるのであれば、ホースを入れて、汚れを洗い流しましょう。常に温水を使い、何も落ちてこなくなるまで流し続けます。もし、馬がこれを受け入れないようなら、獣医師に相談して鎮静剤を投与してもらうか、または、何らかの鎮静剤投与が必要な他の治療があるときに、ついでにやってもらうようにしましょう。常に、馬の様子に注意していてください。自分が蹴られかねないような状況に絶対に自分を置かないように。

※1）Dawn®およびIvory®：どちらもP&Gの石鹸ブランド。Dawnは汚れてしまった野生動物の洗浄などにも使われている。いわゆる「お肌に優しい」が売りで過剰に皮脂を落とさない食器用洗剤の代表例。

第4章
一揃い全部

エマの話

私にとって、馬の毛刈り（クリッピング）は副業です。14歳の頃からやっていますが、最初の頃に毛刈りしたポニーたちは、あまり可愛く仕上げてあげられませんでした。年月を経て、私の技術も向上し、冬の間は1日に2～6頭の毛刈りを定期的にしています。しかし、これだけ経験を積んでも、まだ失敗もしてしまいます。あるハンターの厩舎で何年にもわたって毛刈りをしていましたが、あるとき、18歳の純粋な白毛の馬の毛刈りを頼まれました。まず、ブレードの長さを確認し、普段通り、毛刈りを始めました。そして、まず肩の部分から取り掛かったのですが、あまりに毛が短く、手術用に刈っているかのようにな

ってしまい、自分がブレードを取り違えたことに気づきました。そこでブレードを中くらいの長さのものに替えましたが、あまりにもみすぼらしい跡が残ってしまいました。はっきり言って、私の毛刈りは、酷かったのです。この跡をどうにかしようとすればするほど、余計にたくさんの跡が残ってしまいました。幸運なことに、その馬は、すぐに誰かの前にお披露目されることもなく、私もその馬の毛刈りに対しては料金をもらいませんでした。しかし、あのとき、馬のオーナーに、自分の犯した失敗を語るときの恥ずかしさと言ったら、決して忘れられないでしょう。以来、私は白毛の馬の毛刈りをしたことはありません！

毛刈り（クリッピング）

なぜ毛刈りをするのでしょうか？

なぜ毛刈りをするのでしょうか？

自然な環境にあるとき、馬は厳しい環境要因に耐えるのに十分な被毛を蓄えます。みなさんもよくご存じのとおり、人間が馬の生活環境をさまざまな面で変えました。改善され続ける馬着、運動や調教、暖房の効いた蹄洗所などに加え、冬の間、トレーニングを続けるために温暖な場所に移動させたりもします。

毛刈りをして余分な毛を取り除くことで、冬の間も皮膚や被毛を望ましい状態に保つことがより容易になります。しかし、毛刈りをする一番の理由は、馬が効率よく運動できるように、そして

比較的短時間で汗を乾かせることで、汗が引くまでの間に体が冷えないようにするためです。体が冷えてしまうと、筋肉痛の原因になる他、最悪の場合、深刻な病気にもつながりかねません。

実際、ある程度の運動をしている馬で、毛刈りをしていない場合、健康な状態を保つのはかなり難しいものです。過度に汗をかいてしまったり、体温が上がり過ぎてしまったり、馬房にいるか運動をしている最中かに関わらず、こうした事態から馬が健康を害することがあります。毛刈りされていて、肌寒い環境に置かれた馬は、脂肪を燃焼して体を温めます。温暖な地方にいるのであれば、被毛が厚めの馬には、年中毛刈りが必要でしょう。寒冷地であれば、馬の運動量を見ながら慎重に毛刈りを行い、適切な馬着を用意しましょう。

年に何回か、毛刈りを行う必要があるかもしれません。馬の

中には、どんなにきちんと馬着を着せていても、毛が伸びてしまい、毛刈りをしなければならないものもいます。秋に良いとされるトレース・クリップですが、もし馬の運動量が多いのであれば、ハンター・クリップやショー・クリップにした方が良いかもしれません（毛刈りの種類については60ページを参照）。北の地方の人々には、冬至を過ぎてから馬の毛刈りをするのは悪いことだと考える人も多いようです。しかし4月に馬が分厚い毛を生やしているようなら、毛刈りをして馬が快適に運動できるよう手助けしましょう。

いつ毛刈りをするか

以下の点を検討し、いつ毛刈りをするかを決めましょう。

馬の生活環境は？

たたとえば、マサチューセッツ州※1にいつも住んでいるような場合は、冬に向けてのみ毛刈りを行えばいいでしょう。しかし、ノースカロライナ州※1に住んでいるのなら、年中、毛刈りを行うべきでしょう。馬を冬の間だけ、ニューヨークからフロリダに移したような場合、北部の冬に備えて馬は被毛を蓄えているはずですから、南部の冬向きに間違いなく毛刈りをしなければなりません。

馬の運動量は？

馬の運動量と汗のかきやすさは、いつ毛刈りをすべきか判断する上で重要な材料になります。馬場馬が1時間の強い運動をこなしている場合、障碍馬が大きな障碍のコースを飛ぶトレーニングをしている場合、総合馬が温暖な気候の中でギャロップをしている場合、これらの馬は、運動中に体温が上がりすぎるのを防ぐ必要があります。

運動後、汗が乾くまでにどれくらいの時間がかかるか？

肌寒い朝に走ったあと、みなさんがどう感じるか、考えてみてください。さっと乾いた方が、温かく、かつ体も硬くならずに済むでしょう。馬についても、身体が乾くのに時間がかかるようなら、毛刈りが必要でしょう。目安となるのは「3分の1ルール」です。運動時間の3分の1の時間で馬がクールダウンしていなければ、毛刈りが必要です。たとえば、30分騎乗したとして、馬が乾くまでに10分以上かかってはいけません。1時間騎乗した場合、馬のクールダウンと汗が乾くのに20分以上かかってはいけません。

馬の放牧スケジュールは？

北部では、冬の間、多くの馬が昼夜放牧に出されています。もし、みなさんの馬が昼夜放牧に出されているような場合には、頭と肢だけは絶対に毛刈りをしないように。馬は、自分をいろいろなものから守るために、被毛を必要としています。その他の部分は馬着が、冬の間、馬の体温を保ち、水濡れから守ってくれます。

競技馬であれば、最初の競技会は？

北部に住み、趣味の乗馬を楽しむ読者のみなさん、あるいは4月の半ばまでは競技会に出ない方にとって、馬の毛刈りは全く必要ないでしょう。しかし、もう少し早い時期から室内の競技会に出たり、南部に行って競技会に出たりする方は、毛刈りは健康な被毛と馬のコンディションを保ち、また競技会映えのためにも必要でしょう。

プロのコツ

総合馬術競技では、いかに効率良くクロスカントリー後の馬の疲労を回復させるかが何よりも大切です。上級クラスに出場する総合馬は、季節を問わず、大きな大会に出場する前に必ず毛刈りをしましょう。余分な被毛を刈っておくことで、クールダウンに要する時間を10分は短縮できます。馬の健康状態、気温、運動量にもよりますが、馬の深部の体内温度は2〜3℃も上昇する可能性があります。迅速にクールダウンさせることで、筋肉疲労の軽減につながるほか、対応を誤れば重大な健康被害を招く可能性のある内臓温度の上がり過ぎも防げます。

※1) マサチューセッツ州はアメリカ北東部にあり比較的寒冷な地域。ノースカロライナ州はアメリカ南東部にあり比較的温暖な地域。

毛刈りの準備

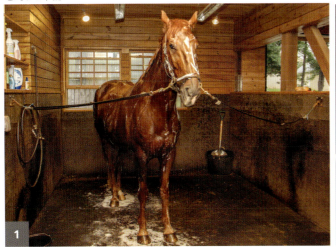
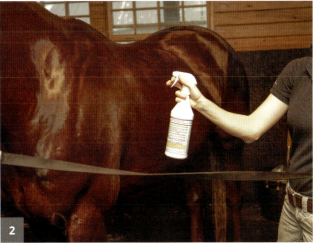
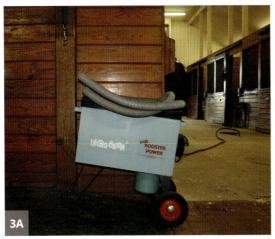
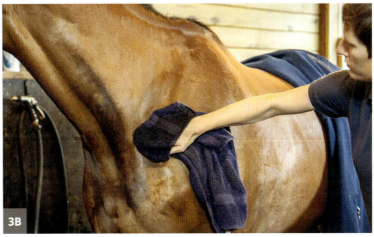

毛刈りの準備

1：まず、馬の全身をしっかりシャンプーします。お尻のてっぺん、毛刈りをするならば肢、頭に注意を払ってください。これらの部位は、最も汚れやすい場所です。汚れがあると、シェーバーの刃の切れ味が鈍る原因となり、場合によってはモーターが過熱する原因となります。毛刈りにあたっては、馬の毛を完全に乾かしてください。湿った毛は、シェーバーの刃にとって最悪です。

2：次に、Cowboy Magic® Super Bodyshine® ※1 のような被毛用のコンディショナーを馬にスプレーで吹きかけ、タオルで拭きましょう。馬の被毛に艶が出て、シェーバーが滑らかに動かせるようになります。

3A&B：暖房の効いた蹄洗所のような贅沢な設備がない場合、馬を丸洗いすると馬を冷やし過ぎてしまいます。毛刈りする部分にカリーブラシを入念にかけ、特に汚れのひどい部位をしっかりきれいにし、熱い湯につけた雑巾で円を描くように汚れた部位を拭きます。もしあるなら、馬用の掃除機を使ってください。奥に入り込んだ汚れを取るのに大活躍します。そして、被毛用コンディショナーをかけて、タオルで擦り込みます。

※1）Cowboy Magic® Super Bodyshine®：Cowboy Magicは馬の被毛ケア用品ブランド。Super Bodyshineは被毛用のコンディショナーの商品名。

毛刈りに必要な道具

毛刈りは初めてですか？

トレースまたはブランケット・クリップをしようとしているなら、チョークやテープで馬体に線を描いてからやるといいでしょう（毛刈りの種類については、60ページを参照）。

毛刈りに必要な道具

1：必要なものを揃えましょう：
- 大きなシェーバー
- 小さなシェーバー
- 刃のサイズは10または15号
- 延長コード
- シェーバー用オイル
- 冷却材
- シェーバーを漬けられるだけの大きさのアルコール用洗面器
- 刃（ブレード）
- ブラシ
- タオル
- ウィッチヘーゼル
- 踏み台
- （自分用に）フリースではない服装

シェーバーの刃とそのサイズ

1：Andis® ※1 のシェーバーは小さく、刃も途中で交換できるものなので、非常に人気のある商品です。また、使う側にとっても、2揃いシェーバーを買う必要がないため、節約にもなります。

2：長さや幅の異なるさまざまな種類の刃があります。T84 BladeならびにOster® Wide Blade ※2 のいずれも、通常の大きな刃と同等の幅になっているため、胴部分の毛刈りに使えます。より幅の狭い刃でも胴の毛刈りに使えますが、余計に時間がかかってしまいます。どちらかというと、頭や肢、その他細かい部分の毛刈りに向いています。刃についた数字は、どれだけ短く毛刈りができるかを示しています。数字が小さいほど、長めの仕上がりになります。10または15号が胴体部分の毛刈りに最適です。

3：大きなシェーバーがあると、何頭か毛の長い馬がいるときや、1日に何頭も毛刈りをしなければならないときに便利です。Lister® ブランド ※3 のシェーバーが、私たちのお気に入りです。

シェーバーの刃とそのサイズ

※1) Andis®、T84 Blade：Andisはアメリカのシェーバーメーカー。T84 Bladeはそのアタッチメントブレードの一種。
※2) Oster® Wide Blade：Osterもアメリカのシェーバーメーカー。Wide Bladeはアタッチメントブレードの一種。
※2) Lister®ブランド：Listerはさまざまな動物用シェーバーのブランド。

安全に毛刈りができる場所を用意する

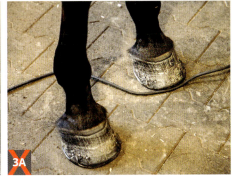

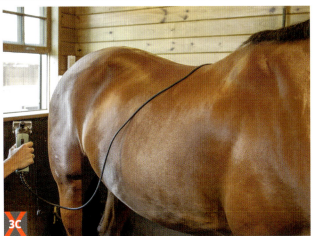

なぜなら、このブランドのシェーバーは丈夫で、静かで、跡を残さずに毛刈りができるからです。

安全に毛刈りができる場所を用意する

馬にとって初めての毛刈りということであれば、馬を繋いでおくよりも誰かが持っていて方が安全です。最悪なのは、馬がパニックを起こして、繋いでいるところで暴れ、手に負えなくなることですから。

まず、毛刈りを始めるにあたって、2～3時間は取れるようにしておいてください。焦ってしまう状況にならないように（でも、人馬ともに、毛刈りの合間にトイレ休憩をとる必要があるかもしれないことは、忘れないでください）。

1：毛刈りは、散らかっていない場所で行いましょう。人間が馬の周りを容易に動き回れるような十分な広さが必要です。

2：道具を並べるための棚があるといいでしょう。馬からは届かず、人間にとって便利な位置が望ましいです。

3A～C：悪い例：延長コードは十分な長さが必要です。写真のように馬の体や肢の上や下を通さなくて済むように。コードが馬体のどこにも触れずに済むよう、十分な長さが必要です。

初めて毛刈りをするのであれば、誰かについていてもらい、何らかのアクシデントに備えておく方がいいでしょう。

毛刈りの仕方

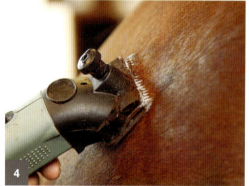

毛刈りをする

1：悪い例：54ページの写真のように刃が平行になっていないと、妙な毛刈りの跡がついてしまいます。刃が曲がっていないかを確認してください。

2A&B：シェーバー用の機械オイルを差す際は、どこに差すかなどメーカーの指示に従ってください。ほとんどのシェーバーには、5か所に穴があり、定期的にオイルを差す必要があります。刃の下側にもオイルを差しておきます。余分なオイルはタオルで拭いておき、馬体につかないようにしましょう。

3：一般に大きなシェーバーにはブレードの圧を調整する何らかの仕組みがあります。メーカーの取扱説明書に従ってください。

4：いつも均一な圧でシェーバーをかけてください。被毛の自然な流れに逆らうように動かします。敏感な馬には、まず、シェーバーの電源をつけずに馬体全体にシェーバーを当ててください。馬がリラックスするまで続けてください。

5：最初に毛刈りをする場所は、たとえば、肩など、大きな筋肉のある場所にしましょう。馬がくすぐったがる場所は、肘の裏、お腹のあたり、後膝から陰部にかけてと、耳の周辺です。これらの部位は、馬が落ち着いて静かになるまで放置しておきましょう。

覚えておくべきこと

1：シェーバーの刃とモーターが過熱していないか確認します。刃が熱くなっていると、馬は簡単に火傷を負ってしまいます。冷却スプレーをかけたり、シェーバーを動かしながらアルコールをつけたりして冷やしましょう。アルコールにつけることで刃の消毒にもなります。シェーバーの電源をしばらく落としておく必要もあるかもしれません。その場合、できれば、しばらくの間、小さめのシェーバーに切り替えて作業してください。

2A&B：刃についた余分な毛を払い、定期的に換気をします。

3：肘と後膝周辺は慎重に。刃を深く当てすぎてしまうと、皮膚を簡単に傷つけてしまいます。

毛刈りについて覚えておくべきこと

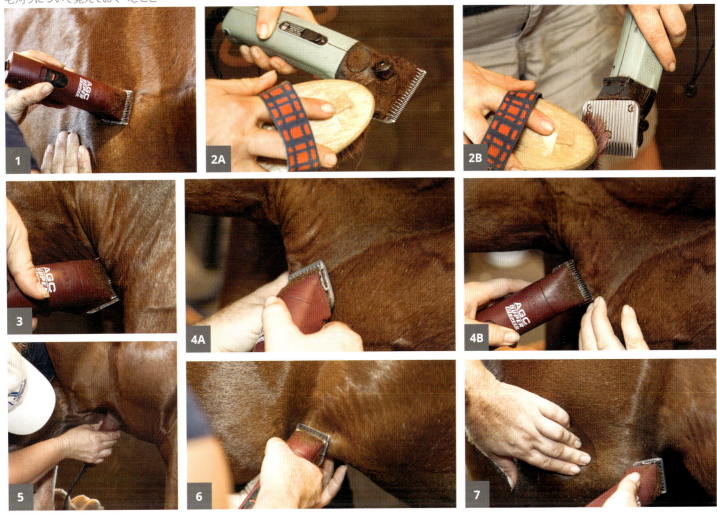

4A&B：肘周りは、片方の手で馬の皮膚を伸ばしておいて、跡や切り傷が付くのを防ぎましょう。

5：胸前をやるときは、毛刈りをしている側の肢を持って、重なっている敏感な肌を分厚くしておいてからシェーバーを浮かせて滑らせましょう。

6：空いた方の手を使って、関節〜胴体部分の皮膚の重なったような部分の皮膚を伸ばし、挟んでしまわないようにしましょう。

7：しっかり皮膚を伸ばして、刈り残しがないようにしましょう。

馬の行動に注意を払いましょう。いつ我慢の限界を超えるか、わかりやすい馬もいます。馬がある部位の毛刈りに対して不快な様子を示したら、馬が特に気にしないような違う場所をやってから、もう一度、馬がリラックスしているときに「嫌な」部分をやり直すようにしましょう。

肢の毛刈り

1：膝より上は、大きめのシェーバー、もし小さいシェーバーを使うならば幅広の刃をとりつけて使います。サラブレッドのように骨張った馬の毛刈りをする場合、膝下には小さいシェーバーを使い

第4章　一揃い全部・55

ましょう。やはり、毛に逆らってシェーバーを滑らせます。腱の間もしっかりと毛刈りができるように、空いた方の手で皮膚を伸ばしながら行います。

2：肢が敏感な馬であれば、蹄の裏を掘るときと同じ要領で肢を持ち上げて毛刈りしましょう。空いた方の手と、自分の膝を使って馬の肢を安定させます。こうすることで腱に力が入らないため、よりきれいに毛刈りしやすくなるでしょう。シェーバーの刃を馬の皮膚に対して垂直に当てないようにしましょう。肢の皮膚は薄く、簡単に傷ついてしまうからです。

肢の毛刈りはしないでおく場合

1：四肢ともに、毛刈りした部分と、毛刈りしていない肢の間に、すっきりと明確な境目ができるようにしましょう。前肢については、肩の下と肢の間の筋肉の境目の線に沿って毛刈りの跡をつけます。

肢の毛刈り

2：馬の肢と胴体との境目に、逆Ⅴの字ができるようにします。

3A&B：後肢については、後膝から膝腱の下を結ぶ線に沿って刈り跡をつけます。

4：後ろから見た時に、クリアなⅤの字ができるようにします。

肢の毛刈りをしない場合

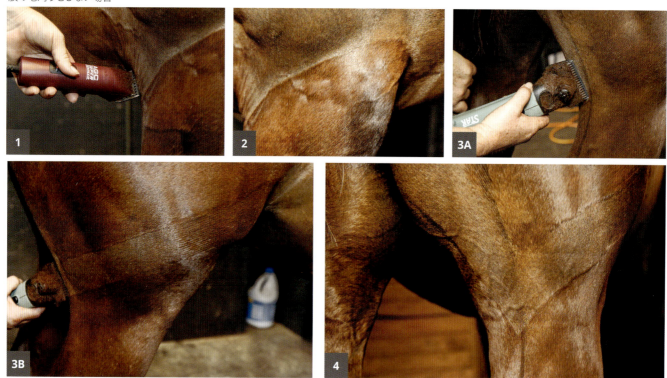

頭の毛刈り

頭の毛刈りはをする必要性はどれくらいやらなければならないのでしょうか。頭の場合も、体の他の部分の毛刈りと同じように、さまざまな要素を考慮する必要があります。毛刈りの必要なとき期に競技会などに出場する馬は、顔の毛刈りも必要です。運動量はそこそこ落ち着いた水準で、寒い地域に暮らしており、競技会に出ない馬であれば、顎と頬の下まで毛刈りをすれば良いでしょう。北部で、昼夜放牧されている馬の場合は、完全に顔を覆って保護できるフードのついた馬着を着せていない限りは、頭の毛刈りは行ってはいけません。

大きなシェーバーの長さにもっとも近い刃を取り付けましょう。10号ないし15号が一般的なサイズのはずです。お腹の下の方で試しに刈ってみて仕上がりの様子を確かめましょう。間違えて30号のブレードを使ってしまうと、馬の顔（あるいは肢）の皮が剥けてしまいます。

頬のラインまでしか毛刈りをしない場合

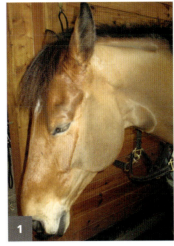
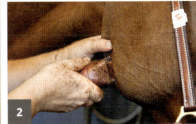

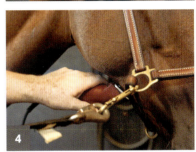

1：頬のラインまでしか毛刈りをしない場合は……

2：……頬の下の部分の皮膚を押さえて、頬骨に向かってシェーバーを押していきます。

3：そのまま顔の下の方に向かって毛刈りします。頤（おとがい）と頬骨の間に線を引いていきます。頤までで止めます。

4：頬の下や鼻周りも刈ります。

頭全体

1：頭全体の毛刈りを行うときは……

2：……最初に耳から始めてください。慎重に空いている方の手で耳をつかみます。

3：耳の内側をやらないときは、耳の先から根元に向かってシェーバーを動かします。

頭全体の毛刈り

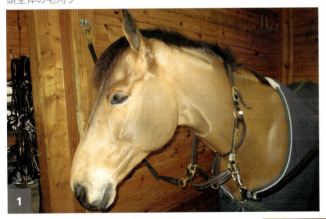

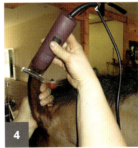

次ページへつづく ▶

頭全体の毛刈り（つづき）

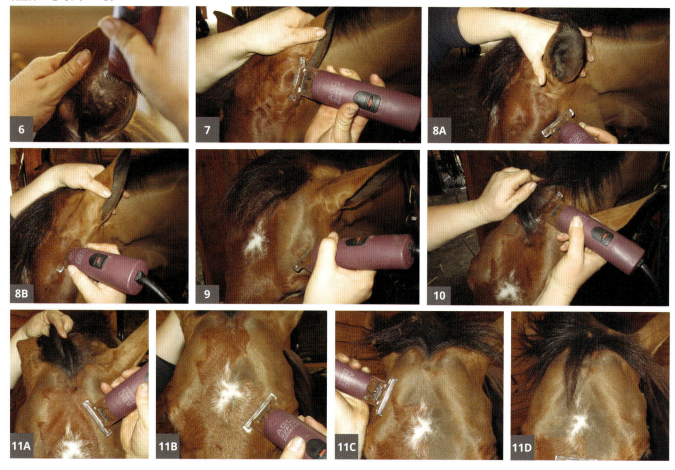

4：耳の外側も、耳の先から初めて下に向かって刈ります。

5：耳の縁も下に向かってシェーバーを動かします。

6：耳の内側を刈るときも、シェーバーを上から下向きに動かします。耳の根元に近づいたら、シェーバーを刺してしまわないよう気をつけましょう。

7：耳の前側は、被毛が横向きに生えていますので、外側から中央に向かってシェーバーを動かします。

8A&B：目に向かい慎重に顔沿いに毛刈りをしていきます。被毛の生えている方向に留意しながら行います。

9：目の周りは、特に慎重に。馬の目の上には凹んだ部分がありますので、慎重にすくうようにして、毛刈りを行います。

10：前髪のところまで毛刈りを行いますが、前髪をシェーバーで刈ってしまわないように注意してください。

11A～D：つむじと毛の流れに留意しましょう。毛の流れに逆らってつむじの中心に向かって毛刈りを行います。

　目の周りの長い毛は刈らないようにしてください。この目の周りの長い毛は、馬の顔が何かに近づいたことを検知する重要な役割を果たしており、刈られてしまうと、馬が目を怪我してしまう可能性があります。

尻尾の上の毛刈り

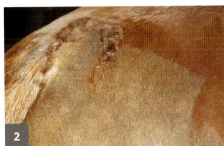
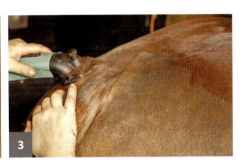

筋（スジ）の消し方

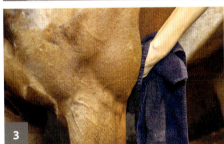
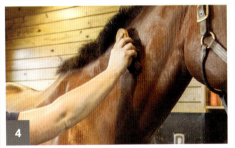

尻尾の上

1：きれいに毛刈りを仕上げるには、尻尾の付け根に逆V字型の刈り跡を作ります。

2：尾骨のある部分の外側の端から背骨のラインに向かって一本の線を入れるように刈ります。

3：反対側も同様に刈りますが、このときに角度が同じになるように注意しましょう。

筋（スジ）

1：忌まわしい筋を消していきます。

2A&B：これらは、馬が汚かったり、かける圧力が一定でなかったとき、あるいはシェーバーが熱くなっていたり、刃が切れなくなっていたりしたときにできてしまいます。これらの筋を消すには、まず筋にぶつけるように毛刈りをしていきます。筋に対して十字かX字を書くようにするイメージです。その後に、毛の流れに沿ってもう一度シェーバーをかけます。

3：ウィッチヘーゼルとタオルを用意して、毛刈りした部分を拭き、筋が消えていることを願いましょう。

4：天気がよければ、もしくは暖房付きの蹄洗所があるのであれば、毛刈りの後に馬を洗いましょう。余分な油分を被毛から洗い流すことで、皮膚トラブルが起こる可能性を減らせます。洗えないようであれば、コーンスターチを中くらいの毛足のブラシに振り掛けながら馬体全体にブラシをかけ、シェーバーの油分が皮膚に残らないようにしましょう。これには、刈られた短い鋭い毛を払い落とす効果もあります。

毛刈りの種類

ベリー・クリップ（お腹の毛刈り）

1：軽い運動をする練習馬に適した刈り方です。お腹から前肢の間を通って首の下側の毛を刈ります。喉の下までで止めても良いですし、そのまま顎の下まで刈っても良いでしょう。

トレース・クリップ

　トレース・クリップのできあがりには、バリエーションがあります。中程度の運動をし、頸の下から脾腹にかけて汗をかく馬に便利な刈り方です。また、寒い季節に夜間放牧されるような馬にも向いているでしょう。温かいので、それほどたくさん馬着を着せる必要はありませんが、運動後はより早く乾きます。トレース・クリップのやり方には、何通りかあります。最も一般的なのは、スティープルチェース・クリップと、ハイ・トレース・クリップです。

1：スティープルチェース・クリップは、脾腹の下から、お腹の上を斜めに横切って耳の付け根まで刈っていきます。耳の付け根までで止めても、顔の頬あたりまで刈っても構いません。

ベリー・クリップ（お腹の毛刈り）

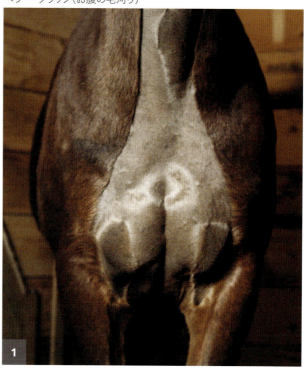

トレース・クリップ

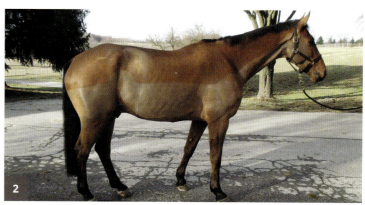
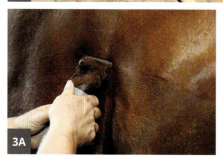

次ページへつづく ▶

トレース・クリップ（つづき）

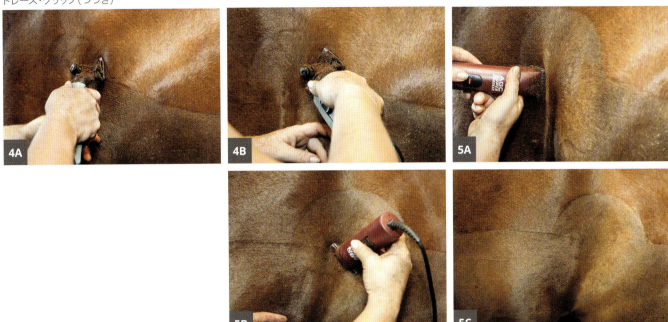

2：ハイ・トレース・クリップは、定期的に運動し、たくさん放牧されている馬に向いています。運動時に体温が高くなり過ぎず、放牧の際には厚着をさせなくて済みます。後肢、胴体、頸の下半分の毛刈りをします。どのくらいの位置まで毛刈りをするかは、馬のどこが最も汗をかきやすいかによって、判断してください。たとえば、脾腹に特に汗をかく馬ならば、そこを多めに毛刈りします。頸の方が汗をかきやすい馬であれば、タテガミに近いところまで毛刈りしましょう。

3A～C：ハイ・トレース・クリップの難しいところは、脾腹の部分です。チョークかテープを使うと刈りやすいでしょう。脾腹の後ろから始めます。シェーバーを上に向けましょう。そこから徐々に、中央のつむじにむかって弧を描くように刈ります。

4A&B：次に、シェーバーを逆に向けて、逆向きに弧を描きます。

5A～C：小さなシェーバーに持ち替えて、毛刈りした部分を整えます。つむじの中心に向かって、各方向から毛並みに逆らって刈ります。最終的には、滑らかな弧ができるはずです。

プロのコツ

特定の競技会のために毛刈りをする必要がある場合には、少なくとも2週間前に行うように計画しておきましょう。馬の中には、毛刈りに非常に敏感なものもいて、皮膚トラブルが起こる可能性もあります。皮膚の状態を落ち着かせ、いい状態に戻す時間が必要です。もしこうした問題に直面した場合には、Equifit® シャンプー※1と、ベビーパウダーの使用をお勧めします。SSDクリームは、肢の皮膚の治療に適しています。アップルサイダーで洗うのも、有効です。フィリップ・ダットン選手の4スター馬、フェーンヒル・イーグル号の面倒を何年も見ていましたが、この馬はどんな油、どんなシェーバー、どんな冷却スプレーを使っても、必ず毛刈りの後に皮膚トラブルを起こしていました。そのため、いつ毛刈りをするかには、微妙な判断が求められました。競技会に近すぎれば、皮膚がひりひりして敏感な状態で出場することになってしまいます。一方、あまりにも前に毛刈りをしてしまうと、競技会のときにはまた毛刈りが必要なくらい伸びてしまいます。　エマ

※1）Equifit® シャンプー：各種馬用プロテクターなどを取り扱うマサチューセッツ州にある馬具メーカーのシャンプー。

ブランケット・クリップ

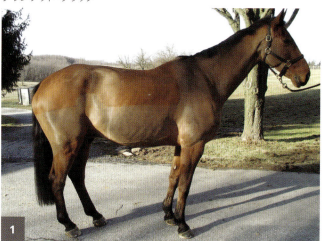

ハンター・クリップ

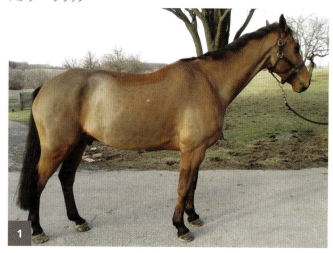

ブランケット・クリップ
1：馬にクオーターシーツ※1をかけたところを想像してください。肢とその馬着がかかった部分以外は、すべて毛刈りをします。冬場を通して運動する馬で、ハンターペースやペーパーチェース※2や、室内で障碍飛越を行う馬に適した毛刈りの仕方です。

ハンター・クリップ
1：馬がしっかり運動している場合に行います。また、しっかりと厚手の馬着を着せる必要があります。馬の寒さ対策である毛を刈るわけですから、冬の間、どんなときにも馬を裸にしておいてはいけません。馬の筋肉の冷えを防止し、リラックスできるように、

馬着擦れ

馬着擦れは、悪化して手に負えなくなる前に、でき始めの段階ですぐに治療を行うことが肝心です。

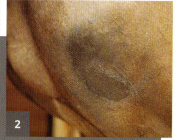

1 毛が抜け始めた部分には、皮膚を保護し、柔らかく保つための軟膏を塗り、毛が再び生えるのをうながしつつ、皮膚が炎症を起こさないようにしましょう。

2 軟膏をよく擦り込んだ上に、摩擦を起こさないよう、もう少し余分に塗り重ねておきましょう。

3 次に、より体に合った馬着を探して、取り換えましょう。滑りやすい素材の馬着を下に着せておくと、肩の部分が擦れるのを防げる場合が多いようです。

※1）クオーターシーツ：運動用の馬の鞍下〜臀部までを覆う馬着。
※2）ハンターペースやペーパーチェース：一定のペースで野外を走りながら、障碍を飛んだり、クイズに答えたり、など何らかの「仕事」をこなしていく、いずれもキツネ狩りに由来する競技。

ショー・クリップ、全身の毛刈り

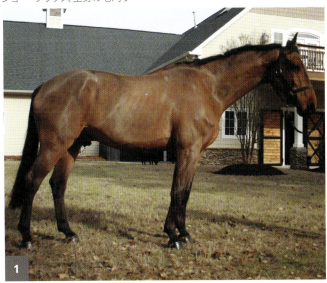

運動前の準備運動や運動後のクールダウンには、クオーターシーツが必要になることもあるでしょう。肢の毛は刈らずに残しておくことで、悪天候、泥、ひび割れや傷から守られるようにします。

ショー・クリップ、全身の毛刈り

1：特に冬の間、馬が100％競技会モードのときに行います。耳の先から蹄冠部に至るまで全身の毛刈りをします。全身毛刈りをした馬に対しては、しっかりとした管理計画が必要です。擦れ防止のために馬着は良く馬にフィットしたものでなければなりませんし、日中も気候の変化に応じて着替えさせなくてはなりません。プロテクターにも万全の注意を払い、厄介な感染症につながりかねない擦り傷ができるのを予防しなくてはなりません。より寒冷な地方では、馬を夜間放牧に出すのは適切ではありませ

プロのコツ

毛刈りをしたときに、鞍型に毛を残したいようであれば、いつも使っている鞍下を通常の位置に乗せて、その外縁の印を馬に描いておきましょう。鞍下を乗せたまま、その周りを毛刈りしようとすると、やっている最中に馬が動いたり鞍下が動いたりして、気づいたときには全部刈ってしまうことになりかねません！

鎮静剤の使用

競技会の前、馬の毛刈りをするために鎮静剤を使用する必要がある場合は、薬物使用に関する規則と、使用する薬物の離脱期間の考慮を忘れずに。鎮静剤を使用する際には、必ず獣医師に相談するようにしてください。

ん。厩舎が寒い場所にあるのであれば、夜間の体温低下を防ぐため、肢にバンデージを巻く必要もあるでしょう。

全身の毛刈りは夏の間にも必要な可能性があります。馬が効率よくクールダウンできるようにするためです。しかし、それ以外にも全身の毛刈りをする理由はあります。クッシング病により、体温調整のための毛の生え変わりがうまくいかないような場合などです。

毛刈りをした馬のケア

このセクションは、アメリカ合衆国の比較的寒冷な地方の冬を前提に書かれています。重要なのは常識的な判断です。そして毛刈りのスタイルによって、どのように手入れをしたり、馬を洗ったり、馬着を着せたりすれば良いかが変わります。

手入れ

1：冬の間の馬の丸洗いは、お湯が使えて、ヒートランプがある場合にのみ行います。

6ページに詳細を記載した通り、馬に乗る前にはしっかりと手入れを行います。ただし、ブランケット・クリップ、ハンター・クリップ、ショー・クリップなどの毛刈りをした馬は、手入れをされている間も馬着をかけておく必要があります。手入れを始める際には、馬着のお腹のストラップや後肢につけるレッグ・ストラップは外し、きちんとまとめておきます。こうすることで、馬着を外すときに金具を外し忘れるということを防げます。これは安全上の配慮です。

毛刈りをした馬のケア

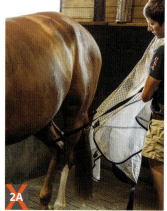
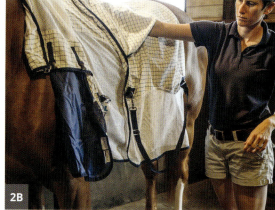

プロのコツ

1 馬着のレッグ・ストラップがだらしなく放置されていることは、私にとってイライラの種の一つです。レッグ・ストラップは、その長さ、馬着についている位置の関係上、お腹のストラップよりもブラブラしやすいものです。

2 研修生には、いつも、馬着を脱がせる前に、ストラップのナスカンを留め具につけて邪魔にならずにまとめるよう指示しています。あるとき、私が獣医師の診察のために馬の前持ちをしている最中に、友人が馬着を着せてくれました。そのとき、後肢のストラップがまとめられていなかったために、天井の換気扇に引っかかってしまいました。言うまでもなく、馬は大暴れし、私も少し踏まれてしまいました。それを見ていた研修生は、なぜ私がいつも口うるさく注意していたかを理解したのです。単純なですが、重要なことなのです！　エマ

2A：悪い例：この写真では、レッグ・ストラップを外し忘れています。このまま馬着を引っ張って脱がせようとすれば、馬がパニックに陥る可能性もあります。馬の後肢がレッグストラップを蹴ろうとして、こちら側に肢を上げかけている様子が見てとれます。

2B：この写真ではレッグ・ストラップがきちんと外され、肢の外側で金具に止めなおされています。こうすることで、レッグ・ストラップを引きずってどこかに引っかかってしまうような事態を予防できます。

3：馬着を後ろ側に半分に折り、馬の上半身を先に手入れします。

4：次に、反対にします。肩と背中に馬着をかけて、お尻側を手入れします。こうすることで、馬を冷やさずに済みます。馬装をするときには、お尻側に馬着をかけておきましょう。

クオーターシーツ

1：最初の準備運動をするときには、クオーターシーツを使用するのを忘れずに。また、クールダウンの際にも使えるようにしておきます。軽い運動を行う際にはウール製のクオーターシーツを運動の間中つけておき、寒さと筋肉の強張りを予防しましょう。

クールダウン／丸洗い

クーラー：ニットやウール製

寒い中で馬を快適に過ごさせるために、たくさんの種類の「クーラー」があります。ここで言う「クーラー」とは、運動後のクールダウンの際に使える馬着で、馬の冷えを防止しつつ、通気性と吸水性を兼ね備えた素材でできたものを指します。カタログなどではさまざまな名称で売られていますので、ここで明確にしましょう。

1：ネット：文字通り、編まれたネットになっていて、ホコリやハエが付かないようにするものです。

2：綿または麻の紗の生地でできた馬着（コットンクーラーなどとも呼ばれる）は、次に軽いクーラーです。ネットと同じようにホコリやハエが着かないようにするために使いますが、ネットよりも少しだけ暖かいので、風の強い夏の日に使います。

3：アイリッシュ・ニットとは、ゆるく編んだ綿で作られたクーラーを指します。通気口が開いていて、軽いので、気候の穏やかな日

クオーターシーツ

ニットやウール製のクーラー

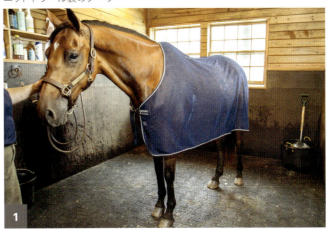

次ページへつづく ▶

や、もう少し厚手のクーラーの下に着せて空気の循環をうながすために使います。

4：フリース製のクーラーは、綿のスウェット生地またはポリエステルのフリースでできています。生地の厚さや質によって、暖かさにはかなりバリエーションがあります。私たちは、綿のスウェット生地のものは、やや寒い日のレッスンとレッスンの間に馬を冷や

ニットやウール製のクーラー（つづき）

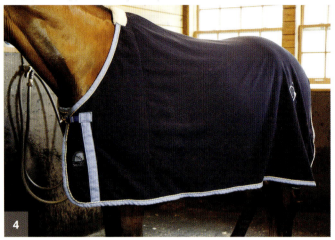

クーラーの着せ方

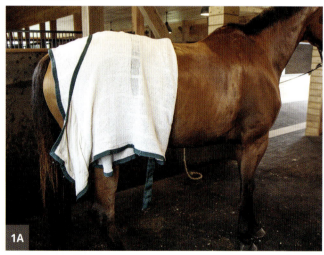

さないようにするために使っています。高品質でやや重いポリエステルのフリースでできたクーラーは寒い日に使っています。洗濯も簡単で、すぐに乾きますから、ポリエステルのフリースでできたクーラーは北の地方の厩舎にとっては必需品です。冬の間の馬のクールダウンや汗をかいた後に乾かす際に使います。さらに、頸の形をしたアタッチメントもついているものも多いので、馬の全身の保温にもってこいの馬着です。でも、大きくて馬体の形になっていない四角いクーラーは使わないように。馬体にぴったりフィットしないので、隙間風が入って冷えてしまいます。

5：ウール製のクーラーは、単に「ウーリー」とも呼ばれる重たいクーラーです。これは、汗で濡れても保温性があるので、とても重宝します。汗を吸収しつつも、筋肉は冷気に晒しません。私たちはこれを一番良く使っていて、毛刈りした馬の準備運動のときにも、とても寒い日には馬房の中でも着せています。ウール製のクーラーは、毛刈りした馬の輸送の際にも有用な馬着です。通気性も良く、馬をぽかぽかに温かくしておくことができます。

クーラーの着せ方
1A＆B：馬に乗り終わって、馬を厩舎に連れて帰ってきたら、馬装を解除するく間、クーラーを馬のお尻にかけておきましょう。鞍を外すときに、クーラーを馬体全体にかけて鞍の乗っていた部分が冷えないようにします。

馬が少し湿っている程度であれば、湿っている部分にウィッチヘーゼルまたはアルコールを噴きかけて、タオルで乾かします。これが乾いたら、完全に手入れをして、馬着を着せます。

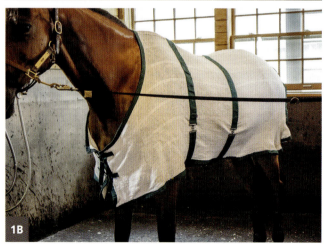

丸洗い

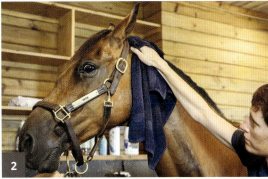

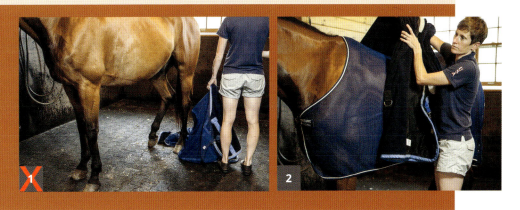

丸洗い

1：それでも、馬が汗をかいているようであれば、温かいお湯をバケツに用意し、ウィッチヘーゼルと洗浄力の穏やかな食器用洗剤（Ivory Soap）を少しいれたものを用意します。

2：タオルを湿らせ、1のバケツに浸します。少しだけ食器用洗剤を入れると、泡立ちを防ぎながら汚れや汗染みを拭き取れるので、再度洗い流す必要がありません。皮膚についた汗を落とすためにしっかりと拭きましょう。

3：悪い例：馬の顔にも注意を払いましょう。この写真のように、額に乾いた汗の跡が残っているなどということがないように！

4A&B：馬が完全に乾ききっていないときは、アイリッシュ・ニットか紗の馬着を下に着せて、その上からウール製の馬着かフリースの馬着を着せます（馬着については 68 ページを参照）。この組み合わせは、早く馬を乾かす手助けをしてくれます。

フリースのクーラーを使っているとき、上に着せた馬着に湿った部分ができるようなら、取り替えましょう。フリースは濡れてしまうと保温性がなくなってしまいます。ウールであれば、湿って

プロのコツ

1 クーラーを外すとき、さっと馬からはがして、床に放っている人を見るのも、苛立ちを覚えます。毛刈りした馬は、静電気をためやすく、急にさっとお尻の上を滑らせてクーラーを脱がせると、馬は不快な刺激を感じてしまうかもしれません。

2 代わりにクーラーを馬の背の真ん中あたりで折りたたんでから、一度に持ち上げて外すようにしましょう。

第 4 章　一揃い全部 ・ 67

馬着の着せ方

1A

1B

1C

いるように見えても温かさを保ちます。写真Aはアイリッシュ・ニットとウール製の馬着の組み合わせ、写真Bが紗とフリースのクーラーの組み合わせになっています。

馬着を着せる

　みなさん自身が10枚も服を重ね着しなければいけないような日であれば、ハンター・クリップや胴体部分を毛刈りした馬を温かく過ごさせるために、もう少し厚手の馬着を着せなくてはならないのでは、と考えることは合理的です。ここで、馬のことを良く知っているかどうかが重要になってきます。馬の中には、明らかにほかの馬よりも暑がりなものもいますから、馬着についていろいろ試すことは、馬を快適に過ごさせるために必要です。昔は通気性のある日中用の馬着と通気性がなく水を通さない放牧用馬着を用意しておくのが一般的でした。しかし、今や品質の高い、ウォータープルーフかつ通気性のある馬着が登場し、馬房の中でも外でもきちんと機能するものがあります。完全な一揃いとして、3種類のウォータープルーフの馬着を用意すると良いでしょう。

1A：薄手のもので、頸用のアタッチメントが付いたもの。レインシーツとも呼ばれています。

1B：中くらいのもの。

1C：そして、しっかりした厚みのあるもので、頸用のアタッチメント付きのもの。

　これらを揃えておけば、外がかなり寒いとき、厚手の馬着が濡れてしまうと乾きにくいため、薄手の馬着に頸用のアタッチメントを付けて着せ、その上に中くらいのものを着せるような使い方ができます。また、予算に限りがあるときには、重ね着させられるように組み合わせで売られている馬着が便利でしょう。こうした商品は、通気性のあるライナーと、ウォータープルーフで通気性のある外側用の馬着の組み合わせで売られており、ライナーに外側の馬着をくっつけられるようになっています。

2A〜E：Rambo® Duo ※1は、私たちのお気に入りの馬着セットのひとつです。内側のライナーにはさまざまな厚みのものがあって、普通は外側の馬着につけて使うことが想定されています。いくつか余分にライナーを購入しておけば、洗濯しても交換で使いやすく、馬にいつもきれいな下着をつけさせているような状態にしておけます。

※1）Rambo® Duo：アイルランドのHorseware社の馬着のブランド。放牧の際に重ね着させられるようにできている。外側の馬着は通気性と防水性を兼ね備えた軽い素材を用い、内側に着せる馬着は気候に応じて取り替えられるようにバリエーションが用意されている。

Rambo® Duoの着せ方

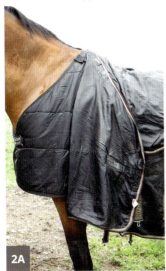

プロのコツ

馬着の金具は絶対に外向きにつけてはいけません。これがなぜ重要か理解していない人が多いです。残念ながら、このために危険状況に追い込まれた馬をたくさん見てきました。ラチで胸前を掻いていたら、胸前の金具が金網に引っかかってしまってパニックを起こした馬もいました。ハエ避けの馬着が痒くて口で掻いていたら、胸前の金具に引っ掛けて唇を切ってしまった馬もいました。簡単なことです。必ず金具は内向きに止めること！　キャット

1　悪い例！
2　正しい例！

第4章　一揃い全部・69

特殊な馬着

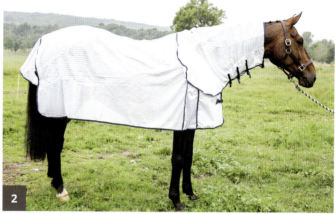

ーできます。敏感な馬を夏の間に放牧する際は必須というケースもあるでしょう。

3：耳の内側の毛刈りをした馬であれば、ハエ避けマスク（フライマスク）は、虫刺され防止に必須です。

馬着の手入れ

毎日、馬着を着せなおすことはとても重要です。馬に乗らずに、蹄の裏を掘る時間しかないような場合でも、馬着を直して、一か所に圧力がかかり続けているような箇所がないようにしましょう。こうすることで、肩やキ甲の擦れを軽減できます。また、馬着やバックルに壊れていたり壊れそうな箇所がないか点検するきっかけにもなります。

特殊な馬着

毎日使うための馬着の他に、持っていると便利な馬着もたくさんあります。

1：馬房用馬着は、いろいろな厚みのものがありますが、外での使用には適しておらず、馬房の中で使います。洗濯も簡単なので、馬をきれいに見せるために競技会用に持っておくといいでしょう。

2：厩舎内や競技会場で使うには、シーツもいいでしょう。シーツは暖かい時期に馬をきれいに保つために着せてもいいですし、毎日の馬着の下に着せる使い方や、肩の部分の擦れ防止のために着せる使い方もあります。競技会用には、頸用のアタッチメントが付いていて、全身の汚れ防止に使えるものがあります。

3：ハエ避け（フライラグ）は、メッシュ素材でできていて、たいがいは頸まで覆えるものです。多くの場合は、お腹の下もカバ

馬着の手入れ

馬着の畳み方①

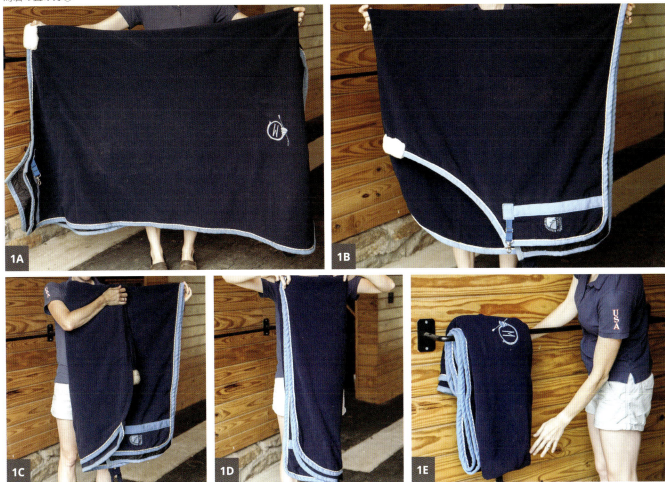

1：悪い例：尻尾のところのマジックテープが破けています。後ろから馬着がずれてしまう原因になるので、修理しなくてはいけません。

馬着を畳む

　馬着はいつもきちんと畳んで、掛けておきます。馬着をくしゃっと壁や手すりなどにかけておくのは、見た目に悪いばかりか、危険を招く可能性もあります。お腹のストラップやレッグ・ストラップが垂れ下がっていると、つまずいたり、馬に絡まってしまう可能性があります。突如、馬にひらひらした馬着がくっ付いたような状態になりかねません！床に馬着がついていると、一晩でネズミの巣になってしまうこともあります。そして、馬着に穴をあけられたり、シミをつけられてしまいます。

1A：「畳み方①」は、薄手のクーラーやシーツの畳み方です。

1B：まず、真ん中で馬着を折って、胸前とお尻の部分を揃えます。必ずお腹のストラップは内側に折りこみましょう。レッグ・ストラップは止めておきます。

1C：次に、馬着の両端を写真のように内側に折ります。まず、馬着の背中にくる側を先に折って……

1D：……それから、お腹側にくる側を折ります。

1E：最後に、折り目を下にして掛けます。

第4章　一揃い全部・71

馬着の畳み方②

2A:「畳み方②」は厚手の放牧用の馬着や、ふかふかした厩舎用の馬着、厚手のクーラーに適した畳み方です。

2B: 最初に馬着を横半分に折ります。

2C: お腹のストラップが内側に折りこまれていることを確認しましょう。

2D: 今度は、腕を使って縦に馬着を半分に折ります。

2E: 馬着の前後を揃えます。

2F&GF: 最後に折り目を外側にして掛けます。

3:悪い例: 行き当たりばったりに馬着を掛けると、散らかって見えるだけでなく、馬が絡まる危険を作り出してしまいます。

第5章
こまごまとしたこと

キャットの話

> 2011年のパン・アメリカン大会でのことです。当時、アメリカ合衆国の総合馬術ランキングトップはバック・デービッドソン選手でした。この競技会では、出番が先だったアメリカの選手たちはトラブルに見舞われていたため、みんながデービッドソン選手の減点ゼロ走行に期待していました。グルーム全員、ゴール地点にいて、デービッドソン選手から馬を受け取り、クールダウンさせようと待ち構えていました。デービッドソン選手が最終障碍を飛んでくるのが見えました。障碍減点ゼロ、タイムも規定時間内に十分収まるペースでした。みんな、異様な盛り上がりで声援を送り、その週にみんなで考えていたちょっとおかしなダンスをしながら待っていました。ところが、デービッドソン選手は、顔をゆがめながら、罵りの言葉を吐いてきたのです。騒ぎの中で、みんな、とても混乱してしまいました。まったく彼のふるまいの意味が分からなかったからです。コースにはさまざまな仕掛けがあって、騎乗していた馬はそのクラスの競技会にはまだ出始めたばかりでした。簡単ではなかったことは分かりますが、それでも喜んでいてよさそうなものなのに！その日の雰囲気を台無しにするなんて！ようやくデービッドソン選手から何があったのかを聞き出したところ、スタート直後に鐙革が切れてしまい、ほとんどのコースを片方だけの鐙で回ったのだと。ゴールしたころには脚があまりにも攣ってしまい、馬から降りるために伸ばすことさえできなかったのです。事の顛末は、使っていた合成素材の鐙革が暑さに弱く、壊れてしまったということでした。

馬具

馬以外のもので、最もお金のかかるものの一つが、馬具です。品質の高い馬具は、正しく手入れをしていれば、長持ちします。また、馬具のメンテナンスは、安全性にも影響します。

毎日の手入れ

馬具は使ったら、必ず手入れをしましょう。汚れを落とすことで、革の繊維を破壊する原因となるカビや腐食、汗のこびりつきを防ぎます。

1：汚れ落としの道具には、次のようなものがあります。

- グリセリンのサドルソープ
- 鞍用の松脂
- 擦るためのブラシ
- スポンジ
- 保革油またはコンディショナー
- 鞍用のクリーナー
- タオル
- 擦るためのスポンジ

汚れ落としの道具

頭絡やストラップ状の道具の汚れ落とし

頭絡やストラップ状の道具の汚れ落とし

1：馬に乗り終わったら、ストラップ状の道具は壁に接していないフックにかけましょう。

2：小さなバケツにお湯を入れて、ハミをつけておきます。

3：湿度が（非常に）高い日は、ストラップをすべて留め具から外しておきます。

4A&B：グリセリンベースのサドルソープを使い、革全体を擦ります。特に鼻革、頬革、額革の内側は念入りに。

5：スポンジまたは湯に浸したタオルを使って、余分な石鹸をしっかり拭き取ります。

6A&B：革用のコンディショナーまたは保革油を薄くつけながら、留め具をもとに戻していきます。

7：乾いたタオルを使ってハミと金具を拭き、ハミを付け直します。正しく付け直すように注意しましょう。

8：ゴム手綱には、スポンジのザラザラした面を使って汗を落とすようにしましょう。汗が残っているとゴムが劣化してしまいます。

9：汚れが落とせたら、鼻革で頭絡をまとめるか、8字結び（下の図を参照）をして、しまいます。こうすることで、馬具庫が整頓されて見える他、どの頭絡は手入れをされていて、どれがまだなのか簡単に見分けがつきます。

毎日の保管
1：頭絡を整え、項革をつるします。手綱を伸ばして、騎乗したときに手元に来る方の留め具のところで持ち、喉革をまず頭絡の前を通してから後ろに持っていきます。このとき、手綱の間を縫うように通します。

2：そこから喉革を再び前に持ってきたら、喉革のもう片方の端に止めます。

3：次に、鼻革を頬革の外側に持ってきて、後ろ側で交差させて、

4：金具を（前で）しっかりとめます。

フラッシュノーズバンド付き、もしくは8の字クロス鼻革の付いた頭絡の収納
　　上記の2までの手順は同様です。

1：フラッシュノーズバンドをハミに通し、ハミとフラッシュノーズバンドの間に手綱をしまい込みます。

2：フラッシュノーズバンドを前まで持ってきて、端の金具をとめるか、キーパー※1にしっかり通しておきます。

毎日の頭絡の保管方法

フラッシュノーズバンド付き、もしくは八の字クロス鼻革の付いた頭絡の収納

※1）キーパー：金具を通したあと、余った革を通しておく、小さい革の輪っか。

大勒の収納

大勒の収納

　喉革がロールドレザー※1になっていなければ、75ページの最初の手順に従います。ロールドレザーは8の字結びなどにして保管すると捻じれてしまうため、代わりに単純に頭絡の後ろ側で手綱の間に通し、金具をとめておくか、キーパーにしっかり通しておきます。馬につけたときとまったく同じようにしておきます。

1A&B：パッド付きの（折り返して締める）クランクノーズバンドを使っている場合以外は、75ページの2の手順に従います。パッド付きのクランクノーズバンドは頭絡の周りをぐるっと巻いてくるだけの余裕がない場合が多いため、余裕がない場合は、前に持ってきて止めるのではなく、単純に後ろ側で金具を止めるか、しっかりキーパーに通しておきます。

2：最後に、グルメットを整え、グルメットとハミの間に手綱をまとめて、両側を金具にかけておきます。

3：これで完成です。

鞍の汚れ落とし

1：硬めのブラシを使って鐙ゴム（ステップ）の汚れを掻き出します。

2A&B：グリセリンベースのサドルソープとスポンジを使い、小あおり、あおり革、シート部分の汚れを落とします。

3A&B：次に鐙革、鞍褥の汚れを落とします。石鹸カスや泡はすべて拭き取ります。

4A&B：あおり革の裏側や托革も忘れずに。

5：Effax® Lederbalsam ※2のような良質なコンディショナーを使いましょう。

※1）ロールドレザー：ストラップが平たくなくて、筒状に加工されている革。
※2）Effax® Lederbalsam：ドイツのレザーケアブランド・エファックス(Effax)社のレザーバルサム(Lederbalsam／Leather-Balm)はグリース状になった保革油。

鞍の汚れの落とし方

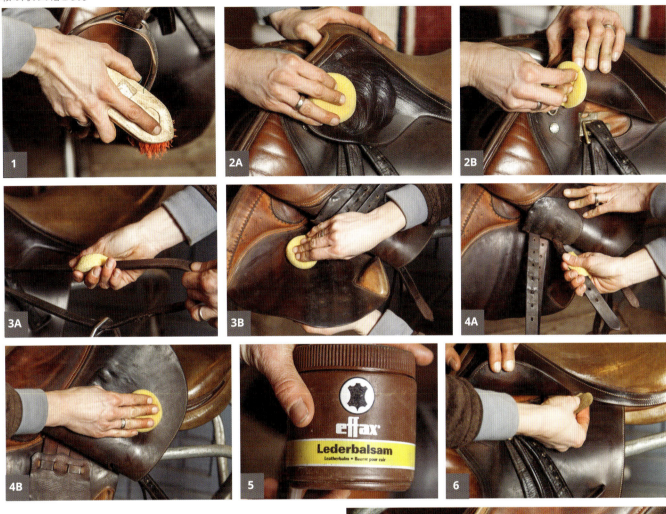

6：鞍全体に薄く延ばします。

7：あおり革や小あおりの下の割れ目にも塗っておくのを忘れずに。

定期的なよりしっかりとした汚れ落としとコンディショニング

　毎日軽く汚れ落としがされている馬具でも、定期的にしっかりとした汚れ落としとコンディショニングは必要です。どれくらいの頻度で行うべきかは、どれくらいその馬具を使っているかによって違います。毎日、汗をかく馬に使っている馬具は、頻繁なコンディショニングが必要になりますし、一方、まったく使われていない馬具もまた、より頻繁なコンディショニングが必要です。前者

第5章　こまごまとしたこと・77

長期間の馬具の収納——エマ・フォード流

1 古かったり、使っていない革、予備の革の道具がつまった箱があったりはしませんか？こうした馬具は、たいがいカビてかなり硬くなっています。革にヒビが入っていることさえあって、安全に使用できない可能性もあります。

2 こうした馬具の手入れに、私が愛用しているのは、Ko-Cho-Line® ※1 という製品です。これは革の汚れ落としですが、革を柔らかくしなやかにします。これで手入れをしたあとに機密性のある入れ物にしまっておけば、数か月間保管した後でも、革がすぐに使えるコンディションに保たれます。.

3 アンモニアを溶かした水に革製の馬具を浸します。スポンジまたは布を使って革についたカビや汚れをすべて落とします。ハミは別にしておきます。

4 革を乾かします。

5 ゴム手袋をして、手でクリーナーを革に擦り込んでいきます。真鍮の金具には塗らないようにしましょう。

6 馬具のパーツをひとつずつ、新聞紙に包みます。これで湿気とカビを防ぎます。頭絡一揃い分を、バラバラにならないようテープなどでまとめておきます。

必要になるまで機密性のある入れ物にしまっておきましょう。私は、何が入っているか一目でわかるように馬具といっしょにリストを入れています。シーズン終了後、試合用の馬具一式をしっかり手入れして数か月間しまっておかなくてはならないときに、特にこの方法で手入れを行うようにしています。

※1）Ko-Cho-Line®：Carr&Day&Martin社の皮革用汚れ落とし。

徹底的な手入れの方法

の場合、革がべたついたり、もったりした感じになったときが、しっかりとした汚れ落としが必要なタイミングです。また、使われていない馬具は、革が乾きすぎていて、硬く、ぱっとしない状態になっているとき、コンディショニングが必要でしょう。

徹底的な手入れの方法：

1：頭絡や帯状の馬具をすべてバラします。こうしたことをやり慣れていないようであれば、組み立て直すときのために、何がどこについて、何番目の穴に入れるのかメモをとっておくのを忘れずに。鞍からは鐙革やその他革の道具を外しておきます。

2：湯に少量のアンモニアをまたはホワイトビネガーを溶かします。擦り洗い用のスポンジを使って革から石鹸カスを落とします。

3A&B：革を完全に乾かしてから、粘性のあるオイルを塗布し、革をコーティングします。塗布しながら、しっかり擦り込んでいきます。手を使って、革を前後に動かしながらオイルを擦り込んでいきます。ただし、こうしたしっかりとしたオイルは、縫い目にダメージを与えますので、オイルの中に馬具を浸けるのはやめましょう。

4：乾くのを待ってから、乾いた糸くずの出ない布を使って余分なオイルを拭き取ります。

真鍮や金属

　最後に、馬具をピリッと見せるのは、金属部分の手入れです。金属部分すべてをしっかりキレイにしましょう。特に真鍮製の場合は念入りに。ただし、ハミの口に入る部分は決して磨かないように。ハミ環までです！

真鍮や金属の磨き方

次ページへつづく ▶

第5章　こまごまとしたこと・79

真鍮や金属の磨き方（つづき）

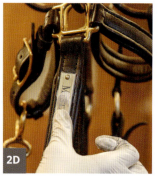

馬具庫の整頓

1：必要な道具：
・Cape Cod® wipes ※1
・Peek®の銀磨き※2
・Simicrome polish ※3
・糸くずの出ない布
・Peek®の銀磨き※2

2A〜F：金属が乾いた状態から始めましょう。金属用の汚れ落としを金属部分全体に塗布していきます。

3：乾いた布を使って、革に黒い汚れがつかなくなるまで磨きます。

4：久しぶりに汚れ落としをするような場合は、この手順を何度か繰り返さなくてはならないかもしれません。手に負えなくなる前に、定期的に手入れしましょう。写真のバックルでも違いが分かるでしょう。

馬具庫の整頓

1：頭絡がすべて手入れされ、まとめられた状態でつるされ、すべての鞍に保革油が塗られて、しまわれているような、整頓された馬具庫ほど良いものはありません。

※1) Cape Cod® wipes：予め薬剤のついた金属磨き用のウェットティッシュのような製品。
※2) Peek®の銀磨き：Peek Polish Productsは金属製品の研磨材などのメーカー。
※3) Simicrome polish：金属磨き用のクリームの商品名。

第6章

位置について、用意……

キャットの話

最近、競技会出場を目指す子どもたちのグループの練習を放課後に見ていました。私がインストラクター兼グルームでしたから、子どもたちは馬を非の打ちどころのないようにして出さなければならないことを知っていました。子どもたちのうち2人が馬場馬術の試合に出場することになりました。1人の女の子は芦毛の牝馬に、もう1人は白い部分の多いぶち毛の牝馬に乗ることになっていました。何か月もの準備、クリニック、小規模な競技会出場などを経て、ようやく本番がやってきました。選手の女の子たちは2人とも、ルーティーンは完璧、道具はすべてきれいに、荷物もまとめて、確認もできていました。馬のタテガミもとかれていて、馬具もピカピカ、女の子たちはとても

ワクワクしていました。彼女たちは馬を洗うスケジュールまでしっかり立てて、馬が確実にピカピカになるように気を付けていました。午前中の競技会は、彼女たちの準備が物を言って、万事順調でした。馬を馬運車から降ろしたときには、どちらの馬もまさに中央線に入っていく準備ができた状態でした。馬場の向こう側からでも、馬たちのピカピカな毛艶のおかげで、どこに自分たちの馬がいるかを見分けられるくらいでした。女の子たちは、どこに必要なものがあるのか把握しており、私の手助けはほとんど必要としませんでした。その週末、2人はとても良くやりました。その大切な一日の写真は、夏の間2人がどれだけ努力したのかをしっかりと記録していました。

競技会に備える

普段、ルーティーンで行うことは、馬が競技会に出るにあたっての準備となり、成功の土台となります。馬は、健全、健康で内側から輝くアスリートになります。馬具はしっかりと手入れをされ、修繕され、最後の最後に計画を台無しにしかねない落とし穴がないようにされているでしょう。さあ、競技会の前の週です。準備をするときです。あらかじめしっかり準備することで、厩舎でのストレスを抑えることができますし、みなさん自身にも、輸送の前にきちんと準備し確認する時間ができるはずです。

プロのコツ

馬のトレーニングやフィットネスのレベルがどのあたりにあるか、評価しておきましょう。今週、大きな試合にエントリーしているのに、しっかり馬に乗れていなかったり、トレーニングが何らかの理由で妨げられていたりした場合、競技会への出場は考え直すべきです。良きホースマンシップとは、馬を第一に考えることです。みなさんの目標が第一ではありません。

必要なもの

最初にすべきことは、競技会に持っていくものがすべて揃っているか確認することです。こうすると、あらかじめ壊れているものを買いなおしたり、何らかの理由で汚れた状態でしまわれていたものを洗っておいたりできます。次にチェックリストを示します。

馬具

　必要な馬具はすべてリストアップして、その馬具のパーツをくまなくチェックしましょう。試合の1週間前に馬具を分解し、よく汚れを落として保革油を塗ります。障碍の経路走行中に手綱が切れるとか、馬場で入場して最初の「停止、敬礼」で腹帯のゴムが切れるといった事態は避けたいですよね。

柔らかいもの

　馬グッズで洗えるものは全部このカテゴリーに分類されます。カラバン、試合用といくつか練習用の鞍下のパッドは必ず持ち物に入れましょう。馬着を2着用意するお金がなくても、問題ありません。試合のある週に洗っておいて、できるだけきれいな状態にしておきましょう。そして、1着、頸まで覆える薄手の馬着（シーツ）を購入しましょう。それが「試合用シーツ（薄手の馬着）」になります。試合で馬をきれいにして整えるとき、その試合用シーツを馬体に一番近い内側に着せれば良いのです。そうすれば、いつも来ている馬着から汚れが付いてしまうのを防げます。

1：Weatherbeeta®は、Kool Coat ※1 という商品名のシーツを作っています。これは、側面がメッシュになっていて、重ね着させても暑くなり過ぎない優れものです。

柔らかいもの

堅いもの

堅いもの

1：バケツ、一輪車、鞍箱、フォーク、箒などがこのカテゴリーに分類されます。試合に持っていくものは、すべて1週間にきれいに洗っておきましょう。

　試合会場で近くの馬房になった人がうっかり手に取って持ち帰ってしまわないように、すべての道具に印をつけておくのも良いでしょう。総合馬術のチームは、よくゴムテープでチームカラーの印をつけていますが、単純に油性ペンで名前を書くだけでも十分機能します。

馬糧

1：穀物の準備は、どれだけ遠い試合会場に行くか、そしてどれだけ試合がハードかによって変わります。2、3頭の馬を連れて数日間出掛けるだけなら、大きめのジップロック（Ziploc®）にはっきりとラベルをつけて穀物を入れておけば、馬糧の準備がごく簡単、かつすぐにできます。一方、もっと長い期間出掛けるならば、穀物を袋ごと持って行き、量りも持参しましょう。何らかの事態で、誰かに飼いつけを頼まなくてはいけないような状況でもすぐに分かるように、どの馬に何をどれだけ与えるか表にまとめておきましょう。

※1）Weatherbeeta®、Kool Coat：Weatherbeetaは馬着や各種馬用アクセサリーブランド。Kool Coatはその製品名。

馬糧

コンテナ

馬を洗う

2A：Smartpaks ™※1は、特に試合に出る馬のためのサプリメントの素晴らしい発明品です。必要なだけ持っていけば良いだけなのです！

2B：バラバラのサプリメントを使っている場合には、ジップロックの袋を「午前」と「午後」用それぞれ用意して、その中に入れておきましょう。とても簡単です。

コンテナ

1：トランク、蓋つきの入れ物、持ち運び可能な棚などがあると本当に便利です！蓋つきの入れ物にものを入れれば、清潔で整頓された状態を保てます。もし、大きくてステキな鞍箱などとても買えない、ということであれば、地元のホームセンターに行って、いくつか安めのシリコン製の入れ物を買ってください。それに柔らかいものと小さなものを入れて整頓しましょう。

「アスリート」

洗う

1：次は、馬についてです。試合に向かう前の1週間は、試合の日に慌てずに済むように馬をきれいできちんとさせておきたいものです。第二部（93ページ参照）でタテガミの梳き方や適切な尻尾の手入れの仕方について解説しますが、馬の全体を見て、尻尾に長すぎる毛がないか、タテガミの長さを整えるなど、必要に応じて行いましょう。

※1）Smartpaks™：SmartPakは各種馬用のサプリメントメーカー。

第6章　位置について、用意……・83

泡風呂

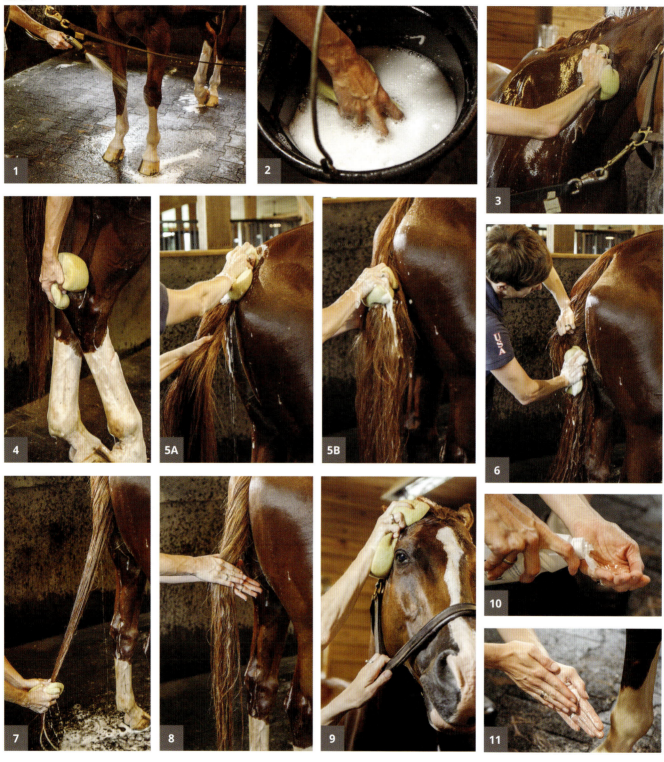

84 ・ 第一部 厩舎にて

泡風呂(つづき)

次ページへつづく ▶

泡風呂

今こそ、しっかり、シャンプーを泡立てて「擦り洗い」をする時間です。

1：最初に、肢に水を掛け、次第に全身を濡らしていきます。

2：バケツにシャンプーと水を入れましょう。

3：スポンジを使って、馬の全身を擦り洗いします。

4：特に後肢の上側、膝、飛節は念入りに。

5A&B：尻尾は、スポンジを使って尾骨の部分をしっかり全体を濡らします。

6：特に尾骨の部分の下端は念入りに。その部分から尻尾の毛が分厚くなり、皮脂がたまりやすくなります。

7：スポンジを尻尾の下の方まで全体に滑らせていきます。

8：その後、手を使って尻尾の毛を擦り洗いします。

9：次に頭をやります。水に浸したスポンジに、ほんの少量シャンプーをつけて、顔を洗います。

10：肢を洗うときには、どの肢をやる場合でも、手に直接シャンプーをつけて洗います。

11：手を擦り合わせて泡立てます。

12A&B：泡立てたシャンプーを肢につけて、手指をつかって擦ります。

13：毛色が明るい馬、ブチ模様の馬、肢が白い馬などの場合は、試合の前に計画立てて漂白剤入りのシャンプーで洗っておく必要があります。週に2回以上は使わないようにして下さい。皮膚の炎症を起こす可能性があります。代わりに、肌に優しいシャンプーと漂白剤入りのシャンプーを交互に使うようにしましょう。

14A〜C：OxiClean® ※1またはブルーイング・シャンプー※2を使用します。ほんの少量を水に溶きます。

※1）OxiClean®：酸素系の多目的洗剤の商品名。
※2）ブルーイング・シャンプー：白髪やブロンドなどの明るい毛色をきれいに保つために髪の毛全体をわずかに青系の色に染めるシャンプー。

泡風呂（つづき）

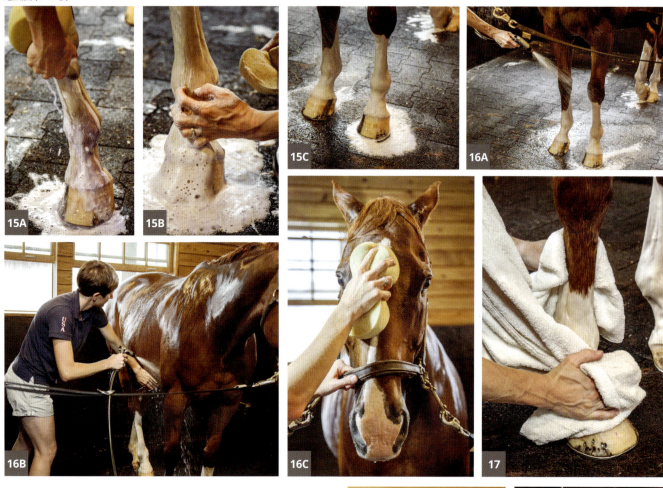

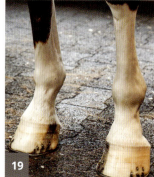

15A〜C：馬の全身を洗い終えたら、すすぎに入ります。ブルーイング・シャンプーが付いているところから始めてください。

16A：馬の全身を洗い終えたら、すすぎに入ります。ブルーイング・シャンプーが付いているところから始めてください。

16B：その後、他の部分など全体を流します。これが馬を洗う際に一番大事なところですが、ついつい慌てて済ませてしまいがちです。水が濁らなくなるまでしっかりとすすがなくてはなりません。そうしないと、皮膚から汚れを落とそうとやったことが無意味になってしまいます。水で流しながら、手を擦り付けてで皮膚の水気を切り、濁りがなくなっているか確認します。

16C：顔も忘れずに。ホースまたはスポンジを使います。

17：馬体の水気をしっかり切って、肢はタオルで完全に乾かします。水に濡れたままの馬は間違いなく寝転がります。大変だった作業が台無しになりかねません。

18：タテガミは濡れているうちにとかし、乾いたときに良い具合に落ち着くようにしておきます。

19：馬体が乾いたら、毛色が白い部分を確認しましょう。雪のような白さになっているはずです。

毛刈り

　試合に向けて次にやらなければならにことは、毛刈りです。どれくらい毛刈りをするのかどうかは、たとえば、出場する競技やそのレベル、そして個々の馬の事情によって判断します。ハンター競技であれば、低いレベルの試合であっても、馬体全体を毛刈りしなくてはなりません。一方、障碍飛越競技や馬場馬術競技、総合馬術競技の低いレベルの試合であれば、四肢の長い毛と、タテガミの項革が通る部分だけ毛刈りをして、口周りを剃っておくだけで十分です。ただし、これらの競技でも上級レベルに出場するならば、馬体全体の毛刈りを行うべきでしょう。ただ、夜間放牧する馬の耳の中の毛を刈る場合、耳を覆える虫除けマスクを用意しておかないと、耳の中をブヨに刺されてしまいます。目の周りの長い毛は決して切らないようにしてください。長い毛は、馬が夜の間、目を物にぶつけるのを防ぐ役割を果たしています。

厩舎の うわさ話

　冬の間、私たちの厩舎で働きたいという女性の研修生が中西部からやってきました。第一印象では、その研修生カシディーは働き者のように見受けられました。ところが、カシディーと彼女のウミという名前の馬が来たとき、人馬ともに行き詰った様子でした。ウミ号は牝馬でしたが、扱いがやや難しく、その当時のレベルに達していたのは、ひとえに彼女の努力の賜物でした。その馬は、自分が納得していないことを強制されると、必ず覚えていて、しかも、オーナーにまた「とても酷いこと」をされると思ってしまうようになっていました。

　カシディーが最初に厩舎にやってきたとき、ウミ号は頭以外は全身毛刈りされていました。これは何か意図があってやったようには見受けられず、きれいに頬骨のところまで毛刈りされておらず、毛刈りされた部分と残された部分の境目は、頸の上の方の位置でギザギザになっていました。酷い毛刈りでしたが、その牝馬は本当に美しく、私はこんなに綺麗な顔を隠したまま、外に出すのはもったいないと思いました。そこで、私たちは鎮静剤を使って、頭の部分の毛刈りをし、そして、口元にとりかかりました。これこそ、すべての問題の根源でした。ウミ号は、断固として口周りを刈られるのを嫌がりました。カシディーは1年間、本にある考えられうるすべてのトリックを使って、ウミ号が完全にキレてしまわないように工夫していました。そして、2、3日おきに濡らした剃刀を使っていれば口元の髭をきれいに保てることを発見しました。ところが、2年経ち、その「トリック」すら通用しなくなってしまいました。そして、決断したのです。ウミの髭は伸ばしっぱなしで良い、と。今では、大きな試合の前であっても、ウミ号の髭は刈りません。中途半端に髭が生えてしまっているよりは、完全に伸びている方がウミ号も良い見栄えですから！　キャット

顔の毛刈り

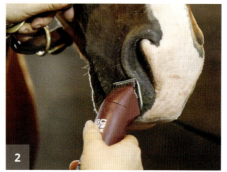
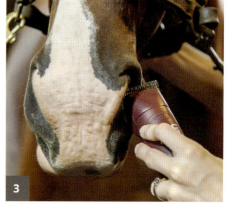

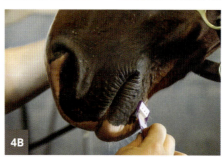

部分に気を付けましょう。

3：大きな競技大会やハンターの大会に出場する場合には、鼻の穴の窪みの部分も忘れずに。

4A&B：シェーバーの感触を嫌う馬には、馬用の剃刀「Win By A Nose」※1が優れものです。剃刀の刃の後ろにガードがついているので、馬の肌を保護することができます。持ち手の端を持って、ボツボツした毛穴の上を滑らせていきます。

顔

　馬の顔は最初に見られるところです。いつもきれいにしておきましょう。

1：まず、顎のラインで顎の下にヤギの髭のような毛を刈りしましょう。夏の間は、しっかりと剃れるようにクリッパーの30号の刃を使います。冬の間は、剃り跡が付いてしまわないように15号にしておきましょう（毛刈りについて詳しくは52ページを参照）。

2：口周り全体に刈り残しがないようにしましょう。特に鼻の縁の

顎のライン

1：口元のあとは、顎のラインに進みます。ヤギの顎髭のような長い毛を刈っていきます。シェーバーの刃は10号または15号を使います。シェーバーを骨に対して直角にあてて、顎のラインに沿って滑らせます。

顎のラインの毛刈り　　　項の毛刈り

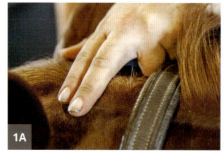

※1)「Win By A Nose」とは「鼻差での勝利」の意。

項

1A&B：次に、項革の通る部分をきれいに短く整えます。毛刈りの始まりの部分が項革の下に隠れるようにするのが理想なので、まず指2本をタテガミに当てます。シェーバーの刃は10号ないし15号以外は使いません。キ甲の方向にまっすぐにシェーバーを向け、タテガミと平行になるようにそっとシェーバーを動かします。そうすると前髪と並行になります。

耳

1：耳は、たいていの馬が嫌がるところなので、最後にします。誰かに馬の頭が動かないように押さえておいてもらうと剃りやすいでしょう。

2：馬の耳を外側から手で優しく覆います。

3：手を握って、馬の耳の端と端を合わせます。

4：シェーバーをまっすぐ、耳の上から下に向かって動かします。

5：握っていた手を放して、耳の縁を整えます。耳の縁の外側からシェーバーを、上から下に向けてかけます。

6：大きな競技会や、ハンター競技会に出場する際は、耳の内側の毛も刈り取るべきです。耳を広げて持って、内側の縁に沿って上から下に向かってシェーバーをかけます。

7：これをすべてやれば、耳はこのようにすっきりとして、長い毛はなくなっているはずです。

8：これが「ビフォー／アフター」です。耳の毛刈りをすると、馬がとても洗練されて見えますよね！

耳の毛刈り

四肢の毛刈り

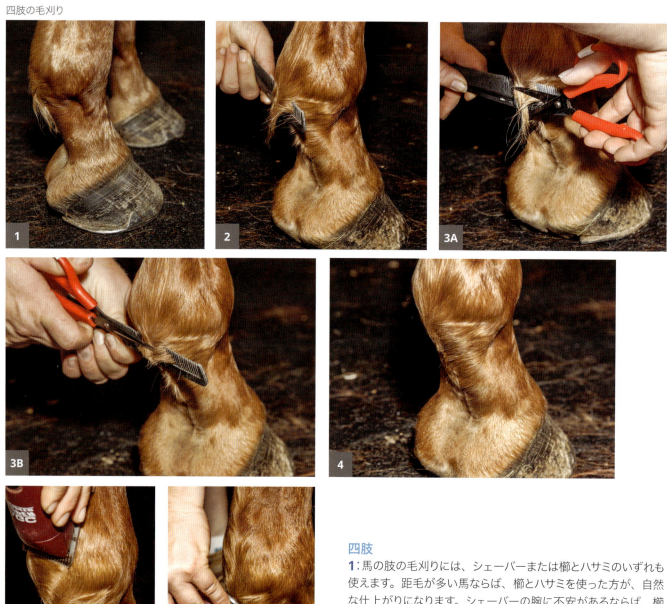

四肢

1：馬の肢の毛刈りには、シェーバーまたは櫛とハサミのいずれも使えます。距毛が多い馬ならば、櫛とハサミを使った方が、自然な仕上がりになります。シェーバーの腕に不安があるならば、櫛とハサミを使ってみてください。

2：歯が小さめの櫛を使い、長い距毛をすくっておきます。

3A&B：同じ角度で櫛を固定し、出ている毛を刈ります。

4：すっきりとして、自然に仕上がるはずです。

5：シェーバーを使って同じことをしてみましょう。刃は10号か

蹄冠部の毛刈り

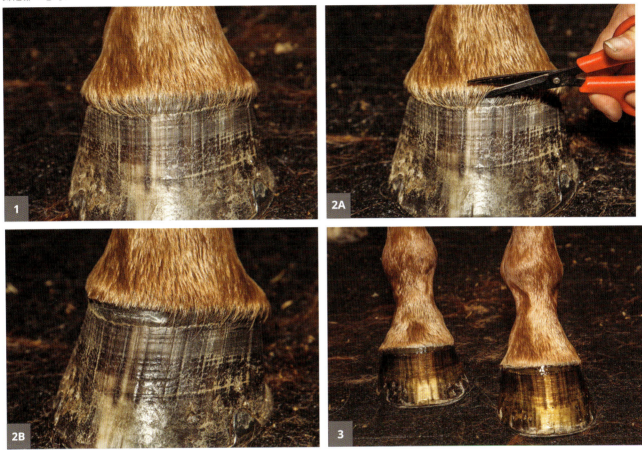

15号を使います。肢の後ろ側の毛が長い部分にシェーバーを当てて、上から下に向かって刈ります。

6：そのまま球節、繋まで刈ります。

蹄冠部
1：次は蹄冠部です。

2A&B：ハサミを使うと一番きれいに仕上がります。蹄のラインの下に、はみ出ている毛をチョキチョキと切るだけです。

3：仕上がりは、きれいな線になっており、蹄油を塗るときに毛が邪魔にならないでしょう。

第6章　位置について、用意……・91

きれいに毛刈りが済んだところ

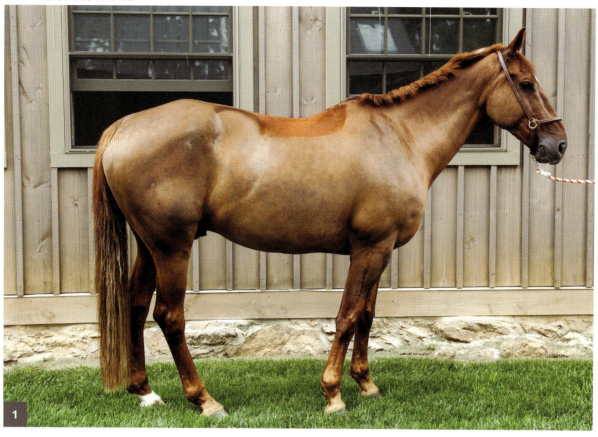

きれいに毛刈りをされたところ

1：これで馬を競技会に連れていく準備が整いました。

第二部
競技会にて

第 7 章
馬運車の扉を閉める

エマの話

> 2009年のことです。私は、3頭の馬を連れてモンタナ州に向かいました。国際線の航空機で馬を運ぶことには慣れていましたが、国内線で馬を運ぶことには慣れていませんでした。国際線の場合、馬は貨物室に積み込み、グルームは客席に座ります。一方、国内線では、馬とグルームがいっしょに移動します。馬は飛行機の前方に、そして後方にはグルームのために通常の座席が設置されています。馬と人とを隔てる壁はないので、馬にとって快適な室温を保つということは、人間にとっては凍えるほど寒いことになります。馬は体温が高いのでエアコンを常に稼働させます。一方、グルームはウール帽、ふかふかのジャケット、それに寝袋がなければ寒くて仕方がありません、本当に。馬たちの方がよほど快適だったに違いありません。まあ、たいがいの場合そうなるわけですが。

輸送

馬を馬運車に積むのは、たまの出来事でしかない、という方もいるかもしれません。一方、レッスンのため、試合のため、調教のためなど、割合頻繁に輸送をする方もいるでしょう。中には、航空機での輸送をする方もいるでしょう。いずれにしても、あなた自身、あなたの馬、もちろんトラックや馬運車も、すべてきちんと輸送に向けて準備が整った状態でなくてはなりません。この章では、輸送の基本的なルールをカバーします。そして、安全かつ円滑に、危険のない旅ができるよう、チェックリストを示します。

一般的なメンテナンス

トラック（馬用トレーラーを引く牽引車両）の安全

1：言うまでもないことですが、トラック（あるいは馬用トレーラーを引っ張る自動車）は年2回、あるいは少なくとも年1回、総点検されていなければなりません。総点検の合間には、エンジンオイル、冷却水、ブレーキオイルを定期的にチェックしましょう。輸送の前には、すべてのタイヤの接地面と空気圧を確認し、長旅に耐えうるようにしておきましょう。トラックとトレーラーの両方のスペアタイアも忘れずに。タイヤがパンクした場合、すぐにタイヤ交換できるように準備しておきます。また、予備のエンジンオイルや排気ガス用触媒液（特に、新しいトラックの場合）も持っておくようにしましょう。

2：アメリカでは州をまたいで馬を輸送する場合には、健康証明書の携行が法令で義務図けられています。健康証明書は、輸送の前に獣医師に作成してもらう必要があり、有効期限は30日間です。

3：輸送される各馬につき、直近のコギンズテスト（馬伝染性貧血の免疫拡散試験）で陰性を示した結果も、馬運車に携行し

トラック(馬用トレーラーを引く牽引車両)の安全

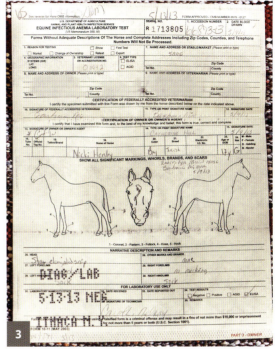

なければなりません。また、州によって要件が異なることもあり、事前に把握しておくことも重要です。一部の州では、過去1年以内のコギンズテストの陰性結果で可としていますが、一部には6か月以内でなければならない州もあります。獣医師が関連するルールについて知っているはずです。カナダに輸送する場合には、健康証明書はかかりつけの獣医師ではなく、本拠地の州が作成したものでなければなりません。通常、この手続きには最大3週間かかるため、事前の計画が大切です。ともかく、事前にしっかりと計画することが重要です。

すべての窓や格子戸を点検する

馬運車・馬用トレーラーの安全性

どのような大きさ、形状の馬運車を持っているにしても、馬運車を良好な状態に保ち、安全に馬を輸送できるようにしておくことは欠かせません。トラックと同様に馬運車も、年1度は総点検をしておきましょう。ブレーキ、ホイールベアリング、タイヤ、ライトやブレーキの配線、ヒッチ、フロアボードなどもすべてしっかりとメンテナンスされている必要があります。

馬運車の中のゴムマットは、年2〜3回は洗いましょう。このとき、ゴムマットの下の床の状態をチェックします。

1：すべての窓や格子戸を点検し、壊れた部分で金属が鋭くなっているところがないか確認します。

音に非常に敏感な馬もいます。金属製の掛け金や仕切り板がガチャガチャと音を立てる状態になっていると、敏感な馬は目的地に着くころには疲れ果ててしまいます。空きスペースがある状態で馬を運ぶのであれば、ぶつかって音を立てそうなものはすべて外しておきましょう。馬運車の内部に余計な傷がつくのも防げます。

輸送用救急箱

厩舎のうわさ話

マーラ・デビュー選手の所有馬、ニッキ・ヘンリー号は、輸送が苦手なことで有名でした。輸送の最中、後ろへ前へと動き続けるので、輸送中にぐったりと疲れてしまうのです。この問題に対処するために、私はニッキ・ヘンリー号の輸送の際に、何度かいっしょに馬運車に乗ってみました。すると、ニッキ・ヘンリー号を怖がらせていたのは、馬運車や通り過ぎる車の音だったことを発見しました。そこで、ニッキ・ヘンリー号の耳にムートンを詰め込んでみたところ、すぐに不安が和らいだようでした。今では、ニッキ・ヘンリー号の輸送には小さな1頭積みの馬運車で、音の原因になる余計な仕切りのついていないものを使い、安心して輸送されるようになっています。　キャット

輸送用救急箱

1：次のものは必ず箱に入れて、取り出しやすい所に積んで携行しましょう。

- 包帯、バンデージ
- 体温計
- イソジンシャンプー（スクラブ）
- ベトラップ
- 四角いガーゼ
- 包ハサミ
- 包抗生物質入りクリームまたはSSDクリーム
- 包ダクトテープ

　何らかの原因で馬を落ち着かせなくてはならない場合に備え、効き目の穏やかな鎮静剤を携行しておきたいと思う方もいるでしょう。アセプロ（Acepromazine）※1やドモセダン（Dormosedan®）※2などの鎮静剤は簡単に筋肉注射できます。ただ、もし、そうしたものを持ち歩くことや、注射に不安を

※1）アセプロ（Acepromazine）：アセプロまたはアセプロマジンは、神経遮断薬のひとつ
※2）ドモセダン（Dormosedan®）：馬用鎮静剤のひとつ。薬剤名はデトミジン（Detomidine）

感じるならば、携行は控えましょう。自分自身の安全が何よりも優先です。

また、馬運車の中で馬に挟まれかねない状況に、決して自分を置かないように。

2：壊れた場合に備え、予備の無口と曳き手を積んでおきましょう。

3：短い輸送であっても、容器に水を入れておき、小さなバケツを携行しましょう。馬運車の故障や、交通事故などがあった場合、馬に水を与えられるように備えましょう。

4：タイヤの修理をするための道具も、手の届きやすい場所に携行しましょう。ジャッキ、車輪止め、緊急警告用の三角コーン、スパナなどです。また、小さな消火器も備えておきましょう。備えあれば憂いなしです。

プロのコツ

米国馬術愛好者用自動車プランに加入しましょう（www.usrider.org）。この協会に加入していたことで、私は何度か、大変な目にあっていたかもしれない輸送のときに助けられました。私は、1時間から13時間の間の輸送であれば、どこへでも頻繁にフィリップの馬を輸送しています。2頭のときもあれば、8頭を連れていくこともあります。あるとき、私は8頭を、ペンシルバニア州からサウスカロライナ州エイキンに向かって輸送していました。8頭中2頭は牡馬でした。I-95号線を走っている時に、馬運車のタイヤがバーストしました。同僚と二人で何とかタイヤの交換はできましたが、今度はトラックのエンジンがかかりません！少し不安だった、という程度では済まない気持ちでした。USRider※1がレスキューに駆けつけてくれて、パーキングエリアまで牽引してくれました。そこで馬たちを別の馬運車に乗せ換え、エイキ

ンまで連れて行ったのです。トラックはその後、整備工場まで牽引されていきました。

協会会員になりたくないような場合でも、ウェブサイトには安全な輸送のための貴重な情報が載っています。どの州では何が必要かなど、州ごとの輸送関連規制のリストや、州ごとの獣医師の連絡先などの情報も掲載されています。

※1）USRider：馬の輸送に特化したアメリカのロードサービス。緊急時の車両の牽引や修理・燃料補給・充電、獣医師の紹介など馬の輸送に関するさまざまなトラブルに対応する。

馬を馬運車に乗せたら

馬を馬運車に乗せたら

1A&B：出発する準備が整ったら、駐車場から出る前に、次の2分でできる安全確認の手順を踏むようにしてください。牽引用のヒッチがしっかり下までおりて、固定されているか確認します。どんな馬運車にも固定のための何らかの仕組みがあります。この馬運車にはレバーがついていて、下まで下がっているときがロックされた状態（写真A）、上にあるときがロックが解除されている状態です。

2A&B：安全チェーンが付いているかを確認します。バンパープルの場合、安全チェーンはヒッチの下を通さねばなりません。ヒッチからヒッチボールが外れてしまった場合でも、安全チェーンがあれば馬運車の前方が地面に着いてしまうのを防げます。

3：ブレーキアウェーケーブル※1がきちんとついていることを確認して……

4：……テールライト、ウィンカー、ヘッドライトの動作確認と……

5：……馬運車の窓が開いているかどうか……

6：……そして、掛け金が二重にロックされているかどうかも。

7A&B：それからジャッキをあげるのも忘れずに！

※1）ブレーキアウェーケーブル：牽引されている車が牽引する車から外れてしまったときに、牽引されている側の車にブレーキをかけるための仕組み。

輸送用ブーツのつけ方

輸送用グッズ

　輸送の際にどんなプロテクターを馬につけるべきか、いろんな議論があります。最終的には、馬にとって心地がいいかどうか、そしてみなさん自身の好みにもよるでしょう。輸送が長距離であっても短距離であっても、保護の仕方によって、腱を怪我するか、あるいは怪我なく目的地に到着できるかの分かれ目になります。保護の方法としては次のような選択肢があります。
・輸送用ブーツ
・ピローラップとカラバン（バンデージ）
・ギャロッピングブーツ（運動用プロテクター）とワンコ
・プロテクターなし

輸送用ブーツ

1：おそらくこれが最も便利な方法ではないでしょうか。さまざまなメーカーの、異なるタイプの輸送用ブーツがありますが、いずれも膝や飛節の上から足元までを保護するようになっています。中には、少し短く膝や飛節を保護しないものもあります。こういった製品は、小さめの馬の輸送に使いやすいです。Lende® ※1 などの少し高価なブランドは、安価な製品よりもしっかりした素材でできています。Lende の輸送用ブーツはとても丈夫です。保護もしっかりしており、正しく着けてさえいれば、ずり落ちません。

2：すべての馬のプロテクターと同様に、マジックテープは管骨の前側から引っ張るようにします。真ん中のマジックテープを最初にとめて、次に上、そして下です。

3：すべてのマジックテープに均等に圧がかかるようにします。

4：ブーツは少し地面から浮いているくらいの位置に。

5A&B：悪い例：逆さまです。

次ページへつづく ▶

※1）Lende®：1993年創業の馬具メーカーNunn Finer®社の輸送用プロテクターの商品名。

第 7 章　馬運車の扉を閉める・99

輸送用ブーツのつけ方（つづき）

6：悪い例：マジックテープが肢の内側についていると、擦れて緩んでしまいます。

7：後肢用にはマジックテープが四つついています。

8：後肢用のブーツは、つけるときに最初は少し高めの位置に合わせておきます。馬が馬運車に乗り込むときに少し下に「沈む」からです。

9A&B：今度は真ん中のマジックテープからとめて、次に下、そして上の順番です。

10：正しく着きました。

馬が歩くとき、もしかすると馬が後肢を「クモの肢」のように上げるかもしれません。こうした輸送用ブーツに慣れていない馬は、後肢を一歩踏み出す度に、不自然に高く上げる場合があります。慌てずに見守ってください。馬は割とすぐに慣れます。輸送用ブーツの中には、柔らかめの素材のぴったりとフィットするものもあります。ただ、柔らかめの製品を使う場合、素材がへたってしまい、上の方が壊れやすいので、注意が必要です。こうなると、膝や飛節の保護が失われるばかりか、プロテクターがずり落ちて馬を興奮させてしまい、周りを蹴ったり暴れたりする原因になりかねません。

厩舎のうわさ話

フィリップ・ダットン選手のコナート号（通称「サイモン」）は、輸送用のプロテクターをひどく嫌っていました。輸送用プロテクターを着けられた状態では、歩こうとしないのです。馬運車に乗せてからプロテクターを着けようとしてみましたが、馬はさらにナーバスになってしまいました。サイモンは馬運車の中でかなり動き回っていたので、輸送のときは、いつもキルトのパッドと肢巻、全肢にワンコをつけていました。しかし、私はあるとき柔らかいパッドのついた飛節を覆うブーツをみつけました。サイモンはこれであれば受け入れてくれて、馬運車の中に入ってから着けさせてくれました。おかげで輸送中のトモっぱねによる飛節の擦り剥きを防げるようになりました！　エマ

暑い気候での輸送用ブーツ

暑い気候のときに輸送用ブーツをつけるべきか迷う人もいるでしょう。なぜなら、私たちはいつも、馬の肢をひんやり、すっきりした状態にしようとしているからです。激しい運動のあとは特にです。競技会の後に馬の肢を冷やしたのに、馬運車に乗せるときに肢に熱を持たせる原因となる輸送用ブーツをはかせるのは、理にかなわないと考える方もいるかもしれません。ただ、馬運車に馬を乗せているとき、万一急ブレーキをかけた場合、馬が輸送用ブーツを着けていなければ、怪我につながる重大な危険性があります。肢は、厩舎に帰ってからいつでも冷やせます。

輸送用ブーツの手入れ

1A&B：輸送用ブーツ、特に後肢用のものは、使用後に洗剤でこすり洗いしておくべきです。こうしておけば、長持ちします。汗とボロがたまっていくと、時間の経過とともに素材が傷みます。洗濯機や乾燥機の使い過ぎは、中の詰め物を傷め、プロテクターがくたびれさせてしまいます。

ピローラップとカラバン

1：肢巻を巻く方がよければ、Wilker's のような分厚いピローラップとフランネル製の肢巻が最もいい選択肢です。通常のカラバンと異なり、繋の部分まで巻けるよう、やや長めの肢巻が必要です。フランネル製の肢巻の方が、伸縮性がないため長距離輸送での使用には安全です。締め過ぎにならないので、肢にダメージを与えません。

2：あらかじめワンコをつけておき、大きめのピローラップを膝のすぐ下から巻きます。ピローラップは、蹄冠部にちょうどかぶさるところまで届いていなくてはなりません。そして、肢巻を巻くときは、必ず、馬の肢の外側で前から後ろに向かうように巻きます。

3：フランネル製の肢巻は、上から管骨の前面に向かって巻き始めます。

4：キルトが通常より長いので、巻き幅もいつもよりも間隔を広くとらなければなりません。

5：球節まできたら、球節の周りをもう一周、余分に巻きます。

6：そこから再び上に向かって巻いていきます。上

輸送用ブーツの手入れ

に向かって折り返すときに凸凹や折り目ができないように注意しましょう。

7：ピローラップの上端でまっすぐに肢巻を巻き終えます。

ピローラップとカラバン

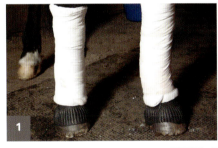

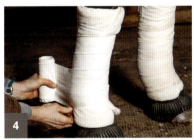
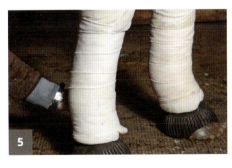
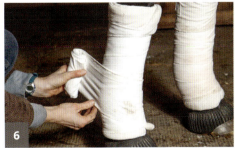
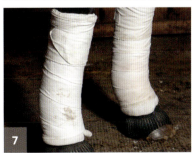

ギャロッピングブーツとワンコ

輸送中の温度の管理

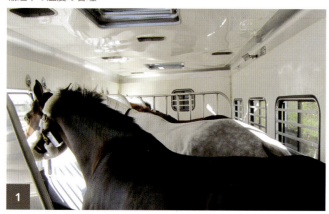

さらなる安全策として、最後に止めるマジックテープの上からマスキングテープを巻いておくことも一案です。このとき、テープをきつく締め過ぎないように注意してください。

ギャロッピングブーツとワンコ
1：たとえば、馬場馬術のレッスンや障碍飛越のクリニックなどのために短距離輸送する場合、運動用プロテクターとワンコを使うのも選択肢です。この方法は、長距離輸送には向きません。腱の周りに通気性がないため、腱が熱を持ってしまう可能性があるからです。

何もつけない
　蹄鉄をつけていない馬であれば、ブーツなどのプロテクターなしでも割と安全に輸送できます。若い馬や、輸送経験の浅い馬の場合、馬運車に乗せる前に保護用のプロテクターに慣れさせることをお勧めします。厩舎の自分の馬房で輸送用ブーツをつけておけば、「何か」が肢についている感覚に馬を慣れさせる一助となります。ただ、プロテクターなしで馬を輸送する以外の手がない場合もあります。馬の中には、どうしても保護用のプロテクターに慣れず、何かをつけられると、前掻きしたり、蹴ったり、トモっぱねしたり、あるいは怒ったりする馬もいます。ワンコだけでもつけさせてくれれば、少なくとも落鉄は防止できます。結果的には、馬がおとなしくしていた方が、当惑していたりストレスがかかっていたりするより、自分で怪我をする可能性は低いですから。

温度の管理
　輸送にあたり、馬に何を着せるかについては、いくつかの要素を考慮する必要があります。

外気温
　1月にバーモント州（訳注：米国北東部の寒冷地）を出発してフロリダ州（訳注：米国南東部の温暖な州）に向かうのであれば、重ね着を検討してください。暖かな気候になるにしたがって着させている馬着を外していけば、馬は快適に過ごせます。アイリッシュ・ニットの上にウールの馬着を着せるのが良いでしょう（65ページ参照）。付属のヒモ、金具などが壊れていないか確認し、馬着が途中でずり落ちないようにしておきます。お腹廻りのベルトや、尻尾のテールストラップがない毛布は決して着せないように。毛布は簡単に馬の頭から落ちてしまいます。そして馬がそれを踏んでしまい、パニックになります。

テールガードのつけ方

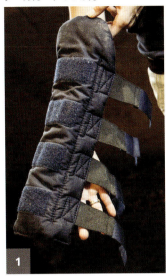
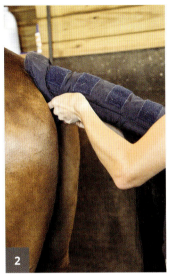

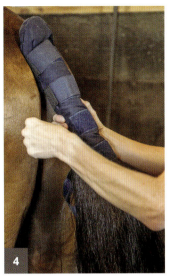

輸送する馬の頭数

1：馬の数も考慮しましょう。馬は自分自身の体温でかなりの熱を発します。2頭積みの牽引型の馬用トレーラーに2頭の馬を積んでいる場合、1頭で輸送しているときよりもはるかに熱を発します。馬着はこれを考慮して着せましょう。商用の大型12頭積みの馬運車の場合、冬でも馬に何も着せずに輸送しているのを良く見かけると思います。これは馬が自分自身の体温で十分な熱を保てるからです。

馬運車の換気

2A〜C：換気口の数は馬運車によって異なります。風通しが良く、きれいな空気がしっかり流れることが重要です。換気口を閉め、馬に何も着せずに輸送するよりは、一枚多く着させて換気口を開けて輸送する方が好ましいでしょう。

尻尾の保護

輸送の間、馬の尻尾をきれいに保つためには、保護性の高いテールガードか、テールラップをつけます。Aceバンデージを利用するか、頑丈で伸縮性のあるバンデージを馬具屋で購入すれば、安価なテールラップを簡単に作れます。長距離輸送の場合は、テールラップよりもテールガードを使った方が良いでしょう。輸送中、馬が決してお尻に寄り掛かって立ったりしないとわかっているならば、何も着ける必要はありませんが、ほとんどの人は何らかの形で尻尾を保護しています。

テールガード

1：ナイロン、綿、ネオプレインなどで作られています。そして、いずれもマジックテープが付いており、止められるようになっています。中には、バッグのようなものが付いて、尻尾全体を覆えるタイプもあります。これは特に葦毛の馬を輸送する場合には、いいアイディアだと思います！

2：尻尾を自分の肩の上まで持ち上げます。そして、テールガードを尾骨の付け根にできるだけしっかりと合わせます。

3：まず、上のストラップから止めていきます。

4：テールガードの下まで止めていきます。マジックテープはきつすぎないように、しかし、しっかりと止めます。

5：一番下のマジックテープは、わりとしっかりめに引っ張りましょう。

厩舎の
うわさ話

ブラジルで開催された2007年のパン・アメリカン大会からの帰路のこと。米国総合馬術チームの5頭の競技馬はエールリヒ病（ダニが媒介するブラジルでよくみられる感染症）の検査のため、マイアミで7日間の検疫を受けました。私の担当馬であったマーラ・デピュー選手のニッキ・ヘンリー号は怪我をしており、最も「心からの愛を込めたケア」が必要で、私がマイアミに残って検疫中の馬たちの面倒を見ることになりました。

検疫所は、なかなか大変な場所です。一度に1人しか厩舎の中に入ることが許されておらず、しかも1時間までと決まっています。金メダルを獲得したチームの馬たちは、これまでは日に4〜5回に分けて最高品質の穀類を与えられ、常にケアを受けながら激しい運動をこなしていました。しかしそこから急に窓のないコンクリートの馬房に入れられ、安い乾草と1日に2回、カラスムギをひとすくいだけ、という状況に置かれたのです。

私は、文字通り厩舎の通路を走って、ニッキの肢に冷却パックのついたプロテクターをつけ、それから慌てて他の馬の馬房に入って肢の状態のチェック、ブラシ掛け、フィリップ・ダットン氏のトゥルーラック号（通称「ミロ」）の蹄のラップを変え（クロスカントリーのコースで落鉄していたので）、最後にニッキの冷却用プロテクターを外して、もう一度カラバンを巻く、といった具合でした。

検疫所での最終日、ミロは、いつものかわいい様子とは違ったふるまいをしていました。私は検疫所の獣医師たちに、ひょっとしたら疝痛かもしれないと伝えました。獣医師が1人やってきて、検温をして、問題ないと言いましたが、一生懸命に説得してその獣医師に2時間後に再び様子を見に来てもらうことにしました。

フィリップをはじめ米国オリンピック委員会にも電話攻勢をかけました。そして、2時間後、ミロは間違いなく疝痛を起こしていました。しかし、体温が上がっていなかったので、獣医師たちは私が緊急事態だと言うことを取り合ってくれませんでした。あらゆる手を尽くし、ようやく私は通路で曳き馬をすることが許されました。ミロが少し落ち着いた様子だったので、夜の間、その場を離れているよう言われました。なので、私は、正気で理性あるグルームなら誰でもやるであろうことを実践しました。ミロの馬房の中に座り込み、立ち去ることを拒否したのです。叫んで、罵りました。私は物理的に厩舎から引きずり出されましたが、その間、マスコミを呼んでやるとか、虐待を受けているとか叫びました。それから、泣きながらフィリップに電話をかけ、謝りました。最終的には、獣医師がミロを診察し、（熱が上がった後で）もっと専門的なケアが必要だと判断され、疝痛の治療のためにミロをウェリントン・ファームに移すことにしました。

こうした状況の中、夜通し起きていたわけですが、午前9時、バージニアの家に帰るために馬運車がやってきたのを見て、本当に興奮しました。道具と馬を全部馬運車に積み込み、運送業者に乾草はどこにあるのかを尋ねました。すると、ポカンとした様子で、誰も乾草を持ってきて欲しいとは言っていなかったというのです。幸運なことに、カナダチームが同じ時間に馬を積み込んでおり、半梱分、分けてくれました。1頭につき薄片1枚分ずつにしかなりません！

それから、私は運転台に入ろうとしましたが、運送業者たちは明らかに、私の頭がおかしくなったのではないかと思っているようでした。要するに彼らは、私がいっしょに馬運車に乗って帰ってることを想定していなかったのです。私は、馬といっしょに荷台に積まれていたトランクの上に寝そべり、長い家路につきました。ひどい嵐で立ち往生しましたが、やっとフロリダ州の州境にたどり着きました。馬たちは乾草を食べつくしており、濡れていて、みじめな感じになっており、私もまったく同じような状況でした。フロリダ州から出るにあたり農産物検疫所沿いに停車したとき、私はトラックから降り、そこにいた家畜を運んでいるトラック全部を回って、いくらか乾草を買えないか尋ねて回りました。結局、2梱分の乾草に法外な値段を支払って購入しました。長い10時間を経て、ようやくバージニアに到着しました。正直、人生であのときほど、ハイ・エーカー・ファームを見て嬉しかったことはありません。　キャット

テールラップ

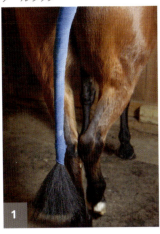

輸送用の無口、虫除けマスク（フライマスク）、馬用ヘルメット（ヘッドプロテクター）

1：長距離輸送に当たっては、輸送用の無口が有用です。通常の無口の場合、繰り返し同じ動きをすることで毛が抜けてしまったり、擦り傷になってしまったりすることがあります。長距離輸送に一番いいのは、全体にムートンのカバーがついたものですが、化学繊維か本物のムートンでできたパーツも売られていて、輸送の間だけ通常の無口の頬革や鼻革、項革につけるものもあります。

2：換気を良くすると、何かの破片が車内に飛び込んでくることがあります。大きな換気口で網戸のついていない馬運車で輸送するときには、虫除けマスクをつけておけば、馬の目に何かが入ってしまうことを防げます。

3：馬用ヘルメットは、無口に取りつけ耳の上に着けます。背の高い馬や、頭を上げる馬ならば、ヘルメットをつけておくことで項を保護できます。

テールラップ

1：テールラップは尻尾を保護すると同時に、馬の尻尾を整えます。特に編んだ尻尾には必須です。競技会場でテールラップを外したときに、尻尾の毛が全部きちんと整っていなくてはなりませんから！テールラップの巻き方については、158ページを参照してください。

2：テールラップをきつく巻きすぎないように注意してください。血流が止まってしまい、毛が抜けてしまいます。また、痛みの原因にもなりえます。これは、避けたいですよね。

業者による輸送

輸送業者に依頼する場合は、ドライバーにできるだけ負担をかけず、分かりやすいようにしておきましょう。馬の名前、行先、連絡先を書いたタグを無口につけておきましょう。こうしておけば、間違いは起こりません！必要書類をすべて整え、もし可能であれば、肢巻ではなく輸送用ブーツを使いましょう。もし肢巻がほどけてしまった場合に、ドライバーはそれを直したり、外したりする責任は負っていません。いっしょに道具を運んでもらう場合には、名前などしっかりと目印の付いたトランクに入れておきましょう。

輸送用の無口

虫除けマスク（フライマスク）

馬用ヘルメット（ヘッドプロテクター）

安全に馬運車に乗せる

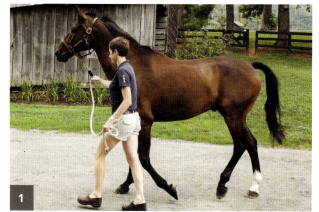

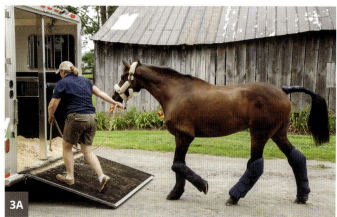
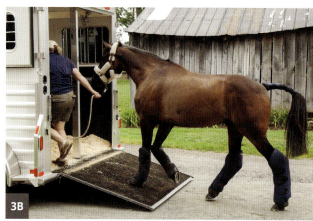
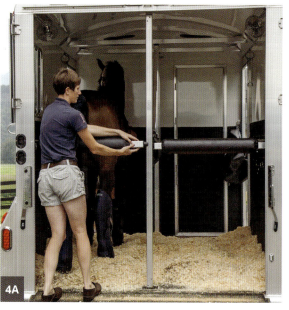

いくつかの箱に分けるのは、荷下ろしの際に忘れやすくなるためやめましょう。

業者による輸送

1：この馬は防護用に虫除けマスクを着けていて、また、情報のかかれたタグもついています。

安全に馬運車に乗せる

あまり頻繁に馬運車に乗らない馬や、自分で乗せたことのない馬の場合には、馬を馬運車に乗せるときにトレーナーや知識や経験豊富な馬友だちに声をかけて助けてもらうのが賢明です。

1：馬は人間の肩の横に立ち、喜んで前へと歩く状態でなければなりません。曳き馬をする最中に、合図で少し自分の前を元気よく歩けるように練習しておきましょう。

2：2頭積みの馬運車を使う場合には、馬の入る場所をできるだけ大きくします。もし中央に動かせる仕切りがあるなら、後ろの棒を両方とも外し、仕切りを端まで寄せます。真ん中に柱がある場合、横のドアや人間が退避するためのドアをすべて開け、馬運車の前方に光が入るようにします。こうすると、馬には部屋が大きく見えます。開けた扉は馬運車の側面にしっかり止めておき、動かないようにします。馬運車の後方のタラップ（傾斜路）はしっかり一番下まで降ろし、左右に傾いていないことを確認しましょう。

3A&B：馬運車に近づき、タラップまできたら、馬に前に行くように合図をしてうながします。

4A&B：歩いて馬運車に乗ったときに、誰かに頼んで静かに後ろの棒をつけてもらいましょう。後ろの棒がしっかりとはまったことを確認するまで、馬を繋いではいけません。なぜなら、馬が万が一後退し、曳き手いっぱいまで下がってしまい、そこで暴れて何らかの原因で曳き手が外れてしまったら、そのまま後退して馬運車から出る際に馬は頭をぶつけてしまうでしょう。

5：馬運車に馬を乗せられたら、タラップを上げて、後ろの棒をくぐって後退してくることのないようにしましょう。

6：速やかにすべてのラッチを閉めましょう。トモっぱね尻跳ね一つでタラップが開いてしまうこともありますから！

自分で馬運車に乗る馬

あなたが隣にいれば何の問題もなく馬運車に乗るようになったら、次は馬が自ら馬運車に乗るように教えてみましょう。長期的に見れば、これは人間にとってより安全です。馬運車の扉が閉まるまで狭い場所に大きな動物といっしょに閉じ込められる必要がなくなるからです。また、一人で、他の人に助けてもらうことなく馬の積み込みができるようになります。馬が自ら馬運車に乗り込んだら、まず後ろの棒を閉め、頭の方はその後につなげばいいのです。

自分で馬運車に乗る馬の乗せ方

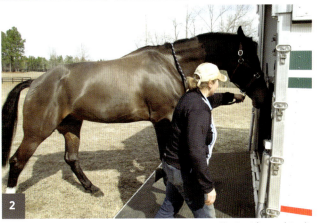

次ページへつづく ▶

第7章　馬運車の扉を閉める・107

自分で馬運車に乗る馬の乗せ方（つづき）

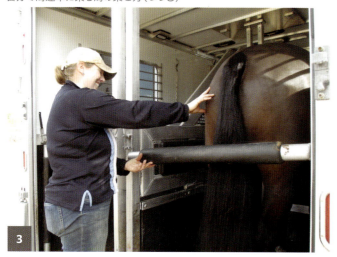

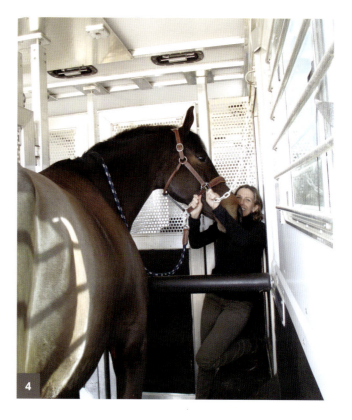

1：ここで前に歩かせる合図が役立ちます。運転席側に乗せるときは馬の左側、助手席側の場合は馬の右側に立ちます※1。曳き手は馬の頸にかけておきます。

2：タラップを上り、入口まで来たら前に歩かせる合図をします。ここで手を離して馬を行かせます。

3：馬が馬運車に乗ったら、後ろの棒を閉めます。馬のお尻に手を添えて、もう一歩前に進ませてもいいでしょう。

4：馬に自分で馬運車に乗るよう訓練を始めたばかりの頃は、誰かにあらかじめ前にいて、曳き手を持ってもらうようにしましょう。ただし、この時も、後ろの棒を閉めるまでは無口をつながないように！

　こうした訓練をする際に重要なのは、人間が忍耐強く待ち、十分な時間の余裕を持つことです。競技会の直前にはやらないように！人間がせっかちになれば、馬はそれを察します。そして、馬運車に乗せられることを不安に思うでしょう。馬運車に乗り込むところから、馬運車の中にいることを、馬が良い思い出として認識するようにしなくてはなりません。不安と結びつけてはいけません。必ず、自分以外に手伝ってくれる人にいてもらうようにしましょう。

　1頭だけで輸送するときには、必ず運転席側に乗せるようにします。

馬運車から降ろす

1：覚えておきましょう。必ず、後ろの棒を外す前に、繋いでいる無口を外しておきます。

2：手伝ってくれる人がいる場合には、タラップの横に立っていてもらいましょう。馬を曳いて降ろすとき、馬がタラップを踏み外すことのないよう、馬をまっすぐにするのを手伝ってもらいます。

3：馬にタラップを後ろ歩きで歩かせて馬運車から降ろします。完全に降りきってから、向きを変えます。

4：自分一人でやらなければならない場合、馬にはどうやって馬運車から降りるのか理解してもらう必要があります。自分の厩舎にいるときに普段から練習しておきましょう。誰かに馬の前を持ってもらい、後ろに退がるよううながします。このとき、軽く馬の尻尾を持ちますが、馬が急に後退したときに踏まれないよう、タラ

※1）本書はアメリカ合衆国を前提にしているので、車は左ハンドル。従って、日本の場合には左右が逆になる

馬運車から降ろす

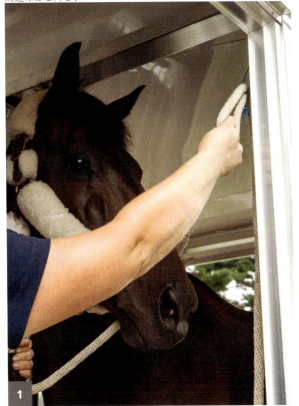

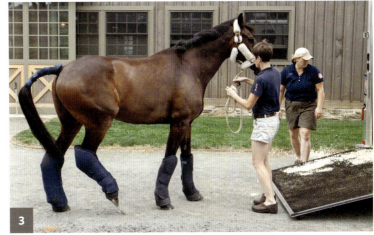

ップの横に立つようにしましょう。こうすれば、馬が曲がって後退するのを防げます。この動作をしっかりと練習しておけば、馬は尻尾をやさしく引っ張られるのが、後退の合図だと理解します。

注意
・絶対に、馬に挟まれて身動きが取れなくなるような場所に入り込まないこと。
・後ろの棒、タラップまたは扉が閉まるまで、絶対に無口をつながないこと。
・後ろの扉を開ける前に、必ず無口のつなぎを外しておくこと。
・時間に余裕を持って馬の積み込みをすること。絶対に馬を急かして馬運車に乗せてはなりません。

第7章　馬運車の扉を閉める・109

輸送が難しい馬

輸送が難しい馬

馬が輸送を嫌う原因はたくさんあります。いくつか解決策を示しておきましょう。

運ぶ馬の数

仲間といっしょの方が安心する馬もいます。もしいっしょに輸送する馬がいなければ、馬自身が映って見えるように、プラスチック製の鏡を馬の前に置いてみてください。

1：一方、他の馬といっしょにいるのが本当に嫌いな馬もいます。噛み付き防止扉（小さな扉で、標準的な仕切りのさらにに前方まで仕切れるもの）を使うと、他の馬と密集しているような気がしなくなるので、いいかもしれません。

音

どれくらいの音がするのかにも注意を払いましょう。使われていない鎖や扉を固定して、余計なカチャカチャ音をできるだけ少なくします。馬が大丈夫なようであれば、ムートンを馬の耳に詰めて耳栓にすることも一案です（173ページ参照）。虫除けマスクの耳部分に綿を詰めておくのもいいでしょう。

プロテクター

馬の中には、輸送用ブーツにどうしても慣れないものもいます。違う種類の輸送用ブーツを試してみるか、肢巻とワンコにしてみてはいかがでしょうか。

積み方

2：馬運車のタイプにもよりますが、前向きではなく後ろ向きや、斜めに立たされて輸送される方がいいという馬もいます。閉所恐怖症の馬もいますので、その場合は、開けた窓の外を見られる位置に積むと改善するかもしれません。ただ、たまにこの横窓を上って出ようとする馬もいるので、しっかりとつなぎ、胸の位置に丈夫な棒を置いておきましょう。

空輸

大統領専用機、エア・フォース・ワンならぬエア・ホース・ワン。冗談みたいに聞こえませんか？これはアメリカ全土で馬を空輸する実在の企業の名前です。アメリカ合衆国全土を飛び回る馬——主に競走馬、障碍馬とポロ馬——、これらの馬は、馬専用に整備された飛行機に乗っています。1978年の映画『インターナショナル・ベルベット』※1をご覧になった方、あれからあまり大きくは変わっていません！

厩舎のうわさ話

フィリップ・ダットン選手のファーンヒル・イーグル号は、輸送が大の苦手でした。隣に馬がいることをひどく嫌っていて、そのことを誰にでも分かるよう態度で表しました。私は、ファーンヒル・イーグル号を輸送する際には、いつも隣は空けておくか、あるいは隣に馬を乗せる場合には噛み付き防止柵を使ってお互いにイライラさせ合わないように配慮しました。馬運車は4頭積み、頭同士が向き合うように積むタイプ※2のものでしたので、輸送する頭数が少ない場合には、馬房の真ん中の仕切りを外して大きな馬房のようにして運びました。しかし、フィリップが競技会に出る時は通常何頭かの馬に騎乗するので、本当にたまにしかこのような贅沢はできませんでした。

※1)『インターナショナル・ベルベット／緑園の天使』は1978年のアメリカ映画。オリンピックの馬術競技の金メダルを目指す少女の青春を描く。主演はテイタム・オニール。
※2) 2頭を後ろ向きに乗せ、通路を挟んでもう2頭を前向きに積むタイプ。

空輸

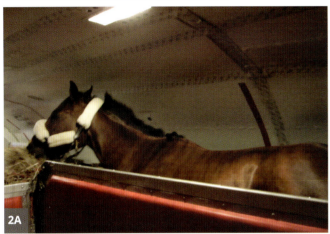

次ページへつづく ▶

1A&B：これらの航空機は馬の輸送専用に作られており、乗務員もあらゆる状況に慣れています。1時間に30頭もの馬を搭乗させられます。馬は空港で貨物を取り扱うエリアに連れてい行かれ、馬運車のタラップはそのまま別の飛行機に上っていくための長いタラップの上に接続されます。準備が整ったら、馬はタラップを通って広い空間に連れて行かれます。

2A&B：一頭ずつ、馬の周りに仕切りが立てられ、馬房を作っていきます。馬が全頭積み込まれると、だいぶ混雑した状態になります。馬はこうした状態では非常におとなしく輸送されることが多いです。エンジン音で突然の騒音がかき消されるため、馬の動きも少ないのです。目的地に到着すると、それぞれ自分の番を待ち、馬房が解体され、前方に歩いてタラップを降りていきます。一方、人間の方はといえば、それほど贅沢な旅とは言えません。窓もなく、飛行機の後方のとても古い席に座ります。たいていの場合、座席が配置されているセクションの前方に保冷箱が付いていて、飲み物や軽食が入っています。離陸後、水平飛行に移れば、馬の状態を確認したり、軽食を取ったりできます。

　海外に行く場合には、人間が搭乗する旅客機の貨物室に馬を積むこともあります！アメリカ合衆国で、国際便に馬を積み降ろしできる空港は多くなく、ニューアーク、JFK、シカゴ、マイアミ、ロサンゼルス、アトランタのみです。馬は、出発時刻の6時間前には空港に到着する必要があります。簡単な検疫のため、農務

第7章　馬運車の扉を閉める・111

省の獣医師が血液を採り、馬が出国する前に健康なことを確認します。馬を積み込むコンテナは大型の2頭積みの馬用トレーラーと似たようなサイズです。

3：馬は馬運車から直接、輸送用のコンテナに積み込まれます。各コンテナには2頭ずつ積み込まれます。

4：コンテナは小さな牽引車に曳かれて飛行機に積まれます。この写真は、航空機に積み込まれた状態です。

5：積み込みに当たって一番厄介なのは、シザーリフトで持ち上げるところです。シザーリフトは、貨物を地上から航空機の積み込み口まで持ち上げるためのものです。当然のことながら、動物を持ち上げるためには作られていません。リフトは滑らかに動きませんので、馬はここで少し暴れることが多いです。飛行機に積み込まれて、固定さえされれば、その後の旅は比較的スムーズです。

6：通常、馬を積んだコンテナは最後に飛行機に積み込まれます。そうすれば、到着した際に、最初に降ろされるからです。この写真はコンテナが飛行機に積み込まれている様子を写していますが、見ての通り、馬の様子を見に行く際にあまり動き回るスペースがないことがお分かりになるかと思います。

7：離陸と着陸は、パイロットの腕次第です！滑らかにできる人もいれば、そうでない人もいます。たいがい、馬は必要に応じて踏ん張っています。飛行機が水平飛行に入れば、馬もリラックスし、目的地に到着するまで乾草をむしゃむしゃ食べています。写真は、2008年のオリンピックに向かうため、マッキンレー号とコナート号がエマといっしょに滑走路で待っている様子です。

空輸（つづき）

第 8 章
本番

キャットの話

　大きな競技会にやってくると、つい「観戦」をはじめてしまい、時間に注意を払うのを忘れてしまいがちです。自分の厩舎でも、馬がふだんから1日のほとんどの時間を馬房の中で過ごしている※1のでもない限り、競技会場の馬房の中に立って閉じ込められっぱなしという状況は、馬にとっては非常にストレスがかかるものです。パフォーマンスに影響を与える可能性もあります。ある年、ジョージア州で米国総合馬術選手権が行われました。この競技会は、数週間後の世界馬術選手権の代表選考大会も兼ねていました。トップクラスの馬の一頭が、野外競技を走らないことになりました。この馬は、それまでの競技会で十分な成績を修めており、すでにチーム出場枠にも選ばれていたからです。その馬に乗っていた選手は、他にも何頭か乗る馬がおり、他のクラスでも競技に出場していました。ただ、当時、この選手にはグルームがついておらず、研修生が手伝っていました。その研修生は、競技会を見ながら野外を走る馬の世話をして、忙しい状態でした。午後になって、厩舎の中をある見物客が歩いていたとき、その人はある特定の馬の世話をしているのが誰なのか?と尋ねはじめました。その馬の水飼い桶が空っぽになっていたからです。そして、暑い日であったにもかかわらず、その研修生は水飼い桶のチェックをしていなかったことが発覚しました。幸い、馬に異常はありませんでしたが、研修生にとっては苦い教訓となりました。どんなに忙しい日であっても、決して見過ごしてはならない必須のことがあります。忘れないようにスケジュールに書き出しておきましょう。

競技会の会場で

競技会当日のスケジュールの一例

現地での厩舎作業

　数日間にわたり競技会場に馬を連れていくときは、馬と共にルーティーンを確立する必要があります。どのような種目に出場するにしても、曳き馬で草を食べさせたり、歩かせたりすることを、日に2〜3回は行い、馬が肢をストレッチできるようにしなければなりません。

　競技会場での飼いつけは、少し厄介です。「少しずつ、頻繁に」が経験則上、最良です。穀類は、少なくとも3時間空けてから与える必要があります。きちんと消化するのに必要な時間です。下の方のクラスの試合の場合、騎乗する時間帯の1時間前までには馬が食事を終えているようにします。どの種目であっても、上級クラスであれば穀類を食べ終えてから激しい運動まで、4時間は間隔を空けるようにします。

　これを実現するためには、スケジュールにも工夫が必要です。朝早い時間に競技に出場する場合、朝食は少なめにして、日中、休める時間ができたときに、「ブランチ」を与えましょう。一方、出番が夜遅い時間ならば、いつもより少し早めに、少なめの夕食を与え、出番を終えて帰って来たときに、夜食を与えましょう。

　1日の予定表を作るにあたっては、出番の前にタテガミ編みや、手入れ、馬装のため、適度な時間を取っておきましょう。前日の晩にタテガミを編んだ馬については、フードを着せておき、タテガミを擦っておだんごを壊させないようにしておきましょう。ただ、覚えておいてください。輪ゴムを使って編む場合は、当日の朝やりましょう。お団子が夜間、持ちませんので。

※1) 放牧場などではなく。

午前 6：00・朝飼い。
　　　　　・肢、馬体のチェック、必要であれば、カラバンを
　　　　　　外します。
午前 6：15・馬房掃除、乾草をつけます。
　　　　　・水飼いを捨て、水飼い桶を擦り洗いし、水を入れ
　　　　　　替えます。
午前 7：00・尻尾をとかしてオガや乾草を落とす他、大きな汚
　　　　　　れを落とします。
　　　　　・曳き馬をして、草を食べさせたり、歩かせたりします。

1日を通じて：ボロはその都度に拾い、馬房をきれいにしておき
ましょう。馬を馬房から連れ出すたびに手入れをし、必要があれ
ば、運動して戻って来たときには洗いましょう。白毛／芦毛の馬
であれば、蹄洗所に連れて行き、周囲を覆って小屋にして、そこ
にいさせましょう！

午前11：30・昼飼い（ただし、騎乗する時間によります）。
　　　　　・水飼い桶チェック。
正午　　　・曳き馬をして、草を食べさせたり、歩かせたりします。
午後 3：00・馬房掃除。
　　　　　・水飼い桶チェック。
午後 4：00・飼いつけ。
午後 4：30・曳き馬をして、草を食べさせたり、歩かせたりします。
午後 8：00〜10：00
　　　　　・夜のチェック（疝痛や病気の兆候がないかを確認
　　　　　　し、馬着を着せ替えます）。
　　　　　・必要であれば、夜飼いをつけます。
　　　　　・水飼い桶チェック。

輸送の時間
考慮すべきこと：
・輸送にかかる時間：馬場馬術競技や総合馬術競技の場合には、
あらかじめ出番の時刻が分かっていますから、予定時刻に馬が準
備できているように計画できます。一方、ハンターや障碍飛越競
技の場合、その日の予定は試合の成り行き次第ということもあり
えますから、その場で考えられなければなりません。ゆとりを持
った「ルーズな」予定を立てておき、その日の状況を見ながら対
応していきましょう。

・運動と飼いつけ：馬のお腹がいっぱいなときに、激しい運動を
させてはなりません。馬装を始めるときには、必ずヘイネットを
外すように。総合馬がプレリミナリー※1 以上のクラスの競技会

に出場する場合、馬がお腹いっぱいの状態で走ることのないよう
にしましょう。乾草は野外に出場する前の準備運動を開始するさ
らに2時間前には取っておく必要があります。

・クールダウン：どの種目でも、完全にクールダウンさせてから、
厩舎に連れて帰りましょう。正しいクールダウンの方法について
は、199 ページをご参照ください。

午前 5：00・朝飼いつけ。
　　　　　・もう必要のないものはすべて馬運車に積み込みます。
午前 5：30・馬の手入れ。前日の晩にタテガミを編んでいたな
　　　　　　らば、チェックしましょう。
　　　　　・芦毛の馬や、肢が白い馬は洗います。
　　　　　・必要に応じて、部分洗いも。
午前 6：30・尻尾を巻きます。
　　　　　・輸送用ブーツ、肢巻をつけます。
　　　　　・馬運車に馬を乗せます。
午前 7：00・出発。
午前 8：00・競技会場に到着。
　　　　　・馬のチェック。
　　　　　・馬に水を与えます。
競技 45 分前：
　　　　　・馬を外に出す。
　　　　　・手入れ。
　　　　　・必要ならクランポンをつけます（192 ページ参照）。
　　　　　・馬装。
　　　　　・競技馬場に向かいます。
複数のクラスに出場する場合や、騎乗する時間の間隔が空いてい
る場合：
　　　　　・暖かな日であれば、馬を馬運車の外に繋ぎましょう。
　　　　　・寒かったり、雨が降ったりしているときは、馬は馬
　　　　　　運車に乗せておきましょう。
　　　　　・馬装は解除し、クランポンは外し、手入れをします。
　　　　　・馬のそばの高い位置にヘイネットを吊しておきます。
　　　　　・水飼い桶は、馬が前掻きしてもこぼれない場所に
　　　　　　掛けておきます。
次の出番の準備：
　　　　　・手入れ。
　　　　　・必要ならクランポンをつけます。
　　　　　・馬装。
　　　　　・競技馬場に向かいます。
1日の競技をすべて終えたら：
　　　　　・馬が完全にクールダウンしていることを確認します。

※1）プレリミナリー：アメリカ国内の総合馬術は7段階のクラスに分かれ上から3番目のクラスに当たる。クロスカントリー障害は飛越数22〜30個、高さ
109cmまでと規定。余力審査は飛越数11〜13個、高さ109cmまでと規定。

- 馬運車の外に馬を繋ぎます。
- 馬装を解除、クランポンを外す、手入れ。
- 傷やコブ、腫れがないか、くまなくチェックします。
- 必要に応じて、アフターケアを行います。
- 輸送用ブーツをつけます。
- 尻尾を巻きます。
- 馬運車に積みます。

厩舎に戻ったら：

- 馬を降ろして、
- 馬体をくまなくチェックします。
- 馬がその日、どれくらい水を飲んだかに留意しておきましょう。

　通常通りの夕飼いや放牧のルーティーンに従います。もし、1日を通じて馬があまり水を飲んでいないようならば、ふすま汁か水に浸した穀類を夕飼いに与えましょう。通常、昼飼いを食べている馬が、競技会の日に昼飼いを食べ損なってしまった場合、午後8：00～10：00の間に夜飼いを与えましょう。

　さて、みなさんはついに競技会に出場し、これまでの努力の結果を披露しようとしているわけです。まずやらなければならないことは、馬をその競技会にふさわしくしておくことです。前の章で、馬の皮膚や被毛が内側から輝いて美しく見えるようにするにはどうしたら良いか、と言ったことを説明してきました。ここからは、観客をアッと驚かせるのに必要な、ディテールについて解説します。

　最初に言っておくべきことは、外にいるとき、その角を曲がったところに誰がいるかなど、まったく分からない、ということです。馬を馬運車から降ろした瞬間、デイビッド・オコナー選手やベジー・マッデン選手、ジョージ・モリス選手、ロバート・ドーバー選手※1と、ばったり出くわすかもしれないことを、心してください。厩舎を出発する前に馬を洗っておいて、馬がきちんと毛刈りされ、小ぎれいになっているようにしましょう。競技会場に馬を泊めるなら、外を歩かせる前に、尻尾のオガを落として、被毛についた寝癖をなおしましょう。

厩舎のうわさ話

　最近、私は故郷に戻り、グルームの仕事をフリーランスでやる合間に、教える仕事もするようになりました。地元の催しや競技会にしか顔を出していなかった子どもたちが、私のところでトレーニングをして、小さな、無名のイベントに行くことになりました。私がいっしょに働くことになった子どもたちのインストラクターは、素晴らしいホースマンでしたが、競技会で直面しうるさまざまなシナリオには、あまり精通していませんでした。私自身も自分の通常のルーティーンの一部を彼らのプログラムに合うように修正し、彼らもまた自分たちの習慣の一部を私のやり方に合わせて修正しました。彼らにとって最も大きなカルチャーショックを受けたことの一つは、競技会場の馬房を使わず、馬運車で運び、すぐにそのまま競技に出場させる、ということでした。

　ほとんどのローカルな競技会では、馬房を提供しています。例外は、総合馬術の競技会で、特に小さな試合では、ほとんどの人が週末の2日間ともであっても、馬運車で来てそのまま競技会に出場します。子どもたちとそのインストラクターが、馬を馬運車につないでおいたり、馬を馬運車に乗せっぱなしにしてその場を離れることを嫌がると知ったときの、私のショックを想像してみてください。馬を馬運車につないでおくことが不安だったのは、彼らが競技会場の馬房からしか競技馬場に向かったことがなかったからです。

　計画立案のためのスケジュールミーティングをしているときに、インストラクターは馬房がないことについて「どうしましょう?」と言いました。そこで、常時様子を見ていることを条件に、ヘイネットと水を与えつつ、馬を馬運車につないでおいてみるようにしました。各馬に必ず見張りの人がいるようにしておくためには、子どもや大人を合わせて大勢の人が必要となりました。

　さらに、私にとっては「当たり前」だったこと、たとえば、その日の分の水を運ぶことなども、彼らにとっては慣れない要素でした。彼らは、水道がすぐ近くにあって、ホースのついた洗い場のある厩舎に慣れていました。でも、明確な持ち物リストと二重の確認作業により、競技会に必要なものすべてを持って行くことができました。全体的にその日は大成功となりましたが、そのために要した労力は大変なものでした!この経験の後、私は自分の教え子たち全員に、自立することを教えようと決意しました。いかなる状況の競技会にも対応できるように。
キャット

※1）いずれも米国の馬術家でオリンピックメダリスト。デイビッド・オコナーはシドニー（2000年）の総合馬術個人金メダル、ベジー・マッデンはアテネ（2004年）・北京（2008年）の障碍馬術団体金メダル、ジョージ・モリスはローマ（1960年）の障碍馬術団体銀メダル、ロバート・ドーバーはバルセロナ（1992年）からアテネまで4大会連続の馬場馬術団体銅メダルをそれぞれ獲得。

馬運車を「ホームベース」として使う

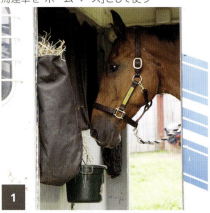

競技会場でのベース

　さて、みなさんは今、競技会場にいます。何をすればよいでしょうか。

馬運車

　馬運車を「ホームベース」として使うのであれば、馬を馬運車の外につないでおくか、馬運車の中に乗せておくか、どちらにするか決めなければなりません。馬運車の外につないでおく場合、ふとしたことでつないでいた曳き手が緩んで外れてしまうかもしれません。だから、いつも誰かが近くにいる必要があります。そして、必ず、ふだんいる厩舎で予行演習をしておきましょう。

1：馬を馬運車に積みっぱなしにする場合には、換気を良くして、乾草と水飼いをつけるのを忘れずに。

2A&B：馬運車を見張れる状況で、かつ、天気が良ければ、ぜひ、外につないでみましょう。馬運車の外についている留め輪に、いざというときには切れるヒモを輪にして取り付けます。そして、乾草と水飼いをつけておきましょう（結び方については、118ページを参照）。

3：競技会場で馬房を借りずに馬運車で過ごすときには、水が不足しないよう、充分な量を持って行きましょう。水を提供してくれる会場もありますが、その水を取りに行く場所が近いとは限りませんから！

馬房

1：競技会場に馬を泊める場合には、馬房の準備をする必要があります。芝生の上に設置された仮設厩舎に入るならば、まず、水飼い桶を掛けて、それから芝生の上にそのまま馬を入れましょう。なぜなら、オガなど、どんなものを敷いておいたとしても、どの道、馬は草を食べられるまで掘ってしまいますから、最初に食べさせてしまいましょう。

2：常設の厩舎に入るのであれば、中にオガや藁などを敷いて、水飼い桶を掛け、それから馬を入れましょう。

3：馬を馬房に入れたら、馬運車の荷物を取り出し、馬具庫または通路に整頓しましょう。馬に乾草をつけ、その場を離れるのは馬が落ち着いてからにしましょう。
　身の回りがいつも整理整頓されているようにするため、できるだけたくさんの箱や入れ物を持って行きましょう。

4：頭絡を掛けるラックを設置する際、まず、きれいなタオルを棒にかぶせてから、ラックを掛けます。

5：馬着などはきちんと畳んで。

馬房を使う

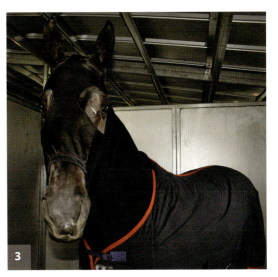

プロのコツ

FEIの監視の入った競技会では、会場に到着したときに行われる「入厩検査(in-barns)」と呼ばれる評価(エバリュエーション)があります。種目ごとに少しずつ異なりますが、基本的な部分は同じです。獣医師団が各馬を確認し、パスポートに記載された特徴と一致しているか見ていきます。また、パスポートが最新の状態になっているか、馬のバイタルがすべて正常であるかどうかをチェックします。

この入厩検査をきちんと行うにあたっては、馬が手入れされ、尻尾もとかされ、蹄の裏掘りもされている必要があります。馬パスポートと治療用規制物質を記したカルテ(controlled medication chart)も必要です。

乱雑な状態で入厩検査に出向いてきた人を何度せせら笑ったか、数え切れません。私がフリーランスで働いていた頃の話です。私はリッチランド・パークCCIに、私ほどのスタンダードが高くない選手と共に出向きました。その男性選手は、到着時に別の重要な予定があったため、馬4頭を降ろすとすぐに運転して去って行きました。14時間の運転のあと、たった5分で私は入厩検査に臨まねばならず、そうしなければ、検査受付時刻を過ぎてしまい、失格してしまう状況でした。選手は、ブラシ、櫛、タオルを全部積んだまま走り去ってしまいました。結局、私は4頭の馬を、輸送の汚れや尻尾に乾草がついたままの状態で入厩検査に連れて行く羽目になりました。幸運なことに、私が向かっていくところを見掛けた友人が、櫛、濡れタオルを持って駆けつけてくれました。そして、私が馬を並ばせている間に、手入れをしてくれたのです。あの4頭の汚れた馬を連れて列に並んでいたときほど、自分の顔を隠したいと思ったことはありませんでした！　キャット

第8章　本番・117

馬装を終えた馬をつないでおく

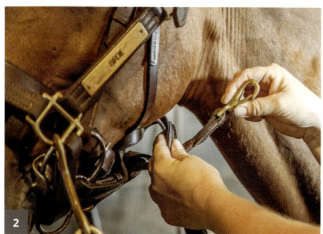

安全に関わること

馬装を終えた馬をつないでおく場合

1：馬装をすべて終えた馬を置いて、その場を離れなければならない場合、安全には充分配慮しましょう。頭絡をそのまま繋ぐことは厳禁です。代わりに、無口を上から着けて、手綱同士を捻って合わせます。

2：無口の喉革を捻った手網の間に通します。

3：喉革を止めます。

セイフティ・ノットの結び方

　セイフティ・ノットは、いざというときに簡単に解ける結び方です。また、馬が曳き手を引っ張ったときに過度に締まってしまわない結び方です。絶対に馬運車や厩舎に直接繋いではいけません。必ずヒモなど切れるものに繋ぐようにします。人間が近くにいないときに馬がパニックを起こして暴れた場合、人間が曳き手を解かなくても、ヒモが切れることで馬がリリースされます。

1：左から右へ曳き手を通し……

2：……曳き手の端を持ってきて、輪っかを作ります……

3A&B：……それから、端を半分に折って、2で作った輪っかに通します。

4A&B：曳き手が長いときは、これを何度か繰り返せば曳き手が地面についてしまうのを防げます。曳き手の端は急いで結び目を解く必要に迫られたときのために、つかみやすいよう余らせておきましょう。

整頓して掛ける

1：無口はいつもきちんと掛けておきます。フックがあれば、曳き手は丸めて無口に取り付けます。

2：フックがない場合には、両端が留具になっているダブル・エンド・スナップを使って無口をきちんとしまいます。無口の鼻革の両端にある金具をまとめて、ダブル・エンド・スナップで馬房に留めます。さらにそこに曳き手もまとめて留めます。もし、留具の大きさに対して馬房の柵の棒が太すぎたら、ヒモを柵の棒に付けて、それに無口を留めておきましょう。

セイフティ・ノットの結び方

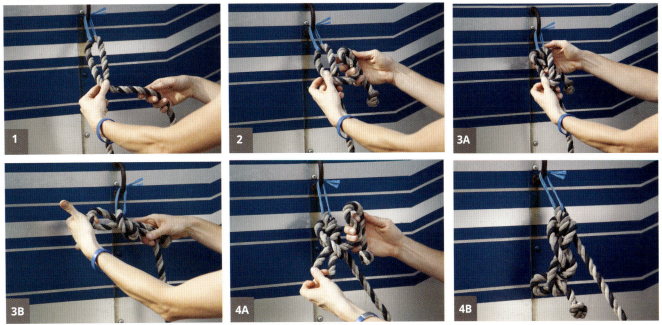

整頓して掛ける

3：悪い例：無口と曳き手が乱雑に絡まった状態に放置するのは厳禁です。

4：悪い例：無口は使い終わったらすぐに拾いましょう。無口が壁からぶら下がっている状態は、見苦しいだけでなく、馬が肢を中に入れてしまったりして、事故の元になります。

第8章　本番・119

曳き手を丸めてまとめる

曳き手を丸めてまとめる

1：曳き手の金具がついている方の端を図の様に折って、約30cmの輪を作ります。折った曳き手は平行になるようにします。

2：金具の方を持って、作った輪を押さえながら、余った曳き手を、輪に巻きつけていきます。輪にした方の曳き手は揃えて平行にしましょう。

3：下まで行ったら、巻きつけた曳き手を全部、金具側に寄せて、下の輪っかに指を通します。

4：曳き手の端をその輪っかに通します。

5：端をぎゅっと引き締めて、完成です！

6：悪い例：このようになってしまうということは、最初に作った輪が大きすぎるということです。やりなおしましょう。

革製の曳き手のまとめ方

1：チェーンの付け根の接続部分に革の曳き手の端を通します。

2：円を作ります。

3：革の曳き手の端の方から、きつく曳き手を巻いていきます。先程作った円の内側に向かって丸めます。

4：続けます。しっかりときつめに巻いていきます。

5：円のところまで来たら、巻いてきたものを中に入れます。押し込むとき、少しきつめに感じるはずです。

6：チェーンを反対側に留めます。きれいに片付きます。

革製の曳き手のまとめ方

第8章 本番・121

9

第 9 章

タテガミ

キャットの話

期間限定でアイルランドの厩舎にて仕事をした後、私はアメリカ合衆国に帰国しなければなりませんでした。そして、教育学の修士号を取るために勉強をはじめました。そのとき、馬と関わっていた方がずっと自分が幸せになれると思い立ったのです。そこで、私はYardandgroom.comの求人広告にほんの軽い気持ちで応募しました。クリスマスの週に、メールで、サウスカロライナ州で冬の間、4頭の競技馬の面倒を見る仕事に応募しました。その時は、まさか私の恋人がクリスマスの日にプロポーズするとは、まさかその翌日に仕事のオファーが来るとは、そしてまさか自分がその5日後に南に旅立つことになるとは、思いもよりませんでした！エーケン（サウスカロライナ州西部の町）に到着してみると、4頭だったはずの馬は8頭になっていて、私の処理能力を超えた状態になっていました。何週間後かにあった最初の試合で、私は8頭の馬のタテガミを編まなければなりませんでした。私は、ハンターの競技会で一晩中タテガミを編む係として働いたこともあったので、どうにかなると思っていました。夜中の1時に私は起き出して、厩舎に行き、7時に出発できるようにタテガミを編みはじめました。4時の時点で、私は3頭目を編んでおり、どうやったら全頭編み終えられるか皆目検討がつかなくなり、パニックになっていました。編むだけでなく、体も洗って、馬房も掃除して、遅れないように馬運車にも乗せなければなりません。どこからともなく、声がしました。「手伝いましょうか？」と。ダニエルというグルームが厩舎の向かいの家に住んでいて、灯かりが点いているのを見て、やって来てくれました。パジャマのままでしたが、何頭かのタテガミ編みを買って出てくれました。2人で協力して、全部やり遂げ、馬も時間通りに出発できる状態にしました。ダニエルがいなくなってからずいぶん経ちますし、私のボスは相変わらずですが、私は、あの夜、いくつか大切な教訓を得ました。第一に、タテガミ編みをもっと素早くできるようになること。第二に、前日のうちにタテガミを編み、馬にフードをかぶせておけば、まったく問題がないということ。第三に、そして、最も大事なことは、自分の手が空いている時には必ず、他の人の手伝いを買って出るべきだということ。なぜなら、自分が助けを必要とするときはたくさんあるのですから！

タテガミ

タテガミのケアの仕方は、馬の品種、馬がどのような種目で使われているか、そしてみなさんの好みによって異なります。この章では、タテガミのケア、種目ごとの編み方、みなさんにとって適切な長さにタテガミを維持する方法について、解説します。

種目別の長さ

総合馬術

1：よく見受けられるのは、馬のタテガミが調教審査向けの編まれ方になっているものの、野外審査や余力審査向きにはなっていない状況です。しかし、上級レベルに行く程、馬のタテガミが余力審査向きに編まれているものです。最後に表彰式があるようなときに見かけると思います。

種目別のタテガミの長さ

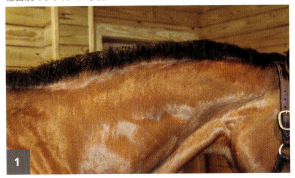

次ページへつづく ▶

　タテガミの長さは、普通、個人の好みや選手が好む編み方によります。調教審査の段階で一番良く見掛けるのは、ボタン編みと言われる編み方で、小さめの直径のお団子が15〜25個並んでいるものです。この編み方には、タテガミの長さは、約7.5〜9cmにしておくのが良いでしょう。

障碍馬術
2：障碍馬術では、特別な競技会の時だけタテガミを編み、前出の長さよりも少し長めにタテガミを整えています。一般的には、中サイズのお団子を11〜17個作りボタン編みにします。また、タテガミを梳くのではなく、切っている馬も見掛けます。総合馬やハンターの馬よりもタテガミの長さは長めですが、馬場馬よりは短くなっています。長さで約10〜15cmです。

馬場馬術
3：馬場馬術競技では、必ずタテガミを編みます。タテガミは、他の種目と比べてやや長め（約12.5cm〜25.5cm）に整えておき、5〜10個の大きめのお団子を作れるようにします。大きめのお団子は馬の頭頸のアーチを最も美しくアピールできるからです。

4：フリージア種、アンダルシア種、ルシターノ種、モーガン種、アラブ種などの品種の馬は生まれ持った長いタテガミを活かし、ランニング編み（140ページ参照）にします。

種目別のタテガミの長さ（つづき）

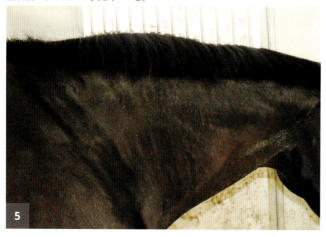

5

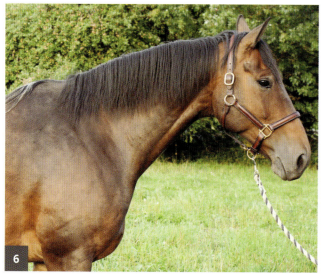

6

ハンター

5：ハンター用の馬のタテガミは約10cmに整えておかなければなりません。ハンターの競技会では頭の天辺から頸の付け根まで、タテガミが平らにかつまっすぐになっていることが大事です。ハンターでは、馬を常に本来の素朴な姿に見せる必要があり、このためタテガミを編んでいなくても、手入れが行き届いているように見せなければなりません。ハンターの競技会で使われる編み方はとても特殊で、事実、「ハンター編み」と呼ぶ人もたくさんいます（139ページ参照）。非常にきっちりとした30個ほどのお団子を作ります。こうするためには、タテガミがしっかりと手入れされて、同じ長さと密度に整えられている必要があります。

趣味の乗馬

6：趣味で楽しむために馬に乗る場合、個々人の好みこそが大事です。タテガミを短く、きっちりと整えておくのが好きな人もいれば、長く伸ばしておく人もいます。

毎日のケア

1：馬の手入れをする際、必ずタテガミをとかして絡まった部分ができないようにしましょう。馬の体を丸洗いした後には必ず、同じ側に垂れた状態を保ち易くするため、タテガミが濡れているうちに櫛でとかしておくようにします。多くの場合、馬のタテガミは馬の右側に垂れるように「馴らされて」います。ただ、生まれつきタテガミが左に垂れるように生えている品種——フリージア種、アンダルシア種、ルシターノ種、モーガン種、アラブ種、そして、どんな品種であっても馬場馬の場合は、タテガミは自然に垂れる方に整えて構いません。

タテガミを「馴らす」

タテガミが右側に、かつ、平らに垂れている状態を保てるよう「馴らす」には、何通りかの方法があります。長い目で見れば、タテガミが立ってしまうとか、両側に垂れてしまうなどの問題は解決できないかもしれません。でも、短い間、片側にきちんと垂れるようにしておくのであれば、タテガミを梳いて、毛の量を減らすとか、均等に刈るとかすることで可能になります。

毎日のケア

1

輪ゴムで結わく

  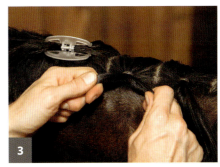

輪ゴムで結わく
1：タテガミを湿らせ、馬の体の右側へ滑らかにとかします。

2：タテガミを約5〜10cmごとに区切ってタテガミ用のゴムでぴったりと結わきます。

3：頸の根元まで繰り返します。

タテガミを馴らすために編む
タテガミの「ワイルド」さ度合によっては、タテガミを編む必要があるかもしれません。

1：タテガミを湿らせ、馬の体の右側に滑らかにとかします。

2：タテガミを約5〜10cmに区切ってタテガミ用のゴムで緩めに編んで結わきます。

3：端の方のタテガミをきつく引っ張らないように注意しましょう。痛みの原因となりうる他、タテガミを傷める可能性もあります。

4：編むのは、3〜4編み分で留めてください。ここでゴムを結わきます。

5：この状態で、馬が嫌がらない限り、できるだけ長く放置します。馬が首を掻くようになったら、外します。

6：悪い例：馬の中には、気分を害してすぐに首を掻き始めるものもいます。いつも気にかけておくようにしましょう。

タテガミを馴らすために編む

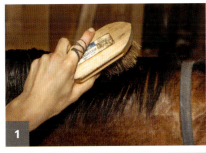  

第9章 タテガミ・125

タテガミを梳く

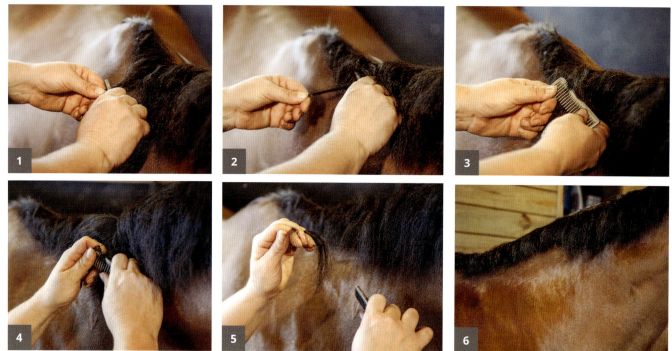

タテガミを短くする

1：梳いたタテガミの見栄えを保つには、3つの方法があります。昔ながらの方法で梳く方法か、ハサミや専用の道具を使う方法か、これらを組み合わせる方法です。写真は、左から右に向かって、鋭いタテガミを梳くための櫛、片刃の剃刀付の櫛（ソロコーム）、両側に剃刀の付いた櫛（レーザー・シニング・コーム）です。

タテガミを短くするための道具

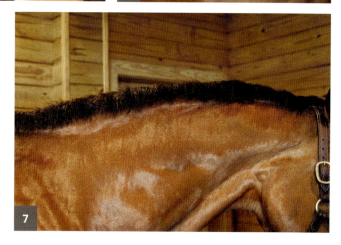

馬の中には、タテガミをとかれている間に眠ってしまうのもいます。でも、首を振って抗議の意思表示をしたり、動きまわったり、場合によっては蹴ったり噛んだりする馬もいるでしょう。こうした問題行動がそれほど激しいものでないようなら、馬といっしょに動きながらタテガミを梳き続けましょう。タテガミを梳いたときに馬が首を振ったとして、そこで梳くのを止めてしまえば、馬は問題行動をとればご褒美がもらえると覚えてしまいます（現にもう梳かれないのですから！）。多くの場合、馬はタテガミを梳かれはじめた最初の短い間は首を振ったり、動きまわったりしますが、人間が動じないで静かに続けていれば、落ち着きます。それでも、もし危険な状態になってしまうようであれば、専門家に頼むか、別のやり方を試してください。

梳く

　指と梳き櫛を使ってタテガミを短くする「伝統的な」方法です。

1：一度に少量、約1cm強ほどのタテガミを手に取り、逆毛を立てます（毛先から根元に向かって櫛でとかす）。

2：こうすることで長い毛と短い毛を分けることができます。そのうち、長い毛を少量、手に取って……

3：……櫛に巻きつけ……

4：……自分の方向にぐっと引っ張ります。力を入れる方向を下向きではなく、真横にした方が毛を簡単に抜けます。

5：一度に少量ずつというのを忘れずに、時間をかけて進めましょう。

6：馬のストレスを軽減するために、2、3日かけてやるのも良いでしょう。

7：完成です。

ハサミで切る

　明らかにハサミで揃えられたタテガミを目にすることもあるでしょう。障碍馬で目にすることがありますが、「パッツン」スタイルはどうもいただけません！ただみなさんやみなさんの馬がタテガミ梳きが苦手なのであれば、ハサミを使うのも選択肢です。そして、いかにも切った風ではなく、櫛で梳いたように仕上げるやり方があります。

1：タテガミを一部取って、普通の（タテガミを梳く用ではない）櫛でとかします。

2：タテガミの毛先に対し、45°の角度で、縦方向にハサミを入れていきます。まずは長めに毛を残して切るようにしましょう。もっと短くしたいなら、いくらでもやり直しがききますから。

3：タテガミ全体が同じ長さに整うように、この手順を繰り返します。

6：こうすることで、自然な梳いた風の仕上がりになります。

5A&B：悪い例：タテガミに対して水平方向に切ってしまうと、まっすぐすぎる求めていない仕上がりになってしまいます！

ハサミで切る

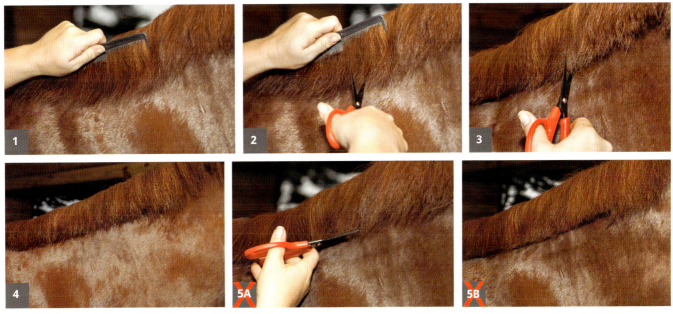

第9章　タテガミ・127

「ソロコーム」を使う

レーザーコームを使う

「ソロコーム」を使う

ソロコーム（SoloComb ™）※1とは、内側に剃刀がついていて、毛を切れるようになっている櫛です。自然な仕上がりを維持しつつ簡単にタテガミを切れる道具です。

1：長い毛と短い毛を分けるため、逆毛を立てます。長い毛を取って、櫛でとかしますが、このときに剃刀を使うようにします。

2A&B：悪い例：逆毛を立ててとかすという手順を飛ばして、剃刀を使いながら手前にただ引っ張るだけにすると、不自然なまっすぐの切れ方に仕上がってしまいます。

剃刀を使う

短くする必要はあるものの、タテガミが薄く、これ以上、毛量を減らしたくない場合には、剃刀を使いましょう。

1：通常の櫛でタテガミをとかします。

2：タテガミの毛先から約2.5cmのところで、タテガミの毛を剃刀と自分の親指で挟みます。親指でタテガミを剃刀に押し当てておきます。そのまま剃刀をタテガミに沿って下に引いていけば、自然に短くできます。

3：こうすることで、毛量を減らさずタテガミを短くできます。この写真のタテガミは、総合馬向きにやや短めに整えられていますが、この方法を使えば、自然にタテガミをどんな長さにも短くできます。

長いタテガミのケア

1：長いタテガミは短いタテガミより手がかかりますので、心の準備を！

2：まず、長いタテガミは清潔に保たれていなくてはなりません。そして、しっかりとコンディショナーをして、絡まった部分がないようにしておかなくてはいけません。シャンプーをしたら、オイルベースのコンディショナーを使いましょう。SoftSheen-Carson®社製※2の流さないコンディショナーや硬めの髪の毛用のコンディショナーが最適です。乾いた硬めの髪に油分を補うことが目的です。

3：Absorbine®社のShow-Sheen®※3のように、シリコン入りの製品は、モイスチャーのバリアを作りますが、これは蓄積してしまうので、毎日使うのはやめましょう。こうした製品は、試

※1）ソロコーム（SoloComb™）：ソロコームは櫛・ブラシなどのブロンド。特に櫛の奥に剃刀が仕込まれたタイプ。
※2）SoftSheen-Carson®社製：SoftSheen-Carsonはシャンプー・コンディショナーなどのメーカー。
※3）Absorbine®社のShow-Sheen®：Absorbineは馬の被毛用シャンプーなどのメーカー。Show-Sheenは被毛のコート剤。

長いタテガミのケア

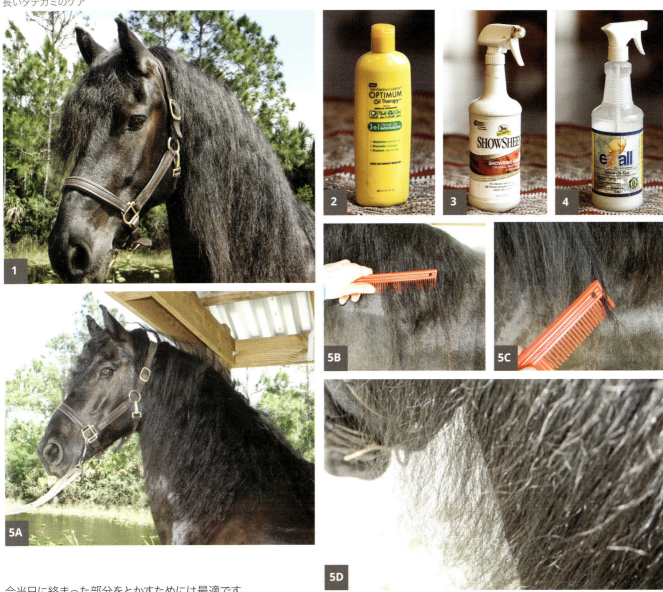

合当日に絡まった部分をとかすためには最適です。

4：最後に、流さない絡まり防止剤を使います。註：濡れたタテガミをとかさないように。毛が切れたり、傷みの原因になります。乾くまで待ちましょう。私のおススメはeZall® 社のShine & Detangler ※1 です。天然由来の蓄積しない成分が使われています。

5A：放牧場で暮らしている馬の長くて絡まったタテガミは、かなり手強いです。

5B：ともかくタテガミの毛先から取りかかりましょう。みなさんがご自身の髪の毛にするように、ていねいに少しずつ毛を取ってとかしていって、徐々に根元に向かっていきます……

5C&D：……最終的にタテガミ全体の絡まりがなくなるまでやります。絡まりをとかすための良いトリートメント剤を使いながら作業をすれば、多少は楽になるでしょう！

※1）eZall®社のShine & Detangler：eZallは被毛用のコンディショナーなどのメーカー。ジェル状のShine & Detanglerは被毛を柔らかくし、絡ませない効果がある。

第9章　タテガミ・129

プロのコツ

バロックホース※1の場合、たいがい、日々の手入れの中にタテガミを緩く編むことが組み込まれています。これこそが、特に騎乗中にタテガミが絡まってしまうのを防ぐ最も効果的な手段です。手綱との摩擦によってタテガミは簡単に絡まったり、切れたりしてしまいます。ただ、夜の間もタテガミを緩く編みっぱなしにしておくことは、問題もあります。編んであるのを気にして馬が掻いてしまい、結果としてタテガミが切れてしまいかねないからです。解決策は、騎乗中だけ緩いランニング編みにして、乗り終わったら解くようにすることです（140ページ参照）。

競技会のためにタテガミを編む

競技会向けのタテガミの編み方には、主に3つの型があります。

・ボタン編みは、総合馬、障碍馬、馬場馬で使われる編み方で、きっちりした丸いお団子になります。3つの競技いずれにおいても同様の編み方をし、違いは、タテガミを取る分量だけです。どれだけの量のタテガミを取って編みはじめるかによって、仕上がったお団子のサイズが決まります。

・ハンターないし、フラット編みは、ハンター馬のみに使われる編み方です。この編み方は、編んだタテガミが馬の頸に平たく寝るようになり、編んだ天辺には小さなこぶができるようになっています。

・ランニング編みは、馬の頸に沿って1本のつながった編み込みになっている編み方です。タテガミをいっぱいの長さまで伸ばして維持している馬向けの編み方です。

道具を揃える

1：次のものが必要です：

・紡ぎ糸ないし撚り糸（糸を使って編む場合）。タテガミを編むための糸の準備をします。糸の端を親指と人指し指でしっかりと持って、肘にかけてから、また手で掴んで輪を作ります。これを必要な糸の数だけ繰り返し、輪を自分の手元で切ります。これで、糸を長さ約60〜75cm程に揃えて切れます。
・輪ゴム（輪ゴムを使って編む場合）。
・ワックスまたはExhibitor's Quic Braidスプレー※2（タテガミをまとめやすくするため）。
・目の細かい櫛。
・小さめの良く切れるはさみ。
・「プル・スルー」（たいがい馬具屋で手に入ります。もしくは、手芸用品店で「ラグ手芸針」として売られています）。
・穴の大きい、先丸の毛色針。
・ワニクリップ※3（編んでいる最中にタテガミが邪魔にならないように）。
・台。

タテガミを編むための道具

三つ編み

ここで言う三つ編みは、125ページで紹介したタテガミを「馴らす」ための三つ編みとは異なります。ここでは、きつく、均等な三つ編みを頭の天辺から下までつくって、解けないようにするための手順をご紹介します。タテガミを編む工程の中でこれこそが最も大切なところです。きれいで、締まって、かつ整った三つ編みなしに、見映えのする仕上がりなどありえません。まず、どのように三つ編みをしていくか紹介した上で、輪ゴムなり、糸なりで仕上げる方法を見せましょう。さらに、正しい三つ編みの解き方も教えます。註：本書では、手順を見やすくするために、白い糸や輪ゴムを使っています。実際に試合に臨む際は自身の馬のタテガミに合った色を使用しましょう。このページでは、異なる2色のタテガミで紹介しています。

※1）バロックホース：欧州のバロック時代に起源を持つ馬の総称。アンダルシア種、フリージア種、リピッツァー種などの古典馬術に適した品種。
※2）Exhibitor's Quic Braidスプレー：Exhibitor'sは馬のグルーミングシャンプーなどのメーカー。Quic Braidスプレーはその製品名。
※3）ワニクリップ：ワニの口のような形状をしたヘアクリップ。

三つ編み

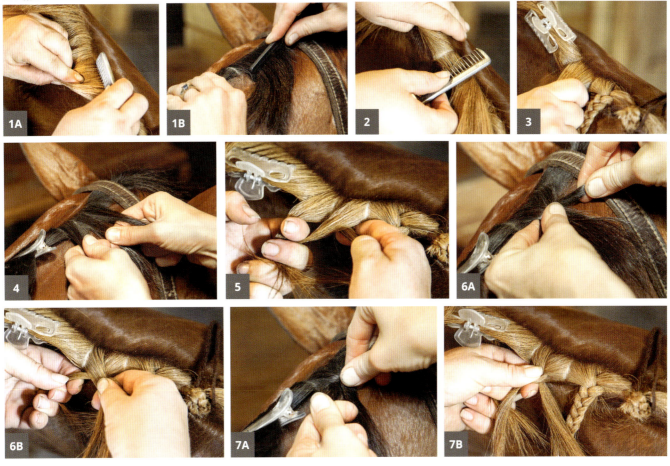

1A&B：三つ編みのために、タテガミを分けていきます。どれくらいの分量にしていくかは仕上がりのスタイルによって異なります。ボタン編みの場合は、お団子の大きさを小さくすることも、中サイズにすることも、大きくすることも可能です。馬場馬術の場合、大きめのお団子にしますので、約12〜15cmごとにタテガミを区切ります（おおむね手の平の幅くらい）。障碍馬術の場合、中サイズのお団子にしますので、約7〜12cm位に分けます（約指4本分）。総合馬術では、お団子を小さくするので、約5〜7cmです（指2〜3本分）。ハンター競技では、非常に間隔の狭いお団子を作りますから、広めでも約5cm以上の間隔にはしないようにします。

2：分け目が必ずまっすぐになるようにします。

3：分けたタテガミは輪ゴムないしワニクリップで止めます。

4：分けた毛束を三等分します。

5：右の束を中央の束の上に交差させます。このとき、親指を使って毛束が平たくかつ下向きになるようにしましょう。

6A&B：次に左の束を、右の束（真ん中に持ってきた）の上に交差させます。このとき、中央の束を右に引っ張りながら行います。ここでも親指を使ってずれたり乱れたりしないようにします。

7A&B：右から左、左から右へと交差させていく動作を繰り返し、下まで編んでいきます。下方向に引っ張らず、横に交差させることを意識してください。

輪ゴムを使う場合の三つ編み

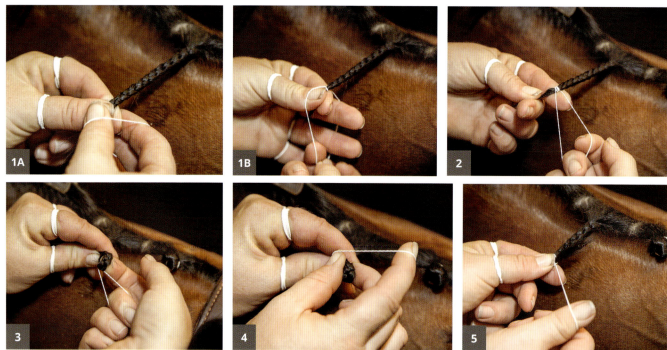

これを繰り返し行いますが、輪ゴムか糸を使うかによって多少の違いがあります。

輪ゴムを使う場合

1A&B：輪ゴムを使う場合は、できる限り下まで三つ編みをします。

2：輪ゴムを何回か三つ編みに巻き付け、大きめの輪っかができるよう、余らせます。

3：三つ編みを折り上げます。中指を使って輪ゴムを押さえながら、人差し指で平たく整えながら折り畳みます。

4：三つ編みをしっかり持ち、輪ゴムを折り畳んだところに巻き付けます。

5：まだ輪ゴムから手を離さないでください。ここでは、三つ編みの先端は折り畳んだ状態になっていて、毛先は三つ編みに対して平行に整っているはずです。

6：輪ゴムを繰り返し巻き付けて行き、毛先が完全に収まるようにします。

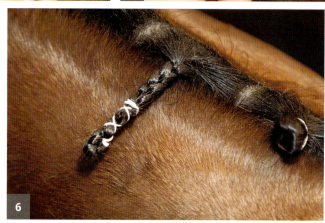

糸を使う場合

1：タテガミの長さの3分の2、または毛先から約5～7cmのところまで三つ編みをしたら、半分の長さに折った糸の片端を三つ編みに編み込みます。

2：次の毛束をかぶせたら、糸のもう片方の端を、写真のように編み込みます。

糸を使う場合の三つ編み

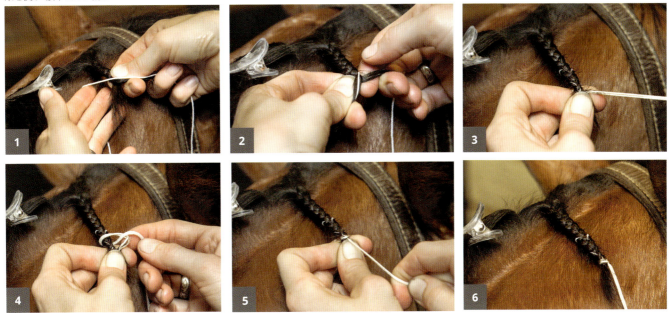

3：4〜5回程、タテガミといっしょに編み込んでから、片手にタテガミを、もう片方の手に糸だけを取って、タテガミと糸を分けて持ちます。

4：三つ編みの周りに糸を券いて輪っかを作り、そこに糸を通します。

5：しっかりと引っ張って結び目を締めます。

6：これで完了です。

ゴムで三つ編みを止める場合

　このやり方はタテガミ編みに慣れようとする人にはとてもやりやすいやり方です。さらに慣れた人には早くて効率的な方法です。132ページの手順に従って毛先まで三つ編みにして、輪ゴムで止めます。

1：毛先を首筋に向かって内側に畳みます。

2A&B：もう一度内側に向かって半分に畳み、輪ゴムをお団子全体を止めるようにかけます。

ゴムで三つ編みを止める場合

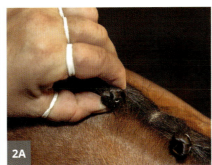
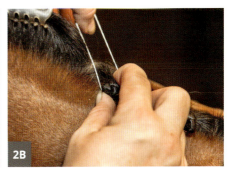

次ページへつづく ▶

第9章　タテガミ・133

ゴムで三つ編みを止める場合（つづき）

3：さらにしっかりと止めるため、輪ゴムをもう一つ用意しお団子の周りを止めます。

4A&B：正しくできればプロフェッショナルな仕上がりに見えます。

輪ゴムの外し方

ゴムを使ってお団子にしてそのまま一晩放置しておくのは理想的ではありません。馬によっては輪ゴムで首筋が引き攣ったように感じるらしく、こすって取ろうとしてしまいます。

1：お団子の上と根元に親指と人差し指を添えます。

2：そのまま手前に引っ張ればお団子は解けます。

3：輪ゴムを外します。

縫い込み型のシンプルなお団子の作り方

　この編み方はハンティングなどで昔から採用されている編み方です。それには相応の理由があります。馬に合わせてアレンジがしやすく、どんな天候や動きにも耐えられるからです。ナイロン製の糸は扱いが難しいので、綿のクロシェット糸ないしワックスでコーティングされた綿のタテガミ用の糸を使います。

1：穴が大きく、先が尖っていない毛糸針を使用します。三つ編みが終わって余っている糸を2本とも針に通します。

2：三つ編みの根元中央に針を通します。

3：三つ編みを半分に折るように糸を引っ張ります。

4：針を手に持ち、糸を分け、三つ編みの外側を囲むようにします。

5：三つ編みを巻き上げて、できたお団子の1番下から針を通します。

6：きつく締まるまで針を引っ張ってから針を糸から外します。

7：もう一度糸を分けてお団子の外側に巻き付けます。

8A&B：二重止め結びにして、きつく縛ります。

9：もう一度、止め結びにして、解けないようにします。

10：首に近いところで糸を短めに切ります。

11：縫い込み型のお団子の完成です。

輪ゴムの外し方

縫い込み型のシンプルなお団子の作り方

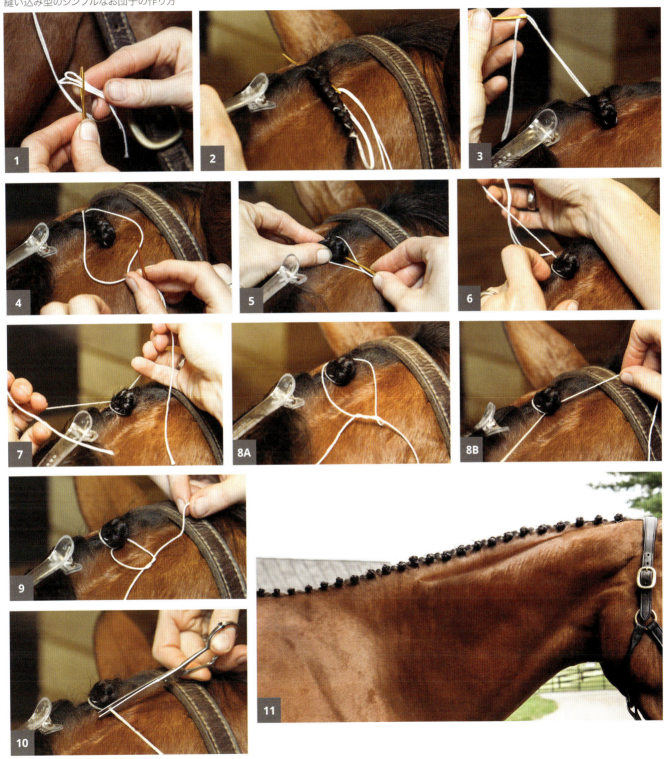

第9章　タテガミ・135

縫い込み型のお団子の外し方

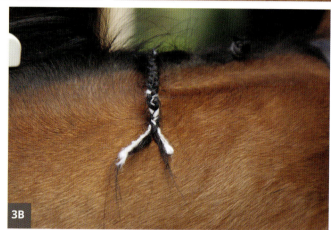

縫い込み型のお団子の外し方

1A&B：外すときはお団子の根元の結び目を切るだけです。

2：三つ編みを引っ張って伸ばして……

3A&B：……三つ編みの先端にある結び目を切ります。

4：三つ編みを全部解いたときに馬のタテガミは、変なパーマがかかったようになっているでしょう。

　そんな状態に馬のタテガミを放置するのは良くありません。タテガミが勝手にまっすぐに戻ると考えないでください。縫い込み型のお団子にした場合、タテガミのモジャモジャが取れるには数日かかることもあります。対策は、お団子を解く前に、水につけたスポンジでタテガミを濡らすのが良いでしょう。お団子を解くのもずっとスピードアップしますし、タテガミを整えるにも役立ちます。三つ編みが全部解けたら、もう一度スポンジを使って濡らして、目の細かい櫛でとかします。

毛糸を使った編み方

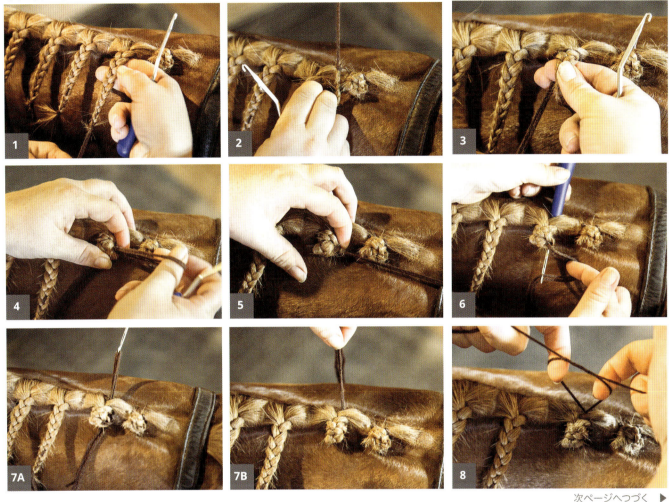

次ページへつづく ▶

毛糸を使った編み方——エマ・フォード流

　縫い込み型のお団子同様に、この編み方も持ちが良く、どんなタテガミでも使えます。

1：首筋の近くで三つ編みの下から右手の人差し指と中指を添えます。

2：左手を使って右側に三つ編みを捻って首筋の上にかぶせます。

3：作ったループを保ちつつ毛糸をつかみます。

4：左から右へループの中に毛糸を通し、そのまま三つ編み全体もループに通します。

5：左手は根元に添えておいてしっかりと締めましょう。

6：プル・スルーを上から下に向かって、三つ編みの中央、首筋近くに通します。

7A&B：毛糸の先を上に引き出します。

8：毛糸を2つに分けて片方を左、片方にを右に巻きつけて二重止め結びにします。

第9章　タテガミ・137

毛糸を使った編み方（つづき）

毛糸のお団子の外し方

9：お団子の根元でしっかりと止めます。

10：結び目の近くで余った毛糸を短く切ります。

11：エマ・フォード流のお団子です。

毛糸のお団子の外し方

このお団子を外すには、スティッチリッパーを使います。注意：間違ってタテガミを切ってしまわないように、明るい光の下で作業しましょう。

1：三つ編みの下をよく見てみると毛糸が交差しているところがあります。

2：そこを慎重に切ります。

3：お団子を解きます。

4：慎重に三つ編みの端にスティッチリッパーを下に向けるように入れ、動かします。これで三つ編みを止めていた最初の結び目が外れます。

5：毛糸を引き抜いて三つ編みを解きます。

ハンター編み

1：ここで紹介する編み方は、ハンター競技会で良く見かけられます。30〜50個くらいの均等なお団子が首の上から下まで作られています。マスターするには時間を要しますが、きちんとできれば、非常に見た目が美しいです。

　きちんとしたハンター編みの鍵となるのは、しっかり均等にタテガミを梳いておくことです。タテガミをとかすときには、目の細かい櫛を使います。これで、あちこちに向いてしまっている毛を整えられます。

2：タテガミを編んでいくとき、間隔を1cm強以上空けないようにします。仕上がったときにお団子同士がほとんどくっつくくらいの間隔にしておきたいため、三つ編みそのものも人差し指以上の太さにしないようにしましょう。

3：プル・スルーを、三つ編みのまん真ん中で、根元から下に向かって刺します。

4：毛糸の両端をプル・スルーに引っ掛けます。

5：余っている方の毛糸をタテガミの根元に通して、

6：三つ編みの先端も引っ張って通します。ただし、ここでは三つ編み全部は通さないようにします。首に沿うように平らに折り畳まれた状態にします。

7：糸を分けて、ループを作り、二重止め結びにします。

8：指を使って三つ編みを少し持ち上げ結び目を締めます。これで小さなこぶができます。

9：必要に応じて脇を押さえ、首筋に対してこぶが直角になるように整えます。

10：もう一度止め結びをします。

ハンター編み

次につづく

第9章　タテガミ・139

ハンター編み（つづき）

11：糸を短く切ります。

12：この写真ではよくある間違いを2つと、正しいものを比較のために並べています。右から左に向かって、

悪い例：1つ目はコブの大きさはちょうど良いのですが、タテガミの折り畳んだ部分がバラバラになっています。三つ編みをする際に、均等に毛の分量を分けていなかったことが主な原因です。

悪い例：2つ目は、コブが大きすぎ首から離れすぎています。結び目を作る前に気づいて調整が可能です。

3つ目がちょうど良いものです。

13：仕上がったハンター編み。

　首のどのあたりまで三つ編みをするか決めるためには、ゼッケンを正しい位置に置いて見てみましょう。ゼッケンがくるあたりに輪ゴムかクリップで印をつけておきます。キ甲あたりを編まれるのを嫌う馬もいますので、優しく、他の部分よりもやや緩めに編むようにしましょう。インスペクションを受けるハンター馬や、総合馬がインスペクションのためにタテガミを編む場合は、全部編みます。

ランニング編み

　基本的には長くつながった1本の編み込みで、タテガミの長い馬場馬に使うやり方です。特に、フリージア種やアンダルシア種などのバロックホースで用います。自然にタテガミが垂れている側で編みます。

1：項から編み始めます。タテガミを3つに分けて右の束を中央に交差させます。

2：左の束を右側から中央にかぶせた束の上に、交差させてかぶせます。

3：続いて編み込みを始めます。再び右の毛束を中央にかぶせて交差させます。

4：タテガミから少量の毛束をとって、先ほど中央の束にかぶせて交差させた毛束に加えます。

5：左を中央に交差させます。首筋に対してできるだけ平行に。このときには毛を足しません。

6A&B：左手で三つ編みを押さえておき、少量の毛束を足し、右から中央に。

7：再び左から中央へ。このときに毛は足しません。

8A〜C：これを首の根元まで続けます。首筋から三つ編みが離れていかないように注意しましょう。

9A&B：キ甲に近づくにつれて、少しずつ首筋から離していくように仕上げます。

10：端まで行ったら、毛糸または糸を三つ編みの後ろ側に添えて、両端を毛束と共に編み込んでいきます。

ランニング編み

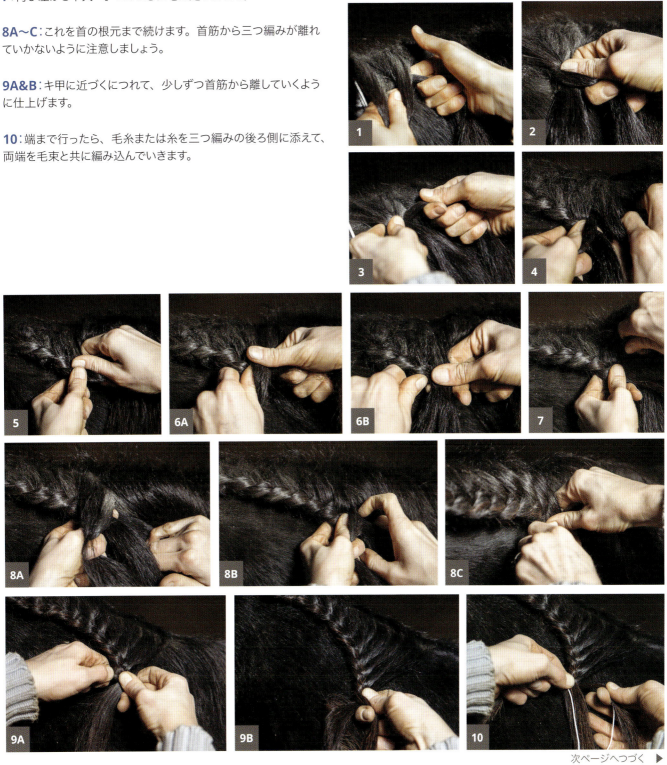

次ページへつづく ▶

第9章 タテガミ ・ 141

ランニング編み（つづき）

11：毛糸を編み込みます。

12：最後まできたら、三つ編みの周りに糸を巻いて結びます。糸の端を切ります。

13：仕上がりの見本です。毛先はそのままにしても、仕上げても構いません。気が利いた仕上がりにするには毛先をしまい込みましょう。

14：三つ編みの先端の方から、自分の指に三つ編みを巻きつけて行きます。

15：首筋に向かって三つ編みを丸めます。

16：編み込みになっている部分まで丸めたら、糸を通した針をお団子部分に通します。

17：針を引っ張ってお団子の左側に糸を巻きます。

18：再び針をお団子に通し、今度は右側から巻きます。

19：これでお団子の上と下、それぞれに、糸の端が2本出ているはずです。それらを止め結びにして、余った糸を切ります。

20：これで完成です！

前髪の編み方

　タテガミ編みの最後の仕上げはさっぱりきちんと前髪を編むことです。前髪の編み方は2通りあり、1つが普通の三つ編みをしてお団子を作る方法、もう1つが編み込みをして、毛先をしまい込む方法です。馬の前髪が長過ぎたり、量が多過ぎない限りは、輪ゴムを使った普通の三つ編みで、きれいに簡単に仕上げられます。ただ、ハンターに輪ゴムは不向きです。編み込みは本当にプロフェッショナルな仕上がりにできますが、前髪が薄かったり、短い場合には不向きです。

普通の三つ編みで前髪を編む

1：前髪をとかして3等分にします。輪ゴムは指にあらかじめつけておきます。

2：右を中央に交差させて、

3：左を中央に。しっかりときつめに三つ編みをします。

4：毛先まで編みます。

5：編み終わった部分を輪ゴムできっちり止めて、

6：毛先を折り畳み、三つ編みに輪ゴムで止めます。

7：お団子にして輪ゴムで止めます。

前髪の編み方

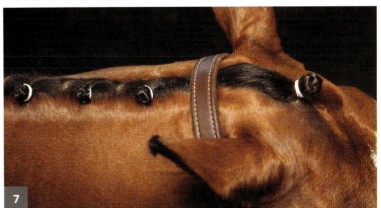

第9章　タテガミ・143

編み込み

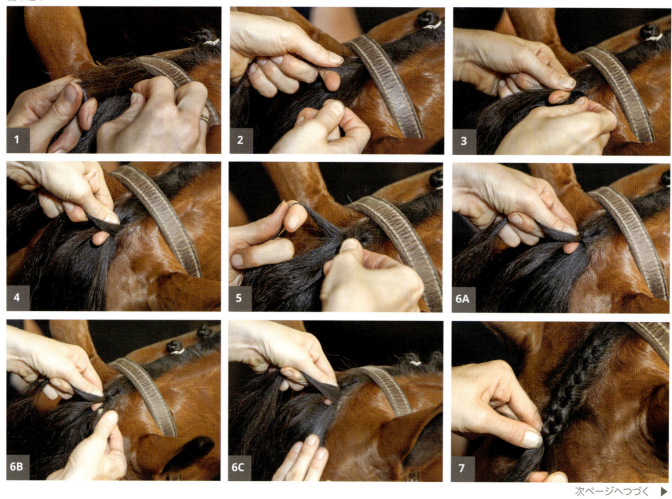

次ページへつづく ▶

編み込み

1：前髪をしっかりとかします。先が尖っていない穴の大きな毛糸針を使って、前髪の1番上から毛束を取ります。

2：それを2等分します。

3：右の束を左に交差させます。

4：右の外側から、すでに持っている毛束と同じ太さの毛束を前髪から取ります。この毛束を3つめの毛束として、交差させます。

5：前髪の左側から少量の毛束を取って、

6A〜C：外側から交差させるときだけ、新たに少量の毛束を足しながら編み込みます。

7：外側からだけ足して、編み込める部分の下までいったら、残った毛を普通の三つ編みにします。

8A&B：編み込みの部分の1cm強ほど下まで編んだら、三つ編みの後ろ側から糸を入れ、

9：糸の両側を三つ編みといっしょに編んでいきます。

編み込み（つづき）

次ページへつづく ▶

10：毛先の3cm弱のところまで三つ編みを続けます。

11：止め結びで三つ編みの先を縛ります。

12：両方の糸を先の尖っていない穴の大きな毛糸針に通します。

13：馬の頭に針を刺さないように注意しながら、編み込みをした部分の中心に針を通して、

14：そのまま編み込みを始めた天辺まで、編んである部分の中心に針を通していきます。

15：そのまま三つ編みの部分を、(編み込みの裏の)中空の部分に通して引っ張ります。この中空の部分は、前髪の編み込みをするときに、外側からだけ毛を足していったことでできるものです。通す際に、指を使っても良いでしょう。

第9章 タテガミ・145

編み込み（つづき）

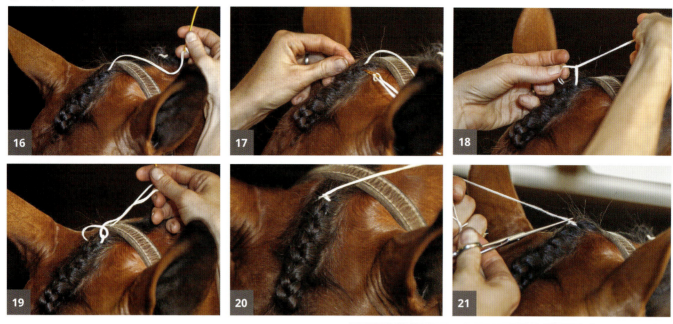

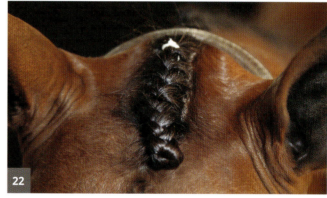

16：三つ編みの部分が半分に畳まれ、額に沿って滑らかに整った仕上がりになるはずです。

17：三つ編みの下を針を潜らせます。

18：針を右側にできたループに通します。

19：次に左側のループに糸を通します。

20：しっかりと引っ張ってきつく締めます。

21：短く糸を切ります。

22：毛先がまったく見えない、きっちりと締まった編み込みのでき上がりです。

第 10 章
尻尾の先まで

エマの話

フィリップ・ダットンのウッドバーン号は最高のアスリートで、そして、あまりにも若くして天国に旅立ってしまいました※1。厩舎での彼は、いわばアメリカンフットボールチームのクォーターバックのような存在で、タフで強くて身体能力が高く、ハンサムで、しかも、人の心を溶かしてしまうような性格の持ち主でした。今でも、彼を思うと胸が詰まり、近い将来、彼の半分の才能でも持った馬の世話と関わることができたら、何て幸せだろうと考えてしまいます。2007年、フィリップと私はカナダのウィッツ・エンドCIC3***に遠征しました。ウッドバーン号と、マッチプレイ号の2頭がフェアヒルCCI3***に向けて出場権を獲得しなければなりませんでした。とても長い旅になることが分かっていたので、いつも使っている前部に居住スペースがあって、後ろに馬を積む部分のある車ではなく、シボレーのタホと2頭積みのトレーラーで行くことにしました。

その週末は、たったひとつのちょっとした引っ掛かりを除いて、すべてが上手くいっていました。その引っ掛かりとは、ウッドバーン号の尻尾が、調教審査の日から抜け始めていました。私は非常にショックを受けていました。試合以外では指でていねいに尻尾をとかしていましたし、尻尾についてはとにかく非常に気を付けていたのです。でも、どんなに気を付けても、毛束がどんどん抜けていきます。日曜日の朝までに、尻尾の毛は半減しました。馬房を確認しても、間違いなく、尻尾を何かに擦り付けた様子はありませんでした。

長旅では、尻尾にバンデージを巻かずに、テールガードを使っていました。バンデージがきつ過ぎると毛が抜けてしまうからです。そして、ようやく、原因が分かりました――彼は約12時間のカナダまでの道中、基本的に、ずっと尻尾の上に「座って」いたのでした。小さなトレーラー型の馬運車は、彼が慣れていた大型の馬運車よりも揺れがかなり大きく、それが気に入らなかったためか、お尻側の棒に寄り掛かって身体を安定させていたのです。帰路は、これ以上尻尾本体に圧が掛からないように、飼料袋に藁を詰めてウッドバーン号の後ろに括りつけておきました。その年のフェアヒルと、その後2年間の競技会では、フェイク・テールを使わざるを得ませんでした。ただ、2008年のランドローバー・バーリー・ホーストライアルの準備で、私は何と、間違ったフェイク・テールを持って行ってしまったのです。栗毛の色合いが明る過ぎました。とりあえずは染めてみたのですが、これがとんだ大間違いで、まったく違う色になってしまいました。ラッキーなことに、厩舎の別の選手がちょうど欲しかったフェイク・テールを持っていたので、大惨事は避けられました！

フィリップは、調教審査に尻尾なしで臨んだとしても、全然気にしなかったでしょうが、彼のグルームである私にとっては、世界一流の4スターの大会に自分の担当馬を完璧ではない状態で送り出すなんて、屈辱以外の何物でもありませんでした。

※1）：2010年Rolexケンタッキー・3デイ・イベントCCI4****2位。原因不明の内出血で15歳で安楽死。

尻尾：日々の手入れ

どんな競技にも言えますが、尻尾がきれいかどうかは馬の見栄えを左右します。尻尾については、大部分が見た目の問題ですが、いくつか実用的な面で留意しておかなければなりません。尻尾が長すぎると、後退をしたときに自分で踏んでしまうことがあります。ですから、どの競技でも尻尾を適切な長さに整えておくよう手入れすべきです。

平均的な長さの尻尾ならば、どの競技でも普段の手入れはとても似通ったものになります。目指すところは、絡まって尻尾の毛が切れてしまうような事態を防ぐことで、過度に手入れをすることではありません。尻尾の毛が絡まっておらず、清潔な状態にすると見栄えが良くなります。さらに、正しく栄養を与えコンディショニングすることで健全な育毛をうながします。馬の体を丸洗いする日には、尻尾の身尾骨の部分についても指の爪を使ってしっかりとこすって、毛穴を塞ぐ原因となる古い皮脂や汚れをしっかり洗い落とすのを忘れないようにしましょう。ただし、濡れた状態の尻尾は絶対にとかさないように！

尻尾の三つ編み

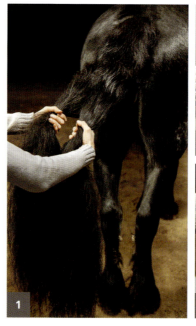

1：Motions® Lavish Conditioning Shampoo ※1 のような肌に優しいコンディショニング・シャンプーを使い、尻尾の乾燥を防ぐと共に、清潔に保ちましょう。SoftSheen™-Carson から販売されているようなディープ・トリートメント・コンディショナーは毛が弱くなるのを防ぎます。eZall® Shine & Detanglar のようなノン・シリコンの絡まり防止剤で毛玉を防ぎます。

毛の長い馬

イベリア種をはじめとした品種は、長毛で毛量の多いことが望ましいとされています。健康な尻尾を維持するために、普段から必要な手入れの段取りがあります。ダメージを防ぐために尻尾を地面につけないようにする必要があります。これには3つの方法があります。1つ目は単純に三つ編みにしてしまうことです。2つ目は大きなテール・バッグの中に「袋詰め」してしまうことです。3つ目はベトラップを巻く方法です。いずれの方法も、それぞれの利点がありますので、ご自身とご自身の馬のライフスタイルに合った方法を選んでください。

三つ編み

しっぽを三つ編みしておくと引っ掛かって切れることを防止できます。これは1番簡単にできる方法ですが、尻尾を外部の環境から保護しているわけではないので、外の天候の移り変わりから守られた屋内で過ごすの時間が多い馬には向いています。

日々の手入れ

※1) Motions® Lavish Conditioning Shampoo：シアバター配合のコンディショニング・シャンプー（人用）の商品名。

尻尾の三つ編み（つづき）

1：尻尾は清潔にし、よく乾かしてからとかしておきます。

2：尻尾を三等分に。

3：尻尾の本体の部分から約15〜20cmくらい下から三つ編みを始めます。きつく編み過ぎてしまうと、馬が掻いてしまうので、尻尾の毛が抜けてしまいます。これでは努力が水の泡です！

4：バラバラにならずに形を留められる位のきつさで三つ編みをしましょう。

5：三つ編みが終わりに近づいてきたら毛糸を出します。

6：何回か毛糸を編み込み、最後に三つ編みを毛糸で縛ります。

7：毛糸を結び余った部分を切ります。

テールバッグ

「尻尾を袋詰めする」とは、三つ編みをした尻尾に布の袋をかぶせることを指します。尻尾を三つ編みにする利点に加え、悪天候から尻尾を保護でき、さらに引っかかって尻尾が切れてしまうのを防げます。袋は簡単につけられますし、何度でも再利用が可能です。ただし1週間から10日に1度は尻尾を解いて、洗って、コンディショナーを付けて、また袋詰めし直すようにしなければなりません。牝馬の場合は、おしっこが袋に入ってしまうので、もう少し頻繁に手入れする必要があります。大抵の馬具屋さんでは、ナイロン製のテールバッグを取り扱っています。長さが30cmほどあり、上部にパッチン留めか、ヒモが4本ついたものを選びましょう。外れやすく、尻尾を傷めてしまうので、マジックテープのものは避けましょう。写真では、上部にヒモのついたタイプの袋を使っています。

まず、尻尾のシャンプー、コンディショナーをします。乾かしてから、流さないタイプの絡まり防止剤をつけ、前述の通り三つ編みをします。

1：テールバッグを裏返して、中に手を入れます。

2：テールバッグの中に入れた手で、三つ編みの端をつかみます。

3：三つ編みにかぶせるように袋を引き上げます。

尻尾の袋詰め

次ページへつづく ▶

第10章　尻尾の先まで・149

尻尾の袋詰め（つづき）

　まず、尻尾をしっかり洗ってコンディショナーし、乾かします。洗い流さないタイプの絡まり防止剤をつけて、149ページの通り尻尾を編みます。

1：尻尾本体と編み始めた部分の間に穴を作ります。

4：三つ編みの根元まできたら、尻尾本体の下の編んでいない毛の部分に袋のヒモを一本通します。

2：三つ編みの先をこの穴に通します。

5：右側を結わきます。

3：尻尾全体を通したら、もう一度、三つ編みの先を穴に通します。

6：尻尾の本体部分の下の、毛が緩い所にもう一つ、袋のヒモを通します。

4：これを尻尾全体がお団子状になるまで繰り返します。

7：左側で結わきます。

5：ベトラップを、お団子にした三つ編みの上の部分から、（訳注：縦方向に）巻き始めます。

8：しっかり結べました。

4：三つ編み全体に巻いて穴に通します。

「ラッピング」

　尻尾をラッピングしておけば、泥やボロ汚れから完璧に尻尾を守れます。ラッピングでは、尻尾を地面から高い位置でお団子にして、それを完全にベトラップで巻きます。しっかりと手入れされ、完全に乾かした尻尾であれば、冬の間中、ラッピングしたままにしておいても平気です。特に、1月に尻尾を洗ったり、コンディショナーをしたりするのが好ましくないような寒い地域に暮らす馬にとっては、魅力的な選択肢です。一方、競技会シーズン中のラッピングはテールバッグほど実用的ではありません。時間がかかる上、ベトラップは使い捨てで再利用できないため、もったいないからです。

7A&B：次に三つ編みに対して横方向に巻きます。

8A&B：再び穴に通し、逆方向から横向きに巻きます。

9：このパターンを繰り返します。上から下へ、右から左、左から右へとベトラップを使い切るまで続けましょう。しっかりとしたきれいなお団子が飛節よりも上の位置ででき上がっているはずです。

10：ベトラップが端から剥がれないように、ビニールテープを巻いておきます。

11：冬の間中、このままの状態で保たせておくことも可能です。

尻尾のラッピング

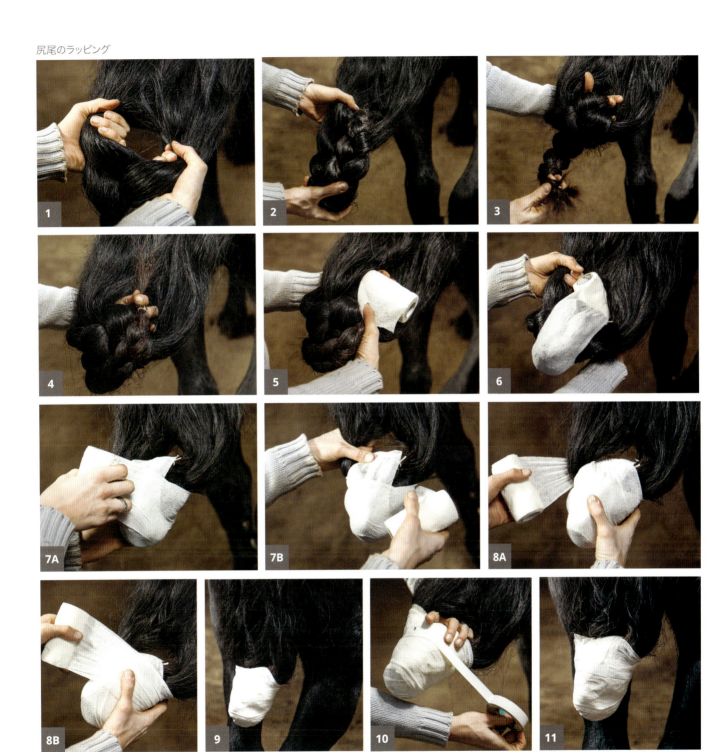

第10章　尻尾の先まで・151

競技会への備え

「バンギング」

　尻尾をまっすぐに切り揃えることを「バンギング」と言います。競技ごとに相応しい尻尾の長さがあり、一般的にハンター競技と馬場馬術では球節の高さで尻尾を揃えて切るのが好まれます。障碍馬術競技では、飛節の下の方の位置で、総合馬術では飛節の真ん中から高めの位置で揃えおくのが好まれます。

　よく切れるハサミを用意して、尻尾は良く乾かした状態にしておきます。また、巻いてあるカラバンを用意します。

1：馬は動くときに尻尾を少し持ち上げますので、馬が立っている状態でちょうど良い高さに切ってしまうと、短すぎてしまいます。この失敗を避けるために、巻いたカラバンを、尻尾の付け根の下に置いて高さを出しましょう。自分の腕を使っても構いません。もし、馬が嫌がるようであれば、この工程は省いて、良いと思う位置から約7〜15cm 長めに切るようにしましょう。馬が動いている様子を見て、長過ぎるようであれば、また少し切れば良いだけですから！

2：尻尾を櫛でとかします。絡まったところは、無理にとかさずに、指を使ってていねいにほぐします。

「バンギング」

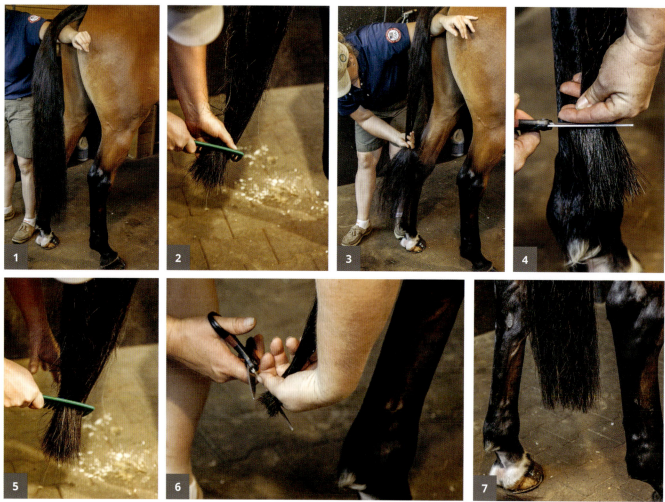

3：最後に櫛でとかして、その後を手をすっと滑らせて尻尾をまとめて持ちます。尻尾が太過ぎる場合には、2束に分けて、ワニクリップで片方をよけておきます。

4：尻尾を動かさないようにして、先端をまっすぐにカットします。ハサミは地面に平行に。尻尾を2束に分けていた場合、ここでもう片方の尻尾の束も降ろして、いっしょに束ね、前の束と同じ高さにカットします。

5：再び尻尾をとかします。絡まった部分がある場合には、指でほぐすようにして、無理にとかさないようにしましょう。

6：もう一度、はみ出した毛がないか確認しながら尻尾の先端をハサミで整えます。

7：きれいにカットされた尻尾です。

　注意すべきこと：尻尾を束ねて持った状態から、手を離すと、尻尾の長さが約 2.5cm ほど上がります。尻尾をカットするときには、目指す長さよりも少しだけ長めにカットするようにしましょう。毛は伸ばすよりもあと少しカットする方がずっと簡単ですから！！

毛刈り？毛梳き？それとも編む？

　競技にもよりますが、馬の尻尾の上の方にも気配りが必要です。何年か前に、尻尾の本体部分に毛が密集していると、馬が全力疾走した後のクールダウンが効果的にできなくなることが分かりました。そこで、尻尾も編んだり、梳いたりして、馬のクールダウンをうながすようにしました。今日では、ハンター馬はキツネ狩りの伝統の名残として、また、見栄えを良くするために、尻尾を三つ編みにします。総合馬の場合は、クールダウンを迅速にする必要から、尻尾本体部分の半分まで梳いてしまいます。障碍馬は尻尾を豊かに整え、馬場馬は尻尾の付け根の一番上の部分だけ部分的に毛刈りします。グルームだらけの部屋に入って、自分の担当馬の尻尾を毛刈りするか、梳くか、その理由は何かとたずねたら、あっという間に大論争に発展するでしょう！本書では、それぞれのやり方と利点・欠点に触れます。

毛刈り（トリミング）

　梳いた尻尾に比べると、毛刈りした尻尾は若干見劣りしますが、簡単ですし、尻尾をとかれるのが苦手な馬を担当しているならば、危険性が少ない方法です。

尻尾の毛刈り（トリミング）

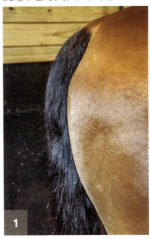 

次ページへつづく ▶

1：尻尾を清潔にして、良くとかします。

2：尻尾本体の真ん中から生えている毛をまとめるために輪ゴムを使いましょう。

3：次に、尻尾を馬体から離して持って、バリカンを尻尾本体に平行に構えます。

プロのコツ

北の地域では、冬の間、競技会がありません。私は、秋の最後の競技会が終わったあとに、尻尾をかなり短めに切ってしまうのが好きでした。これには2つ理由があります。1つ目が、尻尾に凍った泥が付きにくくなり、それによるダメージや切れ毛を防げる点でした。そして、2つ目は、尻尾の先端が細くて貧相に見える原因となる枝毛をすべて切ってしまえるため、次のシーズンに向けて尻尾を再び豊かに伸ばし直せるからです。やったときとやらないときとでは、尻尾の立派さに大きな違いが出ますよ！　キャット

尻尾の毛刈り（つづき）

4：尻尾の脇の毛を刈ります。バリカンは上に向かってのみ使い、尻尾の表側の毛を刈ってしまわないように注意しましょう。

5：小さめのバリカンに持ち替え、毛刈りした部分と、毛の長い部分の境目を整えます。

6：反対側も同様に。

毛梳き

毛刈りに比べると毛梳きの方がより自然な仕上がりになりますし、馬に合わせて形を整えられます。毛梳きは、定期的にやらなければなりません。これまで一度も尻尾を梳いたことがない場合は、1日で仕上げようとしないでください。いっぺんにそれだけたくさんの毛を梳いてしまうと、痛みが強くなり過ぎる場合があります。馬が嫌な思いをしないよう、少しずつ、注意深く行いましょう。多くの馬は尻尾の毛梳きを喜びませんから！

1：まず、尻尾を清潔にして、とかします。コンディショナーは必ずノン・シリコンを選ぶようにしてください。シリコン入りは滑り過ぎてしまいます。ゴム手袋を使うと、より滑りにくくなります。

尻尾の毛梳き

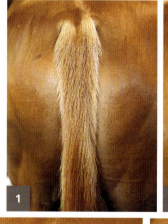
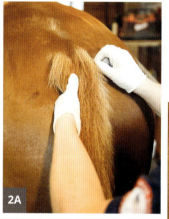

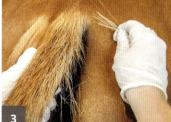

2A&B：片手で尻尾を持ち上げ、もう片方の手で尻尾の脇の長い毛をつかみ、外側に向かってぐいっと引っ張って毛根から引き抜きます。

3：下向きにではなく、必ずまっすぐ外側に向けて引っ張るようにして下さい。毛が抜けやすくなります。

4：尻尾の下に向かって、これを繰り返し、長い毛を梳いていきます。

5：後ろから見ると、すっきりしているものの、左右不均等になっているかもしれません。

尻尾の毛梳き（つづき）

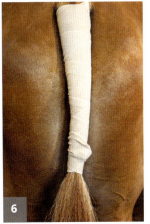

6：ここでパニックにならないでください！テール・ラップをつけて（158ページ参照）、1時間後くらいにどうなっているか確認しましょう。

7：おそらく、きれいになっているはずです。

編む

尻尾の三つ編みは時間もかかりますし、練習も必要です。本番前に、厩舎でしっかり技術を磨いておきましょう。本書では、見栄え良く仕上げるために、編み込みと普通の三つ編みの組み合わせを紹介します。

1：まず、尻尾をしっかりととかします。特に尻尾本体の脇と表側を念入りに。尻尾の上部にはコンディショナーをつけてはいけません。

2A～C：根ブラシを少し水に浸して、尻尾本体の脇と表側の毛を濡らすようにとかします。

3A&B：尻尾の両側の最上部から少量に毛束をそれぞれ取り、真ん中に持ってきて、右側を左側の上に交差させます。

4：左側からもう1束、少量の毛を取って、真ん中にある2つの毛束に交差させます。これが三つ編みしていく毛束になります。

尻尾の三つ編み

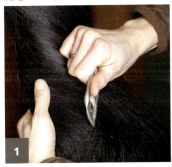

次ページへつづく ▶

第10章　尻尾の先まで・155

尻尾の三つ編み（つづき）

5A&B：左右交互に、少量の毛束を、尻尾本体の一番外側から真ん中に向かって持ってきて、編み込みにしていきます。

5C：こうすると、尻尾の外側から中央の三つ編みに非常に細い毛束が編み込まれていく編み込みができます。

6A&B：尻尾本体の下端まで来たら、3つの毛束からそれぞれ少量ずつ毛を減らします。真ん中に交差させるときに毛束を分けるようにすればできます。

7：あと約15cm ほど普通の三つ編みを続け、毛糸を編み込みます。

8A&B：もう1～2回ほど編み、三つ編みを縛ります。まず、糸の片側を三つ編みの上からかぶせて……

9：次は反対側を。

10：糸を外科結び（最初の結び目を二重止め結びにして、その上を一重の止め結びにする結び方）にします。

尻尾の三つ編み（つづき）

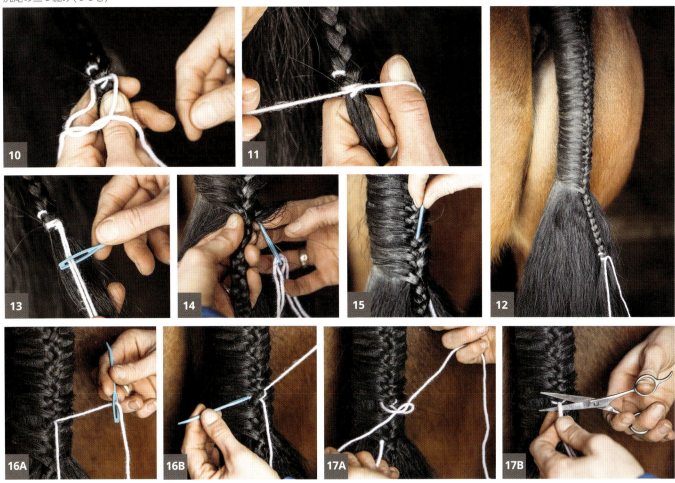

11：しっかりと縛ります。

12：三つ編みはきつく、左右均等になっていなければなりません。

13：糸を穴の大きい先丸の毛糸用の針に通します。

14：編んだ部分の裏側に針を通します。

15：約7.5cmほど上の、編み込みの真ん中から針を出します。

16A&B：糸を一本だけ針に残しておき、三つ編みの真横から反対側に通します。

17A&B：本結びにして、余分な糸を切ります。

18：きれいですっきりとした尻尾の三つ編みです。

第10章　尻尾の先まで・157

尻尾を巻く

尻尾にバンデージを巻かなければならない場面はたくさんあります。三つ編みを保護するとき、毛梳きまたは毛刈りをした尻尾を馴らすとき、あるいは競技会で尻尾全体をきれいに保っておきたいときなどです。尻尾にバンデージを巻くときは、本当に慎重に行う必要があります。強く巻き過ぎてしまうと、尻尾の毛への血液循環を止めてしまい、尻尾の毛が全部抜けかねません。さらに、バンデージがきつ過ぎると、馬が自分でお尻を掻いてしまい、結果的にせっかく整えた尻尾を台無しにしてしまいます。

1：Aceバンデージか、尻尾用のテール・バンデージを使います。

基本的なやり方

1：尻尾本体の裏側、一番上、できるだけ高い位置にバンデージを通します。巻いている間、自分の肩の上に尻尾を置いておくとやりやすくなります。

2：バンデージの端を持って、尻尾の表側にかぶせます。

3：バンデージを交差させて、しっかりと巻けるよう、優しく両側を引っ張ります。

4：尻尾の下を一度くぐらせます。

5：余った端を折り、その上からバンデージを巻きます。これで、上部がぴったりととまります。

尻尾の巻き方——基本編

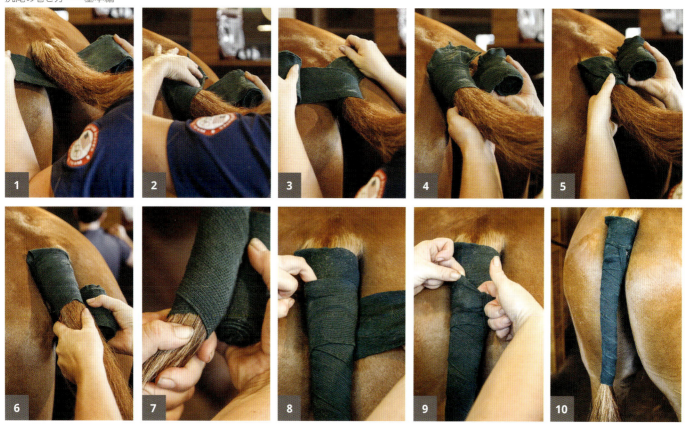

尻尾の巻き方——上級編（三つ編みにした尻尾）

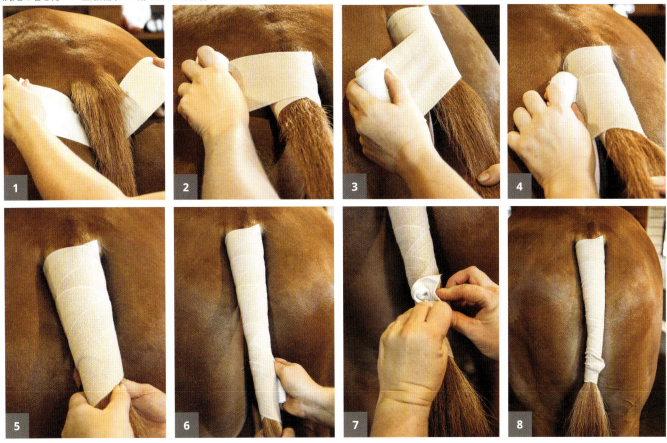

6：尻尾の下に向かって続けます。このとき、ぴったりとするように、均等な力で引っ張りますが、きつくなり過ぎないように注意しましょう。

7：尻尾本体の下端まできたら、今度は上向きに巻いていきます。

8：バンデージを巻き切るまでこれを続けます。端まで巻いたら、最後の一巻きをした部分に指を入れて、

9：そこにバンデージの端をたくし入れます。

10：バンデージは、上から下までぴったりと均等に巻かれていなくてはなりません。

上級編
三つ編みをした尻尾に適した巻き方です。

1：尻尾の上部、ギリギリにバンデージを通して、

2：バンデージの端を尻尾の上から反対側の脇にしまい込みます。

3：続いて左下に向かってバンデージの本体を巻いて、

4：尻尾の裏側から表に持って来たら、今度は左上に。

5：このパターンを繰り返し、下まで行ったら、今度は上に向かいます。

6：尻尾全体に十字模様ができるはずです。

7：Ace バンデージの端を最後の一巻きの中にたくし込みます。

8：尻尾本体の先端の少し上で巻き終わるようにします。

第10章　尻尾の先まで・159

バンデージの外し方（編んでいない尻尾の場合）

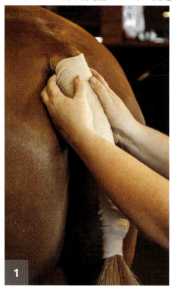 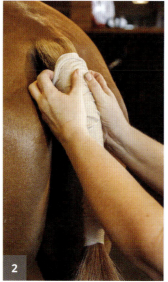 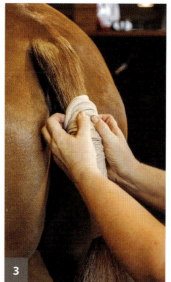 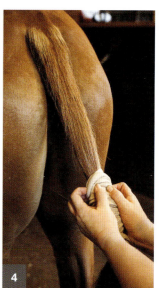

バンデージの外し方（三つ編みにした尻尾の場合）

バンデージを外す

編んでいない尻尾の場合

1：単純に巻き始めの尻尾の最上部に指を入れて、

2：優しくバンデージを下に引っ張ります。

3：バンデージをスルスルと下に滑らせるように引っ張れば、

4：バンデージは尻尾から外れます。

三つ編みにした尻尾の場合

1：注意深く端から外します。

2：片方の手で尻尾が動かないように持って、もう片方の手でバンデージを巻き取るように外します。

3：尻尾の一番上の部分は特に慎重に。編み込みの始めの部分は崩れやすいので、緩ませないように気をつけてください。

フェイク・テールのつけ方──キャット・ヒル流

　フェイク・テールには2種類あります。1つは革の台紙に貼られているもの、もう1つが、より一般的に見かけるもので、上にヒモの輪っかがついたものです。ここでは、後者、ヒモの輪っかがついた方をご紹介します。この写真では分かりやすいようにヒモを白くしていますが、実際は尻尾の色に合ったヒモを選んでください。また、競技のルールも良くご確認ください。場合によっては尻尾のエクステが禁止されている場合もあります。初めてフェイク・テールをつけるときは、とても緊張するかもしれません。途中で外れてしまうなんて恥ずかしい目には会いたくありませんから！さらに問題は、つけ方には何通りも方法があることです。私は若い頃にアラブ種の馬のグルームをして学びました。アラブ種の多くはドラマチックに長いフェイク・テールをつけていたので、かなりしっかりとつけなければなりませんでした。そこで学んだやり方は、その後、役に立ち、たくさんの馬を障碍のコースに送り出して来ましたが、一度も途中で外れることはありませんでした。

1：まず、尻尾本体の下の方から、少量の毛束を取ります。ヘア・クリップを使って余分な毛をよけても良いでしょう。

2：その少量の毛束を、きつく、約5〜7.5cmほど三つ編みにします。

3：三つ編みの裏側から糸を足して編み込みます。

4：本結びにして、糸の端はそのまま残しておきます。

5：フェイク・テールを持ちます。フェイク・テールはあらかじめしっかりとブラシ掛けをして整えておきましょう。

6A&B：フェイク・テールの最上部の輪っかに三つ編みを通します。

7：プル・スルーを三つ編みの根元（最上部）に通します。写真では、

フェイク・テールの付け方

次ページへつづく ▶

第10章　尻尾の先まで・161

フェイク・テールの付け方（つづき）

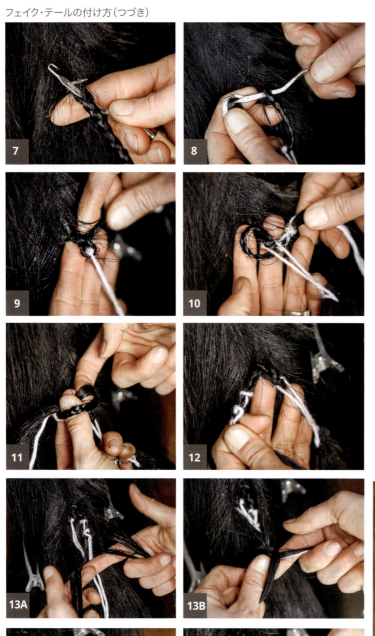

プル・スルーの先の鍵の部分が開いています。

8：そこに三つ編みと糸の端を両方通し、プル・スルーの鍵を閉じます（このとき、フェイク・テールの付いた輪っかは三つ編みの真ん中あたりにぶら下がっているはずです）。

9：三つ編みと糸の端の付いたプル・スルーを、フェイク・テールの輪っかがきつく真ん中に締まるまで引っ張ります。

10：フェイク・テールでエクステした部分の後ろ側に三つ編みを交差させて、ループを作ります。

11：親指と人差し指をそのループの中に入れて、

12：ぴっちりと締まるまで、ループの中に三つ編みを引っ張ります。

13A：尻尾本体の両側と取りつけたフェイク・テールの一番上から毛束を取って、糸といっしょに三つ編みをします。

13B：全部まとめて2〜3回編みます。

14：糸を使ってしっかりと三つ編みを縛ります。

15：余分な糸を切ります。

16：指で尻尾をとかします。エクステ部分も尻尾といっしょに自然に動き、エクステとは気づかれません。

第11章
最後の一瞬まで

エマの話

　2010年のRolexケンタッキーCCI4****に、フィリップは4頭の馬を連れて行きました。ウッドバーン号、ウォーターフロント号、ザ・フォアマン号（通称「チップ」）、そしてキープス・ドゥ・ケネー号（通称「ダニー」）です。ご想像に難くないと思いますが、本当に目の回るような忙しい競技会でした。ケレー・メレット氏、リジー・オルムステッド氏の力添えもあって、何とかその週末を大過なく乗り切れました。ダニー号の出番は1番でした。ダニー号は競技会場でとても緊張してしまうことがあるので、観客の少ない1番は、むしろ私たちにはありがたいことでした。調教審査の日の朝、フィリップは必ず、競技開始前に準備運動を済ませ、その後、一旦厩舎に戻って、馬をきれいに整えることにしていました。そこで私は、試合の馬装を全部せずに、ダニー号を馬場に送り出しました。しかも、タテガミは最後の4分の1ほどは敢えて編み残していたのです（馬が掻いて崩れたりしないように、いつもこうしています）。ところが、この準備運動でダニー号の調子が良かったので、フィリップは、厩舎には戻らないことにしました。厩舎に戻ると馬がリラックスし過ぎてしまうことがありますから。

　フィリップに呼ばれて、私はタテガミを編む道具と、試合用ゼッケンの他、ダニー号を競技会場向けに整えるために必要な道具一式を持って、準備運動馬場に向かいました。嘘はつきません。少しだけパニックになりました！ケレーの助けを借りつつ、私は慌てて必要な道具一式をかき集め、準備運動馬場に向かいました。そして、ダニー号に草を食べさせている間に、競技会向けの「おめかし」をしました。その後の調教審査のパフォーマンスは、過去最高のひとつとなりました。フィリップの決断は、私にとってはストレスの多いものでしたが、馬にとっては最善の選択でした。グルームの仕事には、馬と、そして騎乗する選手の、競技会でのストレスをできる限り軽減することも含まれています。自分のストレス軽減ではありません。どんなに奇妙な要望と感じても、選手が馬のパフォーマンス向上につながると考えているならば、何とか要望に応える方法を探さなければなりません。

競技会のための馬装

　ここまで、本書では厩舎や競技会場での馬のケアの仕方について、解説してきました。この章では、その総仕上げとして、馬を競技会向けのきれいな見栄えにする方法をご紹介します。

勒につける番号札

　馬場馬術、障碍馬術、総合馬術のいずれの競技会でも、出場馬は番号札を割り当てられます。これは、通常、楕円形で、後ろ側に金属片がついています。番号札は、勒またはゼッケンのいずれかにつけます。ときどき、番号札を胸がいにつけている馬を見かけますが、この方法には問題があります。馬が汗をかいて番号札が濡れると、番号が金属製のヒモから落ちて、なくなってしまう場合があります。勒につけるのは簡単ですが、馬によっては

勒に番号札を付ける

番号札が耳に当たるのを気にすることがあります。私たちのチームの場合、低いクラスの競技会では勒に番号札を取りつけていますが、チャンピオンシップや上位のクラスの競技会では、ゼッケンにつけています。ゼッケンにつける方がプロフェッショナルな見栄えになりますが、馬装の前につけておかなければならないので、少しだけ準備の時間を余分に要します。

勒に番号札をつける
1：額革の左端の輪っかの部分に番号札の金属片を通します。

2：金属片の端をしっかりと折り曲げます。

ゼッケンに番号札を付ける道具

3：今度は番号札を折り曲げて、額革よりも低い位置に来るようにします。番号を傷つけないように注意してください。番号部分は紙でできているので、触るのは金属製の部分にしましょう。

ゼッケンに番号札をつける
1：番号札をゼッケンにつけるのに必要な道具は次の通りです。
- 耐久性のあるキルト用の糸
- 頑丈な針
- 特大サイズの安全ピン

安全ピンを使う
1：ゼッケンの下の方で、裏側から大きな安全ピンを刺します。

2：表側に通したら、裏側に戻して、安全ピンを閉じます。

3：最初の安全ピンの約2.5cmほど下の位置に、最初の安全ピンと平行にもうひとつ安全ピンを通します。

4：ゼッケンの表側から見ると、2本の安全ピンが平行に見えるはずです。

5：両方の安全ピンに番号札の金属片を通します。

6：金属片の端をしっかりと折り曲げ、

7：番号札が平たくなるように折り曲げます。

安全ピンを使った付け方

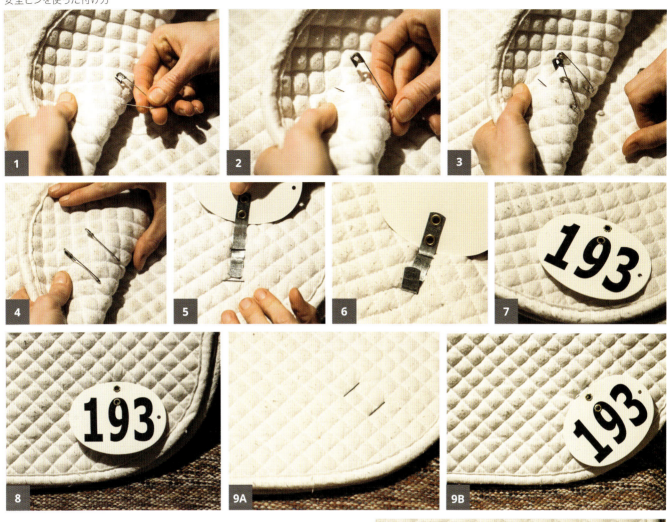

8：馬場馬術競技では、番号札は馬体の左側、ゼッケンの隅に、まっすぐつけます。

9A&B：障碍馬術競技では、番号札は馬体の左側、ゼッケンの隅に、騎手の脚がかからないように、45度の角度に取りつけます。

10：悪い例：写真のように番号札の端を留めるだけにしないようにしましょう。安全ピンが見えると手抜きしたように見えます。

第11章　最後の一瞬まで・165

針と糸を使ったつけ方

166 ・ 第二部　競技会にて

針と糸を使う

大事な競技会では、番号札を縫いつけて、不必要にずれてしまうのを防ぎましょう。

1：大きめの針と、耐久性のある糸を使います。ワックスのかかったキルト用の糸であれば、雨天でもしっかりと留められます。

2：針に糸を通し、二本取りの玉結びにします。ゼッケンの裏側から針を刺します。

3：表に針を出したら、番号札の右側の小さな穴に糸を通し、裏側に向かって針を刺します。

4：しっかり引っ張る前に、ゼッケンの裏側で針を二本取りにした糸の間を通します。こうしておけば、玉結びがゼッケンをすり抜けて番号札が外れるのを防ぎます。

5：もう一度、裏側から表に、番号札の穴に針を刺します。

6：もう一度表から裏へ。できるだけ同じ箇所に針を刺しましょう。

7：糸をしっかり引っ張って締め、ゼッケンの裏側の縫い目の下に針を通します。

8A&B：針を通して引っ張る際に、指で糸に輪っかを作り、その輪の間に針を通します。

9：きつく引っ張って結び目を作り、余った糸を切ります。

10：番号札を正しい向きに整えて、反対側の穴も同様に留めます。

11：番号札がゼッケンから浮いたりすることなく、しっかりと縫いつけられているように仕上げましょう。

蹄油

競技別の秘訣やコツ

各競技にはそれぞれのスタイルがあり、それらしく見えることも重要です。馬場に馬を送り出す前の最後の準備では、この節を参考にして、正しい「外見」に馬を整えましょう。

蹄油

1：すべての種目に共通する試合前の秘訣の1つは、蹄油です。厩舎を出発する前に、蹄油をさっと塗ることを忘れずに。蹄冠部の毛に泥が付いて汚れたように見えないように、毛に油を付けないように気をつけてください。

馬場馬術のためのヒント

ここまで、馬のタテガミを編んで、ハミを磨き、立派な尻尾をとかしました。最後の仕上げは、オイルベースの艶出し剤を柔らかめのブラシに吹き付け、光沢が出るように力を入れてブラシをかけます。

プロのコツ

大きな競技会で自分の担当馬が立て続けに出番を迎える～私はよく、そんな状況に直面しました。そこで、少しでも作業を楽にするために、手芸用の太めの糸で試合用のゼッケンにあらかじめ輪っかを縫い付けておくことにしました。これで、いちいち安全ピンを探す必要もなく、簡単に素早く、ゼッケンに番号札を着けられるようになりました。　　キャット

1A&B：馬場馬術のトップ選手、シルビア・マーティン氏のグルーム、グラシア・フエネフェルド氏から教わったコツは、静電気防止スプレーを柔らかい仕上げ用のブラシに吹き付け、馬に塗っていくことです。これによって、汚れや砂が被毛に付着するのを防ぎ、より毛艶が良くなります。

勒をつける
小勒

馬場馬術では、クラスごとにどのハミが使えるか、厳格に規則が定められています。最新の規則規程集を参照し、使用するハミがルールで認められているか、確認しましょう。

1：小勒をつけた際、ハミの位置が低すぎてはいけません。写真のように、両側の口角に2～3本、シワが入るくらいが適正です。

静電気防止スプレー

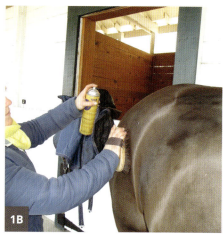

2：折り返し式の鼻革を使う場合は、金属製のローラーと呼ばれるパーツに通してから締めます。ローラーを通す際には誤って皮膚を挟まないように注意してください。写真では、右手で皮膚

馬場馬術：小勒の付け方

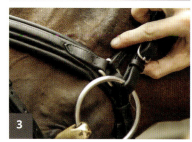

を整えておき、ローラーに巻き込まれないようにしています（なお、左手は、鼻革がしっかり見えるようにハミをよけているだけです）。折り返し式の鼻革は、締め過ぎてしまいやすいので、注意しましょう。

3：鼻革は、頬骨の下から指一本分離れた位置で、まっすぐ、ぴったりとしていなければなりません。

4：勒をつけた状態で、馬が快適そうに見えなければなりません。喉革には、屈撓きるだけの余地を残しておきます。

5：仕上げに、柔らかい布とグリセリンソープで勒全体を優しく磨いて光沢を出します。

6：額革もピカピカにするのを忘れずに！

大勒

1：大勒を正しくつけたときには、大勒バミの上に小勒バミが乗った状態になります。

2：小勒バミは、通常の小勒のときと同じ高さになっていなければなりません。大勒は、そこから1cm強ほど下の位置になりますが、これは馬ごとに違うので、調整が必要です。

3：鼻革は、間に指2本分が入る程度にぴったりと締めます。

4：グルメットは馬の顎に対して平たくなるように回転させて伸ばします。

5：勒をつけた状態で、馬が快適そうに見えなければなりません。両方のハミは口にきちんと収まり、馬が口を開けたり不快な様子を見せたりしない状態でなければなりません。

馬場馬術：大勒の付け方

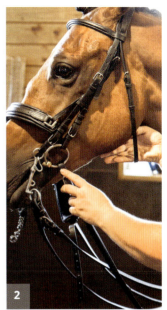

第11章　最後の一瞬まで・169

馬場馬術：全体的な「見栄え」

馬場馬術：全体的な「見栄え」

1：ゼッケンは鞍と馬の両方に合っていなければなりません。ゼッケンの選択肢には、四角い馬場馬術用や総合用などいくつかの種類があります。自分の使う鞍に合った適切なゼッケンを購入しましょう。ゼッケンはサイズもさまざまですから、鞍のサイズを測り、ゼッケンのサイズを確認してから買いましょう。また、小さな馬に巨大なゼッケンを使うのも、おかしな感じになってしまいます。鞍の前後に約2.5cmずつゼッケンがはみ出るくらいがきちんとした印象になります。

四角いゼッケンは、何らかの形状のハーフ・パッドと組み合わせて使うことが多いです。ハーフ・パッドを入れると、馬の背中を保護する層が一枚付け加わります。ハーフ・パッドは、ムートンや布で覆われた衝撃吸収素材で作られています。

2：悪い例：ハーフ・パッドがゼッケンの外側にはみ出ています。きちんと合わせてゼッケンからはみ出ないように。

3：低いクラスの馬場馬術競技会の場合、馬場鞍を持っていなくても、ご安心を。手入れの行き届いた馬に、茶色い勒、総合用ないし障碍用ゼッケンに障碍鞍でも、まったく問題なく、それで減点はされません。なお、写真の馬のハーフ・パッドは、ぴったり合っています。

4：悪い例：黒い勒と茶色い障碍鞍、四角い馬場用ゼッケンでは、チグハグで格好が良くありませんし、自分を「初心者です」と言いふらしているようなものです！

馬場馬術の準備運動の秘訣

道具：タオル

　グラシアによると、たいがいの選手は準備運動馬場から競技馬場に、一旦止まることなく、すぐに向かいたいそうです。そのため、馬付きをしてくれる人とは、準備運動の途中で汚れを落として欲しいときのサインをあらかじめ決めておきましょう。多くの選手と同様に、あなたも準備運動では肢にプロテクターを付けておきたいならば、あらかじめ決めておいたタイミングで馬付きの人が外せるように準備しておきましょう。

障碍馬術：前が開いたプロテクターのつけ方

馬つきの人に手伝ってもらうこと
・馬のプロテクター
・馬の口元、鼻、ハミ、手綱をタオルで拭く
（大勒をつけているときに少し神経質になる馬もいます。そういう場合には馬の顔は放っておきましょう。微妙なバランスを台無しにするリスクを冒さないように！）
・選手の長靴をタオルで拭く

障碍馬術のためのヒント

馬の手入れは完璧です。必要があればクランポンをつけましょう。それから肢にプロテクターをつけます。

前が開いたプロテクター

前が開いたプロテクターには、横木に対し馬が鈍くなる原因となる肢の前面のパッドがありません。しかし、衝撃に対する保護効果はあります。この種類のプロテクターにはさまざまなブランドや種類があります。本書では、昔ながらの革製のストラップが3個ついたものの取りつけ方を紹介します。どのブランドでも、取りつけ位置は同じですが、形状やストラップは違うかもしれません。

1：プロテクターは、肢後ろ側につきます。下の方パッドが大きくなっていて、肢前面にストラップを通します。

2：最初に一番上のストラップから締めます。プロテクターが動かない程度の強さで十分です。

3：次に、一番下のストラップを、真ん中のバックルに留めます。これもきつくない程度にしっかりと留めます。

4：次に真ん中のストラップを一番下のバックルに、きつくない程度にしっかりと留めます。

ランニング・マルタン

ランニング・マルタンを使うと、ハミを強くすることなく、馬のコントロールを少し強められます。

1 ランニング・マルタンを使う場合には、必ず手綱にマルタン・リングをつけておくことを忘れずに。

2 悪い例：マルタン・リングをつけずにランニング・マルタンを使うことは規則違反であるばかりか、非常に危険です。ランニング・マルタンがハミまで滑っていってしまい、手綱の端に引っ掛かった場合、馬がパニックになったり、転倒するおそれがあります。

第11章　最後の一瞬まで・171

障碍馬術:アンクル・ブーツのつけ方

アンクル・ブーツ
(球節を保護するプロテクター)

障碍馬用の小さなプロテクターです。丸くなっている方を下にして、肢の下の方につけます。ストラップは前面を通って後ろのバックルで留めます。

1:最初に上のストラップを留めますが、きつくし過ぎないように気を付けます。

2:次に下のストラップを留めます。

3:完成です。

クロス鼻革

クロス鼻革は障碍馬術、総合馬術の双方で人気があります。顎骨の上から、ハミの下を通します。このタイプの鼻革は顎を超えてハミの下に行くので、顎を横にずらす馬に使うと、それを防ぐのを助けてくれる道具です。正しく付けないと擦り傷や不快感を引き起こします。

1 まず、正面から見て、8の字の中心が馬の顔の高い位置、デリケートな鼻腔の端から十分に離れた位置になければなりません。

2 悪い例:鼻革の位置が低過ぎ、鼻腔を傷めやすい状態です。
鼻革がついている頬革は、ハミのついている頬革と平行に、そして鼻革は頬骨よりもかなり上の方の位置になければなりません。

3 悪い例:鼻革の高さは問題ないのですが、頬革が平行になっていません。

4 悪い例:頬革は正しい位置にありますが、鼻革の位置が低すぎ、擦り傷の原因になります。

5 正しくつけられた状態です。鼻革は頬骨のかなり上の位置にあり、頬革も2本が並んでいます。

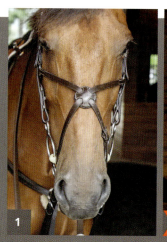
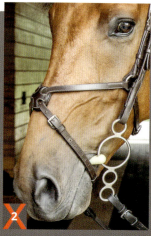

障碍馬術：ゼッケンの置き方

耳の保護

競技によっては耳栓やイヤーネットの使用が認められています。最新の規則規程集をご確認ください。いずれも自分の厩舎にいるときに試しておきましょう。馬によっては受け入れない場合もあります。

1 親指と人差し指で耳栓を持ちます。

2 指で外耳道に優しく押し入れます。

3 しっかりと押し込んでおかないと、馬が顔を振って出してしまいます。

4 イヤーネットも音を多少遮蔽する効果があると共に、厄介なハエやブヨに刺されるのを防止できます。耳栓を入れているときにイヤーネットを使えば、耳栓が外れるのを防げます。イヤーネットは勒をつける前にかぶせます。イヤーネットの下で前髪が平らになるよう、注意しましょう。

ゼッケン

1：無彩色の四角い障碍用のゼッケンが障碍馬術競技向けの正しいスタイルです。ゼッケンは鞍の前に約 2.5cm 分だけ見えています。これは、すっきりと見えるだけでなく、騎手の手元に邪魔になるものがない状態です。障碍馬術競技の選手の多くが、衝撃吸収のためにハーフ・パッドを使っていますが、このハーフ・パッドも騎手の手元の邪魔にならないよう、十分後方に置きましょう。

2：悪い例：これは障碍鞍に馬場馬術用の四角いゼッケンを合わせています。鞍の前橋（ぜんきょう）からだいぶ前方にはみ出ています。見た目が悪いだけでなく、障碍を飛ぶ際に手元の邪魔になります。

第11章　最後の一瞬まで・173

障碍馬術：競技馬場に向かう

 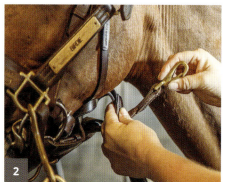 

 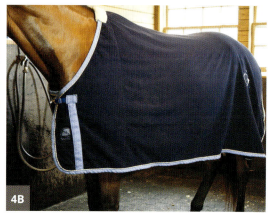

競技馬場に向かう

障碍馬術競技では、毎回経路が変わりますので、必ず下見が必要です。競技の規模によっては、経路の下見を終えてから、厩舎に馬を取りに戻る時間がないこともあります。このような場合、競技馬場の近くで馬を持っていてくれる人がいると助かります。勒の上から無口をかけて、手綱を邪魔にならないよう安全にまとめ、馬の口が引っ張られないようにしておきましょう。

1：手綱同士を何度か捻ってまとめます。

2：無口の顎革を手綱の間に通します。これで手綱が馬の頭の上から外れてしまうのを防げます。

3：顎革を留めます。

4A&B：天候によっては、馬を競技馬場の横で待たせる間、馬着や薄い布馬着、ウール製で汗取り馬着などを適宜着せておきましょう。

障碍馬術の準備運動の秘訣

道具：ブラシ、櫛、タオル、蹄油、虫除けスプレー

競技馬場に入る直前に障碍を飛んでおきたいと考える選手もいます。あらかじめどういうプランで行くのか確認しておきましょ

う。まっすぐに競技馬場に入りたいのであれば、出番の前にゆとりを持って準備運動の合間に、馬をさっと手入れしてもらえるよう、馬付きの人に頼んでおきましょう。馬付きのすべきことは次の通りです。

・馬の鼻、口、ハミ、手綱をタオルで拭く
・必要に応じて虫除けスプレーをかける

ハンターのためのヒント

1：ハンター競技では、馬に自分が映りそうなくらいピカピカに光沢がある状態でなければなりません！タテガミを編み、馬をピカピカに磨き、また磨いたら、白い鞍の形をしたゼッケンを使います（四角いゼッケンは好ましくありません）。ハーフ・パッドを使う場合には、白くて収まりの良いものでなければなりません。

2A&B：腹帯は、パッド付きの革製のものが良いでしょう。敏感肌の馬の場合には、腹帯の内側にフリースが付いたものでも可で

すが、フリースが目立ってはなりません。また、フリースはきれいでなければなりません。

3：ハンターの勒の流行は定期的に変わりますが、いくつかのアイテムは廃れることがありません。厚みのある、パッド付きの、洒落たステッチの入った茶色の革の勒に、Dバミが最もクラシカルなスタイルです。ハミは馬に違和感を生じさせないようにつけられていなければならず、口角にはシワが1本か2本入る程度が適切です。

4：障碍を飛ぶクラスでは、揃いのスタンディング・マルタンを使いますが、野外クラス（hack class）に出るときには外さなければなりません。

ハンターの準備運動の秘訣

道具：タオル、アルコール、ムートンのミット、艶出しスプレー、ブラシ、蹄油ブラシ、ベビーパウダー、虫除けスプレー、ベビーオイル、櫛。

　落ち着いて時間をかけましょう。馬のウォーミングアップが済んだら、馬を入口近くにしばらく停めて、馬付きの人にピカピカにしてもらうよう頼みましょう。

- 鼻、口、ハミ、手綱に付いたよだれを全部拭く
- 布にアルコールを吹き付け、汗の跡を拭き取る
- 肢とお腹の下をブラシする
- 白い肢をやるときには、ブラシに少しだけベビーパウダーを振る
- 蹄にもブラシをかけて、蹄油を塗る
- 尻尾をとかす
- 毛艶出しスプレーを布に吹き付け、馬体に塗る

厩舎のうわさ話

何年もアラブ種の馬を品評会に出す仕事をした後、私はニューヨーク州バッファローの大手ハンター厩舎のグルームの仕事をもらいました。初めてそこで馬を準備し、競技会場に到着したとき、私としては馬の見栄えにかなりの自信がありました。ただ、それは選手がやって来て、一体全体、何てことをしてくれたんだ！と言われるまでの話。私は、光沢の出るマニキュアタイプの蹄油を使って、グリースをたっぷりと馬の目の周り、鼻、耳の内側につけていたのです。当時、私は、ハンター競技では馬がピカピカに見えなければいけないのと同時に、アラブ種の品評会とは違って、もっと自然な馬の美しさが求められていたことを知らなかったのです。私がやったことは、カクテル・パーティーに連れて行くかのように、馬を飾り立ててしまっていました。それから数分間、大慌てでグリースを拭き取り、蹄に砂で擦って光沢を落としてから、競技場に送り出しました。そして、自分が正しいと思うことをするのではなく、周りのグルームがどうやって馬を装わせているのかに注意を払わなければならないという教訓を得ました！　キャット

ハンター競技のためのヒント

第11章　最後の一瞬まで・175

プロのコツ

明るめの色の馬には、水の要らないシャンプーは必須アイテムです！お金をかけずに自分で作る方法もあります。小さじ半分の白髪用ブルーイング・シャンプーと消毒用アルコール3カップをスプレーボトルに入れます。ボロの跡や青草のシミ、最後の最後に見つかった汚れ落としに実に便利です。明るめの色の馬は、毛艶を出しにくいことで悪名が高く、やや鈍く見えてしまいます。ブルーイング・シャンプーを使うのは2日おきに留めましょう。それ以上の頻度で使うと肌荒れにつながりかねません。ただ、運動するたびに身体を洗い、場合によっては日に何度か洗っても良いでしょう。最後の仕上げには、乾いた馬着を着せましょう。湿ったものを着せると汚れが馬体に残ってしまいます。

濃い色の馬には、まったく違った難しさがあります。ちょっとした埃や汗も見えてしまいます。濃い色の馬は、乾燥肌に悩まされることが多いので、リンス・イン・シャンプーとコンディショナーを常備しておくと良いでしょう。しっかりと身体を洗った後は、必ずコンディショナーを使いましょう。フケを抑える効果に加え、汚れが付きにくくなります。

黒鹿毛や青鹿毛、青毛の馬には、Shapley'sの被毛に光沢を出すための商品、Magic Sheen ※1を使えば、黒い被毛に付いてしまう小さな埃の微粒子を寄せ付けません。そして、出番直前に馬体を拭くために、いつもお尻のポケットに、湿った布を入れておきましょう。黒い被毛は濡れているときに光沢が出ますから。

- 手に少量、ベビーオイルを取って、馬の目の周りや鼻のあたりに塗る——くすんでいたり、汚れて見える革にも少し塗っても良い
- 必要に応じて虫除けスプレー

総合馬術のためのヒント

ワンデイの総合競技（1日で終わる）に出場するのであれば、段取りと効率が重要です。馬装がすべて整ったら、クランポンをつけるか否かを決断しなければなりません。各審査の開始時刻が比較的近い時間に設定されている場合、3つの審査すべてに使えるクランポンをつけておいて問題ないでしょう。しかし、チャンピオンシップやスリーデイ（3日間かけて競技を行う）の場合には、その時々に応じて、見栄え、使い心地共に最適なクランポンを選びましょう（クランポンについては192ページでより詳細に説明しています）。

調教審査

「純粋な」馬場馬術と同様に馬を整えましょう。調教審査にあたっては、167ページ以降の馬場馬術の手引きに従って準備してください。

余力審査

ワンデイの余力審査に出場する際は、171ページの障碍馬術の手引きに従って準備しましょう。チャンピオンシップやスリーデイの場合には、タテガミを編んで余力審査に臨むのも良いでしょう。

胸がい

総合馬は、障碍を飛ぶ2つの審査で一般的に胸がいをよく使っています。総合馬は、クロスカントリーを走らなければならないので、他の競技の馬よりも細身の体型で維持されています。馬格がほっそりとしているが故に、鞍を正しい位置に維持することが難しい総合馬もいます。しっかりとフィッティングされた胸がいを使うことで、鞍が後ろに滑ったり、横にズレたりするのを防止できます。

※1) Shapley'sのMagic Sheen：Shapley'sは各種グルーミングシャンプーなどのブランド。Magic Sheenは汚れやホコリが付きにくくする効果がある。

ミックレム・ブライドル

ミックレム・ブライドルは、総合馬術の調教審査と、障碍馬術で人気のある特殊なタイプの勒です。自身も馬術選手であり、かつインストラクターで、馬の解剖学医であるウィリアム・ミックレム氏が考案したもので、伝統的な勒とは異なる仕組みで馬の頭蓋骨にフィットするように作られています。口にうるさく、頭頂部や顎周りの圧迫が苦手な馬は、この勒を使うことで改善が見られる可能性があります (williammicklem.com)。

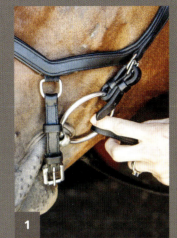
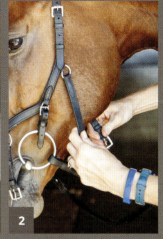

1 大きな違いの一つは、ハミが口の中にどのようにぶら下がっているかです。ハミは頬革に付いています。頬革には調整用のストラップが付いていて、口角にシワが2～3本できるよう、締められます。頬革から口角まで、まっすぐのラインになっていなければなりません。

2 ミックレム・ブライドルには馬の顎で留める喉革があります。最初にこの喉革を留めます。

3 喉革はしっかりと締めます。顎の骨と留め具の間に指一本入るくらいのきつさです。

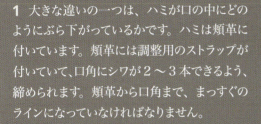

4 次に、鼻革に相当する部分を留めます。鼻革は写真の通り、ハミの下方を通し、唇と鼻革の間には指2本分入るくらいのきつさにします。

5 鼻革を折り曲げて締めないように注意しましょう。留め具に唇を挟み込んでしまう可能性があります。

6 ミックレム・ブライドルを正しく装着した様子です。注意：額革を含むすべてのパーツは馬の頭にぴったりと付いていますが、いずれもきつ過ぎず、かつ、拘束してもいません。

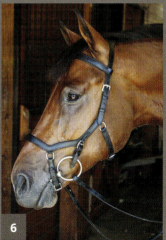

総合馬術：胸がいの付け方

厩舎のうわさ話

ある年、エマがフィリップの試合に同行できないことがありました。私はマーラ・デビュー選手に同行していましたが、馬は1頭しか連れて行く予定がなかったので、手伝いを買って出ました。フィリップは研修生を連れて行くことになっていて、5頭に乗る予定でした。そのうちの1頭は、銀色に見えるくらい薄い芦毛の、とても可愛い牡馬でした。マーラが馬に乗る時間と同じ時間にフィリップがその牡馬に乗らなければならず、研修生はフィリップの乗る別の馬といっしょに競技場にいなければならない状況となりました。私はその牡馬をまず馬装して、ピカピカにし、掃除をしたばかりの馬房につなぎました。それから、マーラの馬の準備に取り掛かりました。ちょうどマーラに乗ってもらう段になって、フィリップがやってきました。そして、例の牡馬を馬房から出したところで、その牡馬がボロをしていて、しかもその上に寝転がってしまったことに気が付きました。右のトモ肢は完全に茶色くなっていました！マーラは私を見て、こう言いました。「私、15分は一人でも大丈夫だから。頑張ってね」。彼女は、準備運動馬場に向かいました。私は水の要らないシャンプーをボトル1本分、全部その忌々しいボロ染みにかけ、準備運動馬場までの道のり、ずっとタオルでこすりながら向かいました。フィリップが競技場に入るまでには、右トモ肢の染みはまったく見えないほどに取れていました。こうして、ファッションの危機が回避されました！　キャット

1：胸がいをつけてから、鞍を乗せます。胸がいの上のストラップをつける前に、腹帯を胸がいの下の輪になった部分に通します。

2：もし、5点式の胸がいを使われているなら、両脇の止め方は、腹帯の前の下を通し、後ろに輪の部分を取りつけます。

3：腹帯は弛みのないよう締めますが、この時点ではきつく締めなくて構いません。あとからしっかりと締められます。

4：胸がいはしっかりと鞍骨に取りつけます。単に前についているD環に取りつけるのは危険です。引っ張られてD環ごと外れてしまい、胸がいが垂れ下がってしまう可能性があります。鞍骨に取りつけるには、Dリング・エクステンダーを使います。エクステンダーを鞍の前についているD環に通してから、鐙を取りつける金具にかけてください。

5：胸がいをDリング・エクステンダーにつけます。

6：胸がいは、肩先の上、筋肉を横切る位置になければなりません。また、胸がいの中央は気管に干渉しないよう、充分下の位置でなければなりません。

耐久審査（クロスカントリー）
最善の順番で馬装を行う

これには時間がかかる可能性があります。ワンデイでもスリーデイでも、出番の少なくとも2時間前までには乾草など食べ物は取り除いておきます。満腹の状態で馬がギャロップするような状況を作らないためです。肢のプロテクター、テープ、クランポン、Flair® Equine Nasal Strips、馬装一式を整頓して準備しておき、道具の一部が足りないと言って探し回る無駄な時間を作らないようにします。馬にクロスカントリー用のプロテクターを長時間つけっぱなしにして立たせてはいけません。肢が温まってしまい、炎症を起こす可能性があります。時間を効率よく使うことは必須です。クロスカントリーで追加的に必要なことをするための、正しい順序は次の通りです。

・馬の手入れ
・鼻シールを使う場合、貼れる状態の鼻にしておく
・馬にストッキングや Tubigrip® を履かせる
・クランポンをつける（192ページ参照）
・肢のプロテクターをつける

Flair Nasal Strips のつけ方

1：Flair Nasal Strips は、馬の呼吸を助け、ギャロップしたあとの早期回復に寄与します。

1：消毒用アルコールで鼻の周りを拭き、汚れや皮脂を取り除きます。汚れや油分があると、シールが剥がれやすくなります。早めに拭いておけば、実際に貼る段階までには鼻が乾いていてくれるはずです。

3A〜C：指示に従い、順に、まずは両端から折り曲げます。持ち手の部分は残しておきます。

4：後ろの真ん中のシールの保護材を剥がします。

Flair Nasal Stripsのつけ方

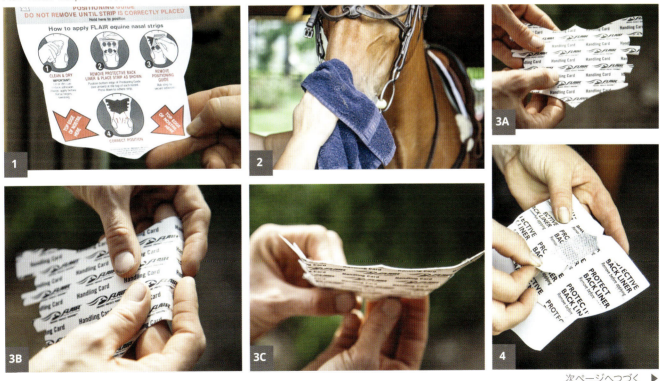

次ページへつづく ▶

第11章　最後の一瞬まで・179

Flair Nasal Stripsのつけ方（つづき）

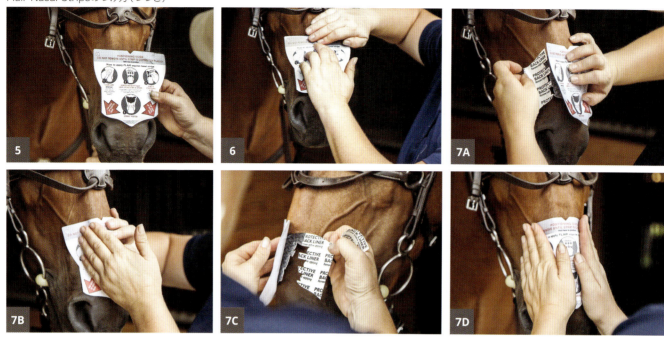

5：ガイドに従って、外側の角が鼻孔の上端に合うようシートを置きます。まっすぐに置くように注意しましょう。

6：シールの真ん中をしっかりと擦って糊がちゃんとつくようにします。

7A〜D：裏側の両サイドのシールの保護材を片方ずつ剥がし、鼻にしっかりとつけます。

8：最後に表の保護シールを剥がし、再度、しっかりと鼻に付けます。

肢の擦れ防止

敏感肌の馬や、毛刈りしたばかりの馬、プロテクター擦れができやすい馬には、ストッキングかTubigripを使用し、怪我を防止しましょう。基本的に、靴に対する靴下のような役割を果たすもので、摩擦に対するバリアになります。ストッキングを使用する場合には、膝丈のストッキングを購入し、爪先部分を切って中空のチューブ状にしておきます。

1：Tubigripは伸縮性のある筒状のバンデージです。長い状態で売られており、必要な長さに切って使います。

2：クランポンをつける前につける必要があります。布をまとめて手を通します。

3：肢を持ち上げ、ストッキングを拡げて蹄に通します。クランポンをつけている間は（192ページ参照）、ストッキングを膝の上までたくし上げておいて構いません。

肢の擦れ防止

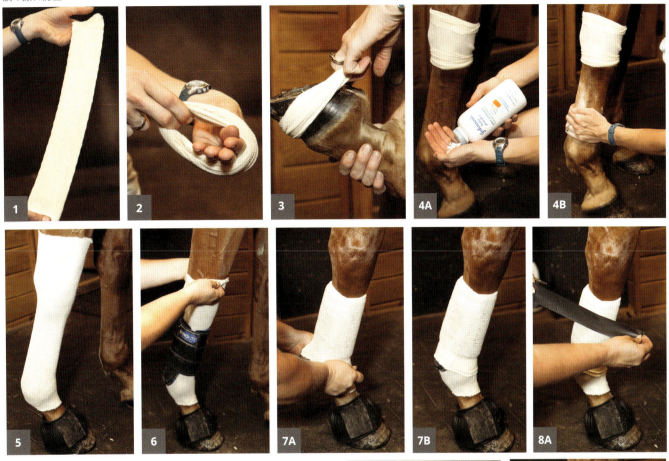

4A&B：クランポンをつけ終わったら、ベビーパウダーを肢に擦りこみます。

5：ストッキングを下に伸ばし、肢にかぶせます。毛の流れを考え、必ずストッキングは上から下にかぶせるようにしましょう。下から上に履かせると、毛の流れに逆らい、擦れの原因になりかねません。

6：182ページの通り、肢にプロテクターをつけます。

7A&B：ストッキングをプロテクターの上にかぶせます。

8A〜C：好きな色のビニールテープまたは黒いダクトテープを使って、ストッキングの上からプロテクターの上2つのストラップの回りを止めます。

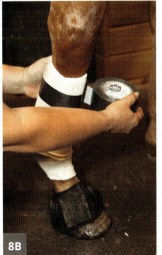

次ページへつづく ▶

第11章 最後の一瞬まで・181

肢の擦れ防止（つづき）

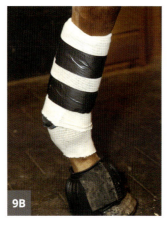

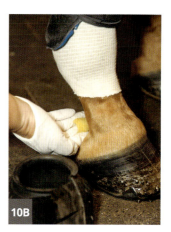

9A&B：テープの巻き終わりの端は2つ共、同じ位置に揃えましょう。プロテクターを外すとき、どこに端があるか分かるので楽です。

10A&B：敏感肌の馬の場合、ワンコ擦れもできる可能性がありますので、繋にワセリンを塗って摩擦を抑えましょう。

肢のプロテクター

クロスカントリー用のプロテクターにはさまざまな種類があります。多くが前肢用には腱を守るもの、後肢用には管骨を守るものが後ろ側についています。

1：肢をきれいにして、しっかり乾かします。

2：前肢から始めます。最終的にプロテクターをつけるべき位置よりも少しだけ高めにプロテクターを当てて、まずは真ん中のストラップから……

3A&B：……続いて、上、下とストラップを留めます。

4：膝下もジャストな位置に来るまで、プロテクターを下げます。

5A&B：ストラップを留め直します。比較的しっかり力をかけましょう。

6：もう一度、プロテクターを下に押せば、もうずれないでしょう。

7：後肢のプロテクターについても、まず、やや高めの位置にプロテクターを当て、管骨の保護材をきちんと骨の真上にします。

8A～C：ストラップは上から順に留めます。

9：プロテクターを正しい位置まで押し下げます。内側は球節の下まで覆われるように注意しましょう。

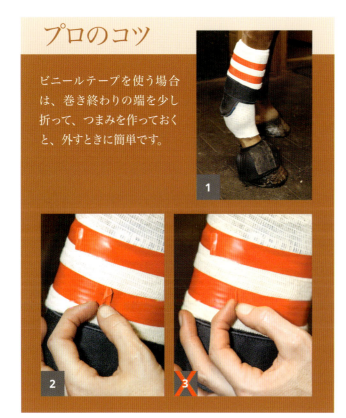

プロのコツ

ビニールテープを使う場合は、巻き終わりの端を少し折って、つまみを作っておくと、外すときに簡単です。

総合馬術:クロスカントリー用のプロテクター

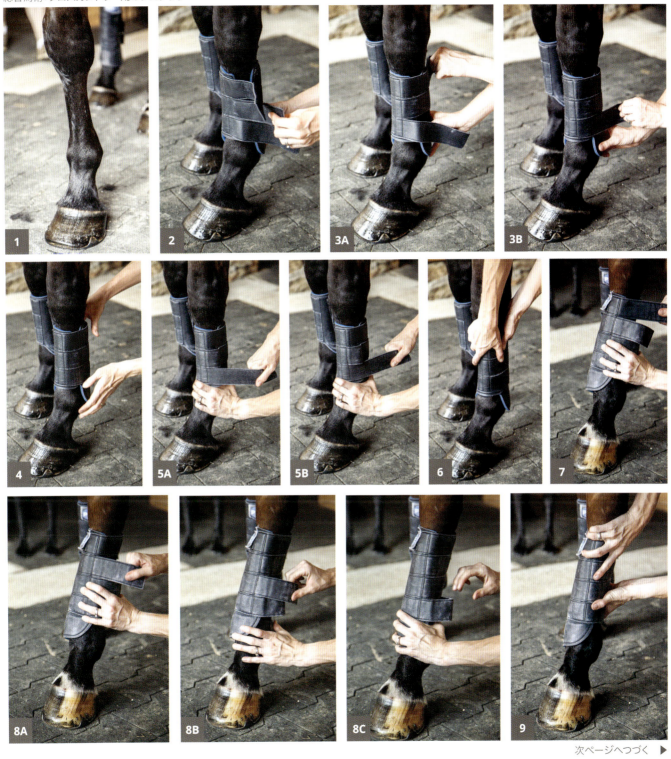

次ページへつづく ▶

第11章 最後の一瞬まで・183

総合馬術：クロスカントリー用のプロテクター（つづき）

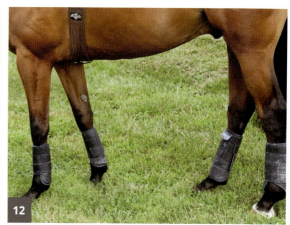

10A&B：下のストラップから順に、きつく留め直します。

11：押してもまったく動かないくらいになっていなければなりません。

12：野外審査に向けてプロテクターをつけたところです。

鞍、勒、胸がい

次にゼッケン、鞍、胸がいを付けます（178ページ参照）。胸がいがきちんとフィットしているか、留め具を確認してください。野外の途中で何かが外れるなどといったことが起こってはなりませんから。

鞍、勒、胸がい

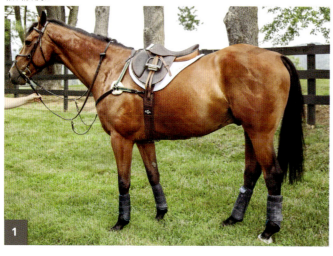

プロのコツ

CICあるいはCCIでは、いつも馬に番号をつけておかないと、失格になる恐れがあります。私たちは、白いテープに油性ペンで番号を書いて、無口に貼り、そのようなことが絶対に無いようにしています。また、クロスカントリーの日には、胸がいにテープを貼っています。紙の番号札は、水や汗に濡れると破けやすくなるので、翌日のインスペクションに取っておくようにしています。

手綱を結ぶ 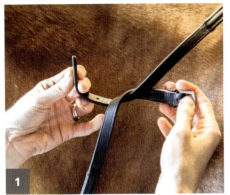  腹帯を確認する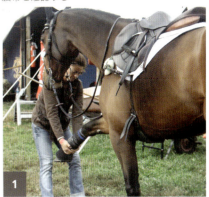

　たくさんの選手が、クロスカントリーでは手綱の両端を結んでいます。何かの拍子で外れてしまうことが防げるだけでなく、大きなドロップ・フェンスで馬が手綱を下に持っていったときに掴んでおける場所にもなります。

手綱を結ぶ
1：手綱の留め具を外し、手綱の端を交差させます。

2：それから留め具を留め直し、結び目をきつく締めます。

腹帯を確認する
1：このときには、腹帯がかなりきつく締まっていることを確認します。何周か歩かせて、再確認します。それから前肢を前に引っ張って、肘と腹帯の間に皮膚が挟まるのを防止しましょう。

総合馬術用グリース
1：これはこってりとした滑りやすい材質で、ブラシ障碍を通過するときや、固定障碍ギリギリ近くを通過してしまったときなどに引っ掻き傷や擦り傷ができるのを防ぎます。また、軽い消毒剤も含まれているので、馬が皮膚にほんの少しの引っ掻き傷を作ってしまったときにも、赤く、ミミズ腫れになるのを防ぎます。低いクラスの試合では不要ですが、CCIやCICでは使った方が良いと思います。使う際は、ゴム手袋をして塗るようにしましょう。手に着くと洗い落とすのがとても大変です。

2A～C：前肢の付け根から塗り始め、グリースを肢の下まで塗ります。

総合馬術用グリース

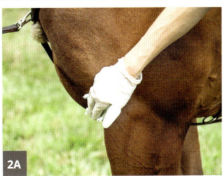  

次ページへつづく ▶

第11章　最後の一瞬まで・185

総合馬術用グリース（つづき）

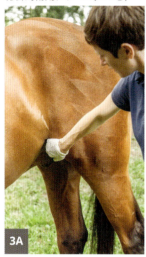
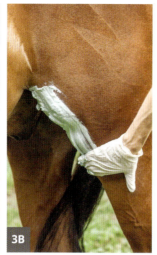
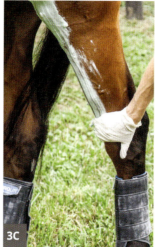
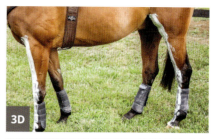

3A～D：後肢は、後膝の上から塗り始め、肢の下まで塗ります。馬によってはこの作業をしているときに神経質になるものもいますから、立つ場所にはご注意ください。蹴られないように！

馬具、鞍、手綱、そして特に自分の長靴にグリースが付かないように注意してください！クロスカントリーの後は、グリースを落とすための石鹸を使って馬を洗い、皮膚にグリースが残らないようにしましょう。

4A&B：2011年パン・アメリカン大会でハンナ・スー・バーネット選手の乗ったハーバー・パイロット号とグルームのサラ・マキーナ氏。

クロスカントリーの準備運動の秘訣
総合馬術用グリース
ワンデイの場合
道具：タオル、無口、曳き手

クロスカントリーの準備運動のために、用意して欲しいものが多い選手はあまりいないでしょう。障碍の周りに人びとがいて、スタート・ボックスから出るときに声援があれば良いでしょう！

蒸し暑い日や、雨の日にはスタート地点に向かう前に手綱を拭いてもらった方が良いかもしれません。クロスカントリーを走り終わったあと、馬を馬房まで曳いて帰したい場合は、馬付きの人に無口と曳き手を持ってきてもらうように頼んでおきましょう。そうすれば、勒をつけたまま馬の口を引っ張る必要がなくなります。

スリーデイ
道具：タオル、氷水、スポンジ、汗こき、手袋、グリース。馬をピカピカに磨く工程はありません。準備運動の後に馬をクールダウンさせて、グリースを塗りたくるのです。肌寒い日であっても、ギャロップをした後の馬はかなり暑くなります。迅速な回復には、馬ができるだけ涼しい状態でコースに出て行くことが重要です。馬が汗をかいていて、血管が浮き出ているようであれば、スポンジで氷水を首にかけましょう。このとき、手綱は濡らさないでください。手綱は乾いた状態にしておかなければなりません。

かけた水は、切ってください。水をかけっぱなしにすると、熱を溜め込む絶縁体のような膜になってしまいます。後肢の間も水をスポンジでかけましょう。馬によっては、口の中に水を絞って入れてやると喜ぶものもいます。もし、みなさんの馬が喜ぶなら、すぐにやってください。馬がクールダウンするまで続け、最後に手綱をタオルで拭きます。

総合馬術：クオーター・マーク

1A

1B

2

3

総合馬の見栄えを良くする
クオーター・マーク

　大きな競技会に出る総合馬は、よく、お尻に「クオーター・マーク」をつけています。こうしたデザインはブラシでつけるもので、馬の動きや筋肉、被毛を良く見せます。比較的簡単に作れますが、同じ大きさの均等なものを作るには、練習が必要です。

1A&B：まずは道具をそろえましょう。
・毛足の短いブラシ
・虫除けスプレー
・被毛の艶出しスプレー
・4cm弱に切った櫛

クオーター・マーク：チェッカーボード

1

2：次に、背骨から後膝までのエリア全体に虫除けスプレーをかけます。

3：毛足の短いブラシで毛並みを一方向に整えます。

お尻用のデザインは、基本的なもので3種類あります。

チェッカーボード

1：チェッカーボードは人気のあるデザインの1つです。

2：櫛を使います。お尻の中央に櫛を当て、慎重に下に向かって4cm弱引きます。四角ができます。

3：今作った四角の右下の角が、新しく作る四角の左上の角とちょうど触れるように櫛を動かして、新しい四角を作ります。

4：最初に作った四角の左下の角が、新しい四角の右上の角とちょうど触れるように、四角を作ります。

5：チェッカーボードがお好みの大きさになるまでこれを繰り返します。チェッカーボードを小さめに作ると、後肢の筋肉がより大きく発達したような錯覚を生み出し、大きめのチェッカーボードを作るとパワフルなお尻を少しほっそりと見せられます。

2

3

4
5

第11章　最後の一瞬まで・187

クオーター・マーク:「V」

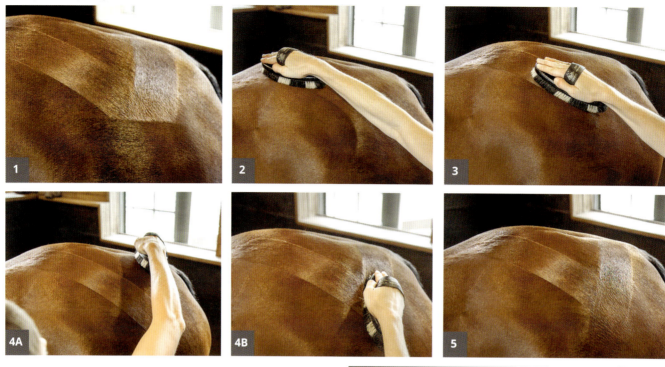

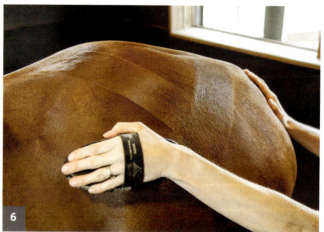

「V」

1:堅めのブラシで馬のお尻に「V」字を描くのも選択肢です。

2:お尻の一番高い位置の少し手前から始めます。

3:角度に気をつけながら、飛節に向かってブラシを引きましょう。

4A&B:次に、お尻の一番高い位置の先程と等距離のお尻側の箇所から、先程の線の端に向かって慎重にブラシを引きます。

5:これで、下の部分が整っていない「V」の字ができました。

6:最後に、馬の背中に対して平行にブラシを引いて、均整なまっすぐな線を三角形の下に作ります。

クオーター・マーク:ステンシル（型紙）

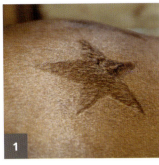

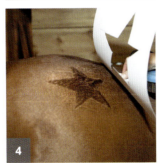

ステンシル（型紙）

1：ステンシルを使えば、お尻にロゴを入れられます。

2：硬いプラスチックでステンシルを作ります。工芸店で手に入れられます。

3：お尻の高い位置に慎重にステンシルを置き、毛並みに逆らってブラシをかけます。ステンシルはしっかりと動かないように持ちましょう。

4：ステンシルを持ち上げて取り外します。

厩舎のうわさ話

マーラ・デピュー選手に雇われたとき、私は痛ましいほどにそれほどのトップ選手のグルームになるための準備ができていませんでした。それでも、マーラはあまり多くの馬を抱えておらず、かつ、自分も馬のケアにとても良く関わっていたので、何とかなるような気でいました。私もいろいろな規模の厩舎を管理した経験があり、すべての種目、多様な大会に、グルームとして関わった経験がありました。しかし、アメリカ合衆国の総合馬術チームに入ろうとする馬のグルームになるというのは、まったく違う次元の責任を負うことでした。競技会に馬を連れて行くことを考えただけで、不安になりました。さらに悪いことに、私の前のマーラのグルームは、実に隅々まで手が行き届く男性で、たとえば、タテガミのお団子は完璧に丸く、クオーター・マークも完璧でした。

私は、いつか完璧なクオーター・マークを作れるようになってやる、という、馬鹿馬鹿しい考えに囚われていたのです。なので、誰にも教わることがないまま、そして、マーラに私がクオーター・マークを作れないことを知られたくなかったので、こっそりと練習しました。ジョス・アンビション号という馬がいて、都合の良いことに明るい栗毛でクオーター・マークが見やすく、しかも、忍耐強い性格でした。結局はマーラの知るところとなり、私たち2人で大いに笑いました。そして、私はマーラに教えを乞うこととなり、「アンビ」は、その後、何か月もの間、クオーター・マークをつけて外乗に出掛ける羽目になりました。

その年、フェアヒル・インターナショナルCCI3***で、遂に私は準備ができたように感じました。しかし、調教審査の日は、一日中土砂降りでした。結局、マーラのニッキ・ヘンリー号が雨の競技場に出発する前にテントの中にいる姿を撮影することにしました。すべてグルームされ、クオーター・マークも付けている姿を……私自身の仕事の記録のために！

キャット

第11章　最後の一瞬まで　・　189

サメの歯模様

1: このデザインは、チェッカーボード、「V」、ステンシル模様に加えて、それらの模様の下に加えられるものです。

2: 堅めのブラシを、腰角の少し下にやや角度を付けて置いたところから始めます。ブラシの後ろは飛節に向けるようにします。そして、お尻と飛節のラインに沿ってブラシを引きます。

クオーター・マーク：サメの歯模様

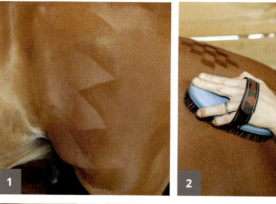
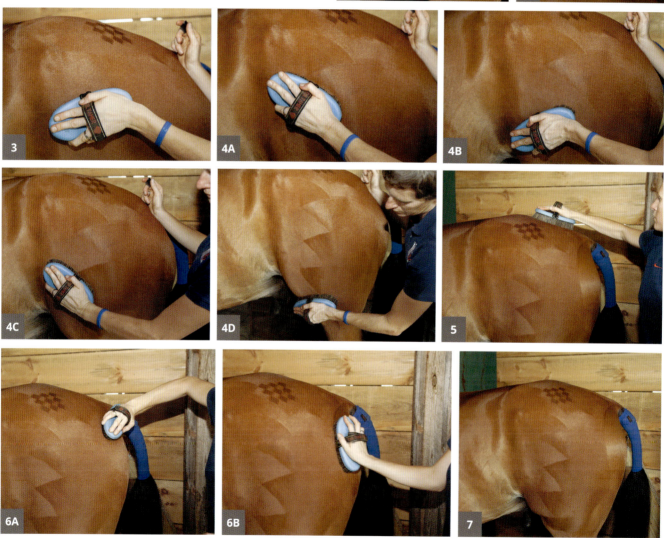

3：次に、ブラシ1つ分ほど、下に動かしてから、地面と平行に向けます。そして、ブラシをその平行な方向に引きます。

4A〜D：この手順を後膝に到達するまで続けます。

反対側：片側を終えたら、逆側に行って同じことを繰り返します。後ろから見て（気を付けて！）、両側のデザインが均等になるようにしましょう。両側のお尻のデザインと、サメの歯模様が終わったら、最後の仕上げです。

5：背骨の上をブラシをまっすぐに尻尾までかけます。

6A&B：尻尾も付け根からカーブを描き始め、両側とも、筋肉に合わせて描き終えます。

7：後ろから見て、惚れ惚れとしましょう！

FEIのインスペクション

オリンピック種目となっている3種目はすべて、FEIの競技会では正式なインスペクションが行われます。インスペクションの趣旨は、馬が競技会に参加するに十分な健康状態を保っているかを確認するためです。3種目にはそれぞれ異なる「感覚」があります。パーティーにたとえると、障碍飛越はガーデンパーティー、馬場馬術はカクテルパーティー、総合馬術はガラパーティー（お祭り）です。

障碍馬は普通、タテガミを編んで来ません。馬場馬は、編んで来るものが多く、総合馬は2度インスペクションがあり、どちらも一点の汚れもない状態で出てきます。ともかく、徹底的に手入れされ、編んでいます。2回目のインスペクションは、観客も多く、馬も前日にクロスカントリーのコースを飛んで来た後にするものですから、とにかく緊張します。馬は、プロテクターをつけてインスペクションに向かうべきです。また、肌寒い朝ならば、薄手の汗取り馬着を着せて、馬をきれいに、かつ暖かく保ちましょう。

1 2011年にメキシコで開催されたパン・アメリカン大会でシャノン・ライリー選手の騎乗したバリンゴワン・ピザーツ号です。

2 こちらは、2007年にブラジルで開催されたパン・アメリカン大会で、ジーナ・マイルズ選手と彼女のチームがマッキンリー号の準備をしているところです。

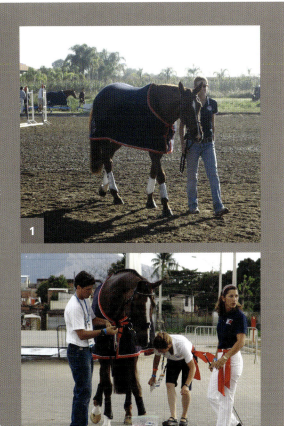

12

第12章

しっかり地面をとらえる

キャットの話

私は以前、アイルランドの障碍飛越競技専門の厩舎で働いてました。ほとんどの競技会は芝生の上で行われたので、回転で滑ってしまうのを防ぐため、クランポンは非常に重要でした。ある女性の選手が、1日だけの競技会に出場するため、馬を連れて行き、ジャンプオフのタイトな回転に備え、大きなクランポンが必要になりました。彼女は何種目かに出場していたので、馬装し、足廻りをつけ、クランポンもつけた状態で、牝馬を馬運車に乗せておき、競技会を観ながら出番を待っていました。何が起こったのか、本当のことを知る由もありませんが、その本当に大人しい牝馬は、何かをしてしまったのでしょう。蹄冠部と繋に、巨大な穴をあけてしまっていました。その馬を外に出せる状態、ましてや人を乗せられる状態に回復させるには、何か月もかかりました。その日、私は大きめのクランポンに関する教訓を得ました。必ず、最後の最後につけて、できるだけ早く取り外すことにしています。

クランポン

なぜクランポン？

どんなクラスであっても、競技会に出場している馬はたいてい、蹄鉄を履いています。このため、芝生で競技会が行われる場合には、どの種目であっても、クランポンを使うことになります。蹄鉄を履いていない馬の場合、蹄の形のおかげで天然の滑り止め効果が得られますが、蹄鉄をつけることによって、蹄の柔軟性と地面をつかむ力を犠牲にしてしまいます。金属の蹄鉄は、足裏を保護しますが、滑りやすく、柔軟性の低い接地面を作ることで滑り止め効果が失われてしまいます。

一般的なガイドライン

註：私たちはクランポンを準備するとき、磁石のついたプレートに、つけるべき肢の通りにクランポンを並べます。これから出てくる写真で、4セットのクランポンがお皿に並んでいる場合、それはつける馬の肢と同じように並べています。つまり、上の2セットが前肢用、下が後肢用です。そして、左から順に、肢の外側用ー内側用ー内側用ー外側用と並べています。

1：肢1本につき、必ず2つのクランポンをつけます。反対側の肢に近いクランポンが内側のクランポン、反対側の肢から遠いクランポンが外側です。こうすることで、着地したときに馬の肢のバランスが崩れません。蹄への不要な衝撃や下肢へのストレスを与えないために、クランポンはしっかりと地面に刺さるようにしなければなりません。

2：内側と外側で異なる大きさのクランポンを使っても差し支えませんが、その場合、高さの違いは最小限でなければなりません。この写真のように、高さのあるグラス・チップを外側に使い、内側にそれよりも小さいブレット※1を使うのは安全です。グラス・チップの方が深く地面に刺さるからです。

怪我防止の観点から、鋭いクランポンは内側につけてはなりません。馬は、自分で自分の肢を踏んでしまったり、自分で自分を蹴ってしまうことがあるからです。後肢のクランポンは、前肢に使

※1）ブレット（bullet）：ブレット（弾丸）型のクランポンのこと。英語の原音は「ブレット」に近いが、日本語では「バレット」とも。

うものと同じサイズか、それよりも大きなサイズでなければなりません。クランポンをつけているときは、決してプロテクターを外してはいけません。

3：障碍を飛ぶときに前肢をきっちり畳む馬の場合、おなかにクランポンが原因の穴や傷がついていないか確認しましょう。もし自分の肢がおなかについてしまうようであれば、クランポン・ガードのついた腹帯を使う必要があります。

全種目のためのクランポン

馬場馬術

総合馬術競技の調教審査ではない、「純粋な」馬場馬術競技でクランポンを使うことは滅多にありません。最近では、グランプリ競技よりも低いクラスの競技会は、たいてい、芝以外の通常の馬場で行われるので、クランポンは不要です。一方、総合馬術競技の調教審査はたいてい、芝馬場で行われるので、滑り止めのためにクランポンが必要になります。

障碍馬術

障碍馬術競技も、通常の馬場で行われることもあれば、芝生の上で行われることもあるので、クランポンが必要になります。通常の馬場で行われる試合でもクランポンを使う選手もいます。これは、急回転をしたときに、馬場の敷き素材の下の地面に肢が達し、滑る可能性に備えた予防的な措置です。

一般的なガイドライン

1A&B：障碍馬術競技と、総合馬術競技の余力審査との違いは、障碍馬術では、後肢に3つのクランポン用の穴をあけていることです。特に同減点の場合にジャンプオフではなくタイムの早い順に順位が決まる競技や、ジャンプオフなどで、急回転の際に、さらなる滑り止め効果を発揮します。

総合馬術

総合馬術競技ではクランポンがよく使われます。芝生の上で競技が実施され、3つの審査のすべてでクランポンを使う必要があることも多いです。クランポンを選択するときには、馬場がどんな素材なのかを考慮することが大切です。

障碍馬術のクランポン

第12章　しっかり地面をとらえる・193

ハンター競技

ショー・ハンターは、通常、芝ではない馬場で行われ、それほどスピードも出ないので、ほとんどクランポンが必要になることはありません。ただ、新しいダービー競技は芝生の上で開催され、「内側」の回転が有利になるコース設定です。ダービー競技馬は、後肢にクランポンをつけて出場するようになっています。エクイテーション競技馬も、時々、クランポンをつけてくることがあります。通常のプレジャー・ラウンドよりもやや複雑なフットワークを求められるためです。

クランポンを選ぶ

クランポンの選択に影響する3大要素は次の通りです：馬の個性、競技のクラス、そして馬場の素材です。　クランポンの選択に影響する3大要素は次の通りです：馬の個性、競技のクラス、そして馬場の素材です。

馬の個性

どの種目であっても、重馬場で緊張してしまい、大きめのクランポンをつけた方が良い馬もいれば、特に馬場馬術競技の競技会場では大きなクランポンが動きを制約するように感じるためにクランポンを好かない馬もいます。

> **厩舎のうわさ話**
> 2012年のロンドン・オリンピックでは、私たちのチームでは、クロスカントリー向けに後肢にクランポンの穴を3つ用意していました。急坂とタイトな回転、そして芝生がゴルフ場に使うタイプの芝で滑りやすいことを認識していたためです。一日の中でも、使うクランポンの種類は変わっていきました。暑い日だったことと、たくさんの馬がギャロップしていたことで、地面のコンディションが刻々と変わっていったためです。アメリカチームのオーティス・バーボティエール号に騎乗したボイド・マーティン選手は、チーム一番手でクロスカントリーを走りましたが、小さめのブレット型のクランポンを使いました。しかし、フィリップが、チームの一番最後にミステリー・ウィスパー号で出走したときには、大きなグラス・チップをつけました。　エマ

バーの入った蹄鉄

1：もう一つ、考慮すべき要素は馬の履いている蹄鉄です。バーの入った蹄鉄やハート形の蹄鉄を履いているときには、ちょうど良いバランスを見つけなければなりません。後肢が前肢のクランポンを引っ掛けてしまったときに、蹄鉄が取れてしまわないよう、小さめのクランポンを使わないといけない一方、十分な滑り止め効果を発揮するサイズのクランポンでなければなりません。ハート形の蹄鉄を使うと、滑り止め効果は大幅に失われます。着地したときに地面を「掘る」代わりに地面の上を「滑る」状態になるためです。高いクラスの総合馬では、地面の状態から大きなクランポンをつけなければならない場合、クロスカントリーを走るときだけ、ノーマルな蹄鉄をつけて大きめのクランポンを使い、それが終わったあとにハート形の蹄鉄に付け替える対応をしています。

競技会のクラス

スピードが求められれば求められるほど、障碍の高さが高くなればなるほど、馬が地面に肢をつけたときのコントロールが欲しくなることでしょう。低いクラスの競技会ならば、求められる速度も遅く、回転もきつくありません。ですから馬が肢を滑らせる可能性は低く、地面の状況が完璧でなかったとしても、小さなクランポンをつけておけば、馬は地面をしっかり蹴るために十分な安心感を得られるでしょう。

馬場の素材

クランポン選びの最後のポイントは、馬場の素材と質です。

・どんな種類の素材が使われているか——通常の馬場なのか、芝生なのか、土なのか？芝生に比べて、通常の馬場は状態が一定に保たれやすく、これが土になると、どんな予断も許されなくなります。

・最近雨は降ったのでしょうか？当日が、すっきり晴れた日であっても、その前、何週間も雨が降っていた場合、地面を歩いて状態を確認し、水抜きができているか確認する必要があります。通常の馬場が水浸しになった場合には、足元が深く、滑りやすくなり、馬は上の敷材の下まで踏み込んでしまいます。そして、水抜きができていない芝生は、滑りやすい箇所があり、そこは馬が通ったあとに芝生が剥がれて、土が出てきてしまうこともあります。

・地形的にはむらがあるでしょうか、あるいは、一定でしょうか。バージニア州アッパービルで行われる障碍の大きな大会では、障碍飛越競技が芝馬場で行われます。この馬場にはかなりの傾斜があって、高いところにある平らな場所ではかなり足場が良い一方、坂になっている箇所は滑りやすくなっています。

こうした事項を確認したら、どのクランポンが適切なのか判断しなくてはなりません。大きすぎて地面にしっかり刺さらないクランポンでは、つけないよりも悪い影響が出てしまいます。一方、小さすぎても、滑り止め効果が出ません。

どのクランポンを使うのか？

クランポンには膨大な種類があります。でも、物事をシンプルにしておくために、主な3つのタイプに絞って解説しましょう。それは、ロード・スタッド、グラス・チップ、そして、マッド・スタッドです。

1：ロード・スタッドはさまざまな状況に対応可能です。芝生は濡れているけれども、下の地面が固い場合や、重馬場、そして、下のクラスの試合では、一般的な馬場で良馬場のときにも使えます。大半の選手にとっては、ちょうど良い滑り止め効果を発揮する頼りになるクランポンです。四角形か六角形をしていて、平らであるか、中央にこぶがある作りになっています。

2：グラス・チップも、四角形か六角形になっていますが、鋭い先端が芝生や固い地面に刺さるような作りをしています。馬が自分で自分の肢を踏んでしまった場合に、怪我の原因になりますので、肢の内側にはロード・スタッドか、小さめのブレットを使い、グラス・チップは肢の外側にのみ使うことをお勧めします。

3：マッド・スタッドは足元が深くなってしまうような馬場で使います。四角い「ブロック」型か、六角形の「ブレット」型に作られています。ブレット型は、角が滑らかで、先端が丸く仕上がっているので、肢の内側に使うのにちょうど良いものです。ブロック型は、柔らかい土の上で最適な滑り止め効果が得られますが、鋭利な四角い角をしているので、使うのは外側だけにするべきです。また、地面が固いような場合には使ってはいけません。地面にしっかりと刺さらず、蹄が打撲（挫跖）してしまうためです。

どのクランポンを使うのか？

第12章　しっかり地面をとらえる・195

クランポンの道具セット

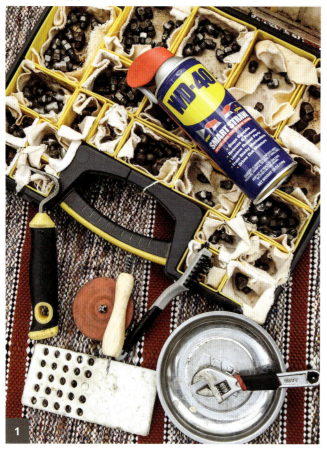

クランポンの道具セット

1：通常、クランポンの道具セットには、次のものが必要です。
- 大きめの蹄鉄用の釘（クランポンの穴を掃除するため）。
- 磁石のついたプレート（オガの中にクランポンを落として、永久に失くしてしまう心配は無用です。選んだクランポンを安全に置けます）。
- 裏掘り（テッピ）。
- クランポンの穴を塞ぐ詰め物（写真左下の白いアイテム）。選択肢は、ゴム、コットン、金属、発泡体などさまざまで、最終的には何を使いやすいと思うかによります。
- レンチ。全体が金属製のレンチであれば、手で握る部分にベトラップを巻いておくと、持ちやすくなります。特に、本当に寒い日や、湿度の高い日、大雨のときに便利です。
- ねじ切り（写真の中の赤いアイテム）。正確にはフラットヘッドT字型丸ねじ切りです。フラットヘッドT字型ねじ切りは比較的安全に使えます。馬に落ち着きがなく、肢を絶えず下ろそうとするような場合に、万が一、馬がねじ切りを踏んでしまってもねじ切りが壊れません。このタイプのねじ切りは、クランポンの穴のねじ切りをする際に扱いやすく、ねじ筋を潰してしまうリスクを抑えます。
- ワイヤーの剛毛ブラシ（ゴミをねじ筋から掻き出すのに便利です）。
- WD40®（浸透性防錆潤滑剤）。クランポンに油を塗るため。
- クランポン各種。

2：クランポンは水を通さない容器に入れて保管します。仕切りでクランポンの種類ごとに分けて保管できるとなお良いでしょう。それぞれの仕切りの中に新聞紙か柔らかい布を敷いて、ここにWD40をスプレーします。これでクランポンが錆びるのを防ぎます。

クランポンの穴の準備

競技会当日に、ねじ筋が潰れていたり、小石が穴にはまっていることに気付いて、大慌てする羽目にならないように、競技会の前日にクランポンの穴を掃除しておくと良いでしょう。

クランポンの穴の準備

クランポンの付け方

次ページへつづく ▶

1：釘を使ってできるだけゴミを取り出します。

2：ワイヤーブラシを反時計回りにクランポンの穴に入れます。ねじ筋に入ったゴミを掻き出します。

3A&B：次にねじ切りを使います。穴に時計回りに回し入れます。

4A&B：詰め物を手に取り、大きめの釘を使って、蹄鉄と同じ高さになるまで穴に押し入れます。

クランポンをつける

1：裏掘りをします。

2：釘を使ってクランポンの穴を塞いでいたものを取り出し、必要に応じてゴミも掻き出します。

3：前日に穴の準備をして、詰め物が外れていなかった場合には、このままクランポンの取りつけに移ります。そうでなければ、まずはねじ切りをします。何度もねじ切りをすると、ねじ筋が潰れてしまうので注意しましょう。クランポンを手に取ります。

第12章　しっかり地面をとらえる・197

4：できるだけ手でクランポンを締めます。

5：次に調整可能なレンチを使って増し締めします。

　手では外せないくらいきつく締めなければなりませんが、あまりにもレンチできつく締めすぎてしまうと、一日の終わりにクランポンを外せなくなってしまうので注意しましょう！

クランポンを外す

　蹄をきれいにします。クランポンをすべて外し終えるまで、プロテクターは外さずにおきます。

1：片手で蹄をしっかり押さえ、レンチを使ってクランポンを左に回します。

2：他のクランポンも同様に。すぐにクランポンの穴に詰め物を入れましょう。

3：プロテクターを外します。

4A～C：クランポンを水洗いし、タオルで乾かします。道具箱に戻してWD40をスプレーします。これで次に使う準備も整いました。

クランポンの付け方（つづき）

クランポンの外し方

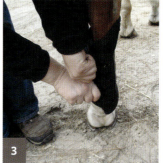

第13章

最後の仕上げ

キャットの話

この仕事を始めたばかりの頃、私は馬場馬術のティナ・コンヨット選手のところで、研修生としての仕事をいただきました。ティナの厩舎で働き始める前も、レベルは低いながらも大きな規模で、忙しい厩舎で働いていましたので、何をどうすれば良いのか全部分かった気でいました。ティナはその年、アンナ・カレーニナという名前の馬でオリンピックの出場権獲得を狙っていました。厩舎には、その他にも上級クラスの試合に出ている馬が何頭かいました。私は、そんな能力を持った馬がどんなクラスのケアを必要としているのか知らなかったので、自分の居場所を見つけるのに苦労しました。ティナのマネジメントは非常に優れていて、馬たちはまるで王侯貴族のような暮らしをしていました。彼女は、厩舎が完璧であることを強く求めていて、その仕事に関しても名人でした。私は、自信過剰のひよっこだったので、彼女がどんな小さなことも見逃さないのに苛立ちを覚えました。毎晩、たくさんの馬にカラバンを巻かなければなりませんでしたが、私のカラバン巻きは、合格点以下。彼女は、私が仕事終わりの夕方に、カラバンを巻くのを、肢一本一本、すべて見ていて、完全に完璧でなければ、巻き直しを命じられました。合格点をもらえるまで、23回も巻き直した晩もあり、巻き終える時には、泣いていました。

研修生としての仕事を終えた理由は、家庭の事情で、そのときは思いがけず訪れました。ティナの厩舎での経験からいかに学んでいたかを実感するまではそれから2年間ほどかかりました。今度は私が、研修生に何度も何度もカラバンの巻き直しを命じていました。素晴らしいチャンスをもらっていたのだと気が付くのに、本当に時間がかかりました。ティナは私に厳しかったかもしれませんが、厩舎でやって良いのは、正しいことだけということを、私に教え込んでくれました。ティナが厳しかったのは、馬のケアに関する不注意や自信過剰がどんな結果をもたらすかを、彼女は知っていたからです。今でも、私は気に入らないカラバンを見つけると、取って、正しい状態になるまで巻き直しています。

クールダウン

どんなクラスの、どんな競技に出ている人にとっても、激しい運動の後に馬を効果的にクールダウンさせることは、馬の健康と幸福にとってとても重要です。クールダウンにどれだけ時間を要するかどうかは、次の3つの変数によります：それは、外気温、馬の健康状態、そして、その日の運動量です。

寒い気候

当然のことながら、寒い日に馬をクールダウンさせるのと、暑い日にクールダウンさせるのとでは違います。寒い時には、馬の筋肉を温かく保ち、リラックスさせておきたいので、クオーターシーツ（腰にかける馬着）か、ウールかフリースの馬着を鞍の後ろで折って掛けておくと良いでしょう。常歩にしっかり時間をかけましょう。馬の息は荒くないかもしれませんが、それでも、筋肉から運動中に蓄積した疲労物質を排出させるには、時間を要します。こうすることで「金縛り」のような筋肉の痙攣を防げます。

寒い気候でのクールダウン

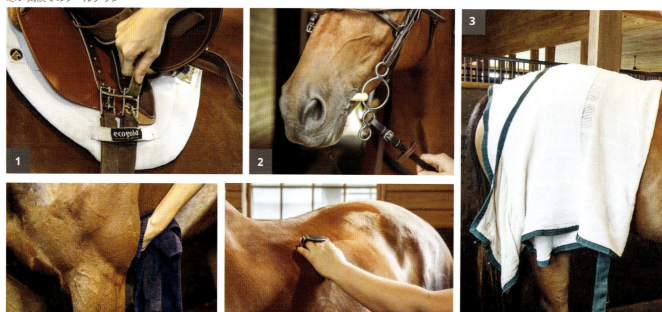

1：クールダウンの間、腹帯を緩めることをお勧めします。馬がリラックスしやすくし、今日の仕事が終わったことを知らせられます。

2：同時に、鼻革も緩めましょう。特にドロップ鼻革や8の字型の鼻革の場合は、ひらひらしないように端を頬革にしまいましょう。

3：馬装を解く間、ウールかフリースの薄い馬着を馬の後肢から背中にかけて冷えを防ぎましょう。手元に馬着がなければ、使っていたゼッケンを背中に置いて、鞍の下にかいた汗が冷えないようにしましょう。

4：馬がそれほど大量の汗をかいていない場合には、66ページに記載した方法に従ってアルコールとタオルで鞍、腹帯、勒の跡を擦って落とします。

5：乾いたら、全身にカリーブラシをかけて、手入れをします。その後、普段の馬着を着せて、馬房に戻します。

スポンジを使う

1：馬がかなり汗をかいているようならば、温かい湯をバケツに入れ、そこに少しだけアルコールを混ぜます。

2：スポンジに水を含ませ、汗と汚れを落とします。冷えを防止するために、作業をする間、馬の後肢には何かかけておきましょう。

3A&B：顔も忘れずに。汗がたまると脱毛の原因になります。

　とても寒い厩舎に汗をかいた馬を連れてくる場合には、必ず素早く馬を乾かすようにして、馬が冷えたり、汗を放置してそのまま乾いてしまわないようにしましょう。気温が7℃を下回る場合には、スポンジで汗を流す作業は行わず、202ページの温タオルを使う手順に従います。

寒い気候でのクールダウン（スポンジを使う）

プロのコツ

寒冷地では、冬の間の馬の水分補給が重要です。私は、可能であれば、飲み水をぬるま湯にしてやるようにしています。冬の間は、こうする方が馬が良く水を飲みます。みなさんの厩舎でお湯が出ない場合や、試合会場でお湯が使えない場合でも、電気が使えるようであれば、乗る前に水飼桶に水を入れて、ウォーター・ヒーターを入れておきましょう。戻ってきたときには水が温まっているでしょう。
キャット

第13章　最後の仕上げ・201

温タオルを使う

1：まず、少量のお湯を用意し、ベビーオイルと食器用洗剤をそれぞれ数滴ずつ入れます。

2：タオルを中に入れ、しっかりかき混ぜ、ほぼ完全に絞ります。馬の体全体をゴシゴシとタオルで拭いたら、ウール製の薄手の馬着の下に、アイリッシュ・ニット※１の馬着を着せます。この２枚重ねは、吸水性に優れています。通気性があるため、気化した水分が逃げやすく、かつ、馬体に接するアイリッシュ・ニットは乾いたままなので、馬が冷えてしまうのを防ぎます。ただ、馬着が乾いた状態かは、良く確認し、湿ってきたようであれば、上に着せたウール馬着を取り換えましょう。

寒い気候でのクールダウン（温タオルを使う）

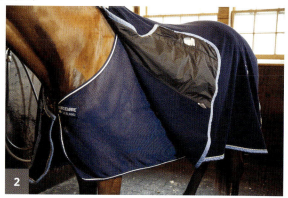

暑い気候と激しい運動

激しい運動や、暑い環境で運動した場合、馬の息はかなり上がっていて、深部体温が上昇しているはずです。まず、馬装をすべて解きます。

暑い気候と激しい運動後のクールダウン

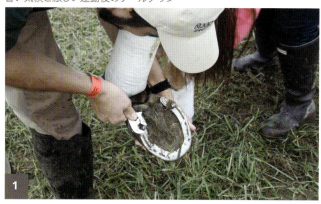
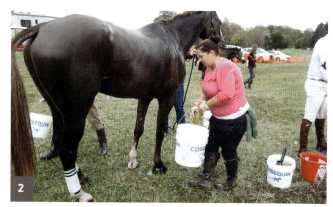
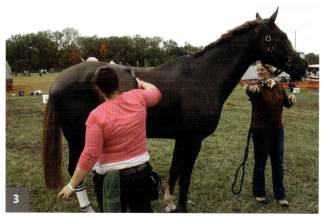

1※）アイリッシュ・ニット：凹凸のある立体的な編み方。

1：プロテクターは、クランポンを全部外し終えるまでつけたままにします。どんなに馬の肢を早くクールダウンさせたいと思っていても、クランポンで腱を怪我させてしまえば、即棄権です。

2：馬を冷水で洗います。

3：素早く水を切ります。

4：馬を歩かせます。

　馬を洗うのと歩かせるのを交互に繰り返すことで、気化熱を利用した効果的なクールダウンができます。常歩させることで、馬の皮膚への血流が増します。血液が内臓の熱を皮膚に運びます。冷水ないし氷水で洗うことで、血液を冷やします。それが内臓に戻っていきます。これを馬の体温が平熱に戻るまで繰り返します。できれば、これらすべてを日陰ないし風通しの良い場所で行うのが望ましいです。「洗う、水切り、歩かせる」作業は、馬の息がおさまり、平熱に戻るまで繰り返します。馬の直腸体温は、激しい運動からおよそ10分後に最も高くなります。

　コツをお教えしましょう。手元に体温計がない場合は、馬の胸を触ってどれくらいクールダウンできたか確認します。馬がクールダウンできると、水を切るときの水が冷たくなります。

ミスト扇風機
1：この写真は、2008年の北京オリンピックで、フィリップ・ダットン選手のコナート号が、ミスト扇風機の前に立っているところです。この扇風機スペースはクロスカントリー競技場のゴール地点近くに用意されていました。非常に暑かったので、馬をできるだけ早くクールダウンさせられるよう、馬がゴールしたら、直ぐに扇風機の前で馬を洗って水を切る作業を行いました。

　非常に暑いまたは湿度の高い地域のハンター馬、障碍馬、馬場馬は、運動後の検温が必要です。総合馬は、そこそこ温かい気温以上であれば、クロスカントリーを走った後は必ずゴール後に検温します。体温が40℃以上になると危険です。こうした状態になった馬は、日陰に退避させ、氷水で洗う必要があります。氷水をかけたら、必ず、ただちに水切りをしてください。水をかけっぱなしにしておくと、余計に熱が溜まってしまい、クールダウンに悪影響を及ぼします。

クールダウン
1：馬のメンタルの状態にも注意を払いましょう。気分が「盛り上がった」状態の馬は、周囲が騒がしい場所では、とても過敏な状態になっています。こうした状態の馬には、静かな場所を見つけてやり、人間も非常に落ち着いて動くよう注意しましょう。馬に頭を下げさせる合図を覚えさせておくと、心拍数を落ち着かせるのに役立ち、ひいては呼吸を整え、体温を下げることにつながります。

ミスト扇風機

クールダウン

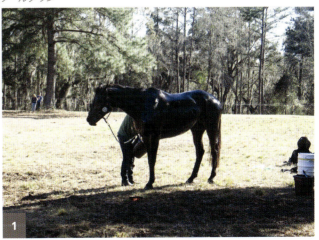

クールダウンが済んだと思った後も、注意して馬の様子を見ましょう。もう一度呼吸数が増加し、汗をかき始めることがあります。こうした状態に気が付いた場合は、もう一度クールダウンの作業を行い、馬のバイタルがすべて正常に戻って馬が落ち着いた状態になるまで続けます。1時間以内に正常に戻らなければ、獣医師を呼ぶ必要があります。

水分補給

プロのコツ

上級クラスの総合馬術競技（FEI3スターならびに4スター）では、クロスカントリー後に馬に補液するのが一般的です。これはおよそ、馬の筋肉に効果的に水分補給を行い、日曜日のインスペクションと余力審査に向けて万全の態勢にするためです。この写真は、メキシコでのパン・アメリカン大会のクロスカントリー後に、アンジー・クーニーがバリンゴワン・ピザーツ号に付き添って、補液と肢の冷却を行っているところです。

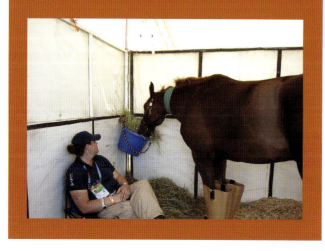

水分補給

気温が暑い中で馬をハードに運動させると、馬は1時間に約15ℓもの水分を失うことがあります。30分の運動でも約7.5ℓが失われます。馬の汗は、主に水、ナトリウム、カリウム、塩化物で構成されています。実際、馬が汗をかくときには、水分よりも電解質をより多く失っています。これが問題なのは、「喉の渇き」は、血液中の水分量の水準が電解質の水準を下回った時に起こるためです。

1：ですから、運動が終わったら、水を少量ずつ、頻繁に馬に勧め、飲むようにうながしましょう。馬房の中に新鮮できれいな水が必ずあるようにして、馬が好きなら、電解質を溶かしておきましょう。ゲータレード（Gatorade®）を水飼いに溶かし、水を飲みたがらせるのも良いでしょう。水に関して、本当に「好き嫌い」がある馬の場合、甘い飼いをひと掴みと、切ったリンゴを水飼いにいれてみてください。

2：馬が深刻な脱水症状を示していないければ、正常に戻すためには、正しくクールダウンさせてやるだけで十分です。お湯にふすまを溶いてやるか、水浸しにした乾草を与えるのも、失った成分を取り戻させるには有効です。

ただ、高いクラスの競技会になると、深刻な脱水状態や疲労状態に陥ることもあります。特に暑くて湿度の高い環境で競技会が行われる場合です。また、どんなクラスであっても、普段以上の激しい運動を行うと、同様の症状が起こる場合があります。あまり普段から運動をしていない馬が、思っていた以上に激しい運動をしたような場合は、注意しましょう。また、暑い日に放牧場でパニックに陥って走り、馬が自分で自分を傷めつけてしまうこと

もあります。

深刻な脱水状態で見られる症状には、以下のようなものがあります。
・異常な発汗。
・筋肉のひきつり。
・運動中ないし暑い環境下で発汗が止まること。こうした状態に気付いたら、ただちに運動を止め、すぐに冷水で馬を冷やしてください。
・胃腸の音が聞こえなくなること。脱水状態では胃腸の動きが悪くなり、疝痛の原因になりえます。

こうした症状が1つでもある場合は、獣医師を呼んでください。一般的な処置は静脈への補液ですが、脱水症状が特に深刻な場合には、80ℓもの補液をする場合もあります。40ℓ以上の補液を行ったにもかかわらず、馬がおしっこをしない場合には、採血を行い、腎臓に異常をきたしていないか調べる必要があります。腎臓がダメージを受けていなければ、馬は過労からしっかり回復できることが多いです。

競技馬のアフターケア

どの競技でも、馬がきちんとクールダウンして落ち着いた状態になったら、所定の手順に従ってしっかりとしたアフターケアをします。これは次の競技会に向けた準備としても大切です。ここで、馬の普段の肢の状態や、しこり、こぶなどを知っておくことが、絶対に必要となります。

馬の全身をくまなくチェックし、新しい傷がないか、肢に熱や腫れがないかを詳しく調べなければなりません。どんな小さな傷も、清潔にして抗生物質の軟膏を塗布しましょう。深い傷であれば、獣医師の診察を受け、内部を洗い、縫ってもらう必要があるかもしれません。傷の場所にもよりますが、患部を清潔に保ち、また腫れを防ぐためにも、ドライ・ラッピングなどが必要かもしれません。

肢

馬のアフターケアをどのようにするか判断するに当たっては、いくつもの要因を考慮します。大きなものとしては、どの競技の、どのクラスに出場しているか、馬の年齢、そして、みなさんがどれだけの時間と、お金をかけられるかです。趣味で乗馬を楽しんでいる人は、真剣に競技会に出ている選手に比べ、馬の肢にかける負担は小さいですし、低いクラスの競技会に出ている馬は、上級の競技会に出ている馬ほどは必要な肢のケアは多くありません。とは言え、上級の競技会に出場していた馬で、引退後に低いクラスの競技会に出ている馬もたくさんいます。昔、グランプリ・クラスで活躍し、今はジュニアの選手を乗せているような馬の場合、肢の問題を山ほどかかえている可能性もありますし、健全な状態を保つためにいつもケアが必要かもしれません。また、馬場馬についても、肢のケアが必要ないわけではありません。横運動や収縮運動は腱に負担を掛けますし、障碍馬と同じように関節にも負担が掛かります。

肢のケアは、乾いたカラバンを巻くようなものから、徹底的なアイシングなどを含む込み入ったケアが必要な可能性があります。ここでは、まずさまざまなアイシングの方法を紹介し、ドライ・ラッピングや、外用剤、アイシングの後あるいはアイシングが必要ないまでも激しい運動の後の湿布など、さまざまな肢のケアの方法を紹介します。

プロのコツ

Multi Radiance Medical® ActiVet Laser※1はとても使い勝手の良い製品だと思います。これは、低出力レーザー（コールドレーザー）で、ほとんどの怪我に対して使用できます。切り傷も早く治りますし、青い光に切り替えて使うと、細菌感染を抑制できます。筋肉疲労に関しても、痙攣や痛みの軽減、敏感な部位の治療に使用できます。　エマ

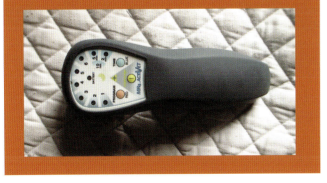

※1) Multi Radiance Medical® ActiVet Laser：Multi Radiance Medicalは世界的な医療用・治療用レーザーメーカー。

Tubigripと氷

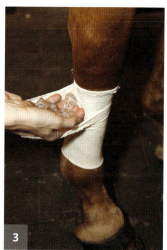
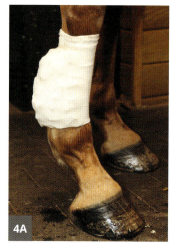
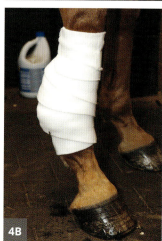

冷却

　おそらく、激しい運動の後の馬の肢の回復を手助けするための最も一般的な処置が冷却です。将来の怪我を防止するために重要なのは、柔組織の熱や軽度の腫れを素早く取ることです。冷却には何通りかの方法があります。それぞれ利点、欠点がありますが、最終的には、個人的な好みの問題です。学術研究によれば、馬の肢を20分以上氷に浸けてしまうと、血管を損傷する可能性があるそうです。20分以上続けてアイシングをするよりも、2回に分けて、間に20分の休憩を挟んでアイシングをする方が安全です。

ホースを使った水冷

　冷却の中でも最も一般的なのが、ホースを使った水冷です。冷たい水を馬の肢に流し、熱を取り去ります。どんな形であれ、氷の中に立っているのが嫌いな馬にはとても使いやすい方法です。単に冷たい水を出し、肢にかけます。

Tubigripと氷

　二重に折ったTubigripを使ったアイシングは、一番お金のかからない方法です。Tubigripは伸縮性のある布のバンデージで、長い筒状で売られています。これを好きな長さに切って使います。管骨瘤や血腫など狭い範囲を冷やすのに優れた方法です。

1A&B：ワンコをつける要領でTubigripを履かせます。

2：折り目が肢の下、端が上に来るようにTubigripを折ります。これでポケットができます。

3：氷をポケットに入れます。氷が直接肌に当たらないので、凍傷を防げます。

アイスパック

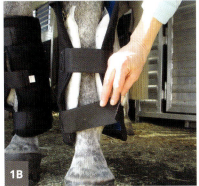
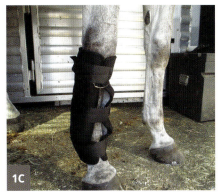

4A&B：肢巻きを使って保定します。

　この方法で冷やしている間は、目を離さないようにしましょう。氷が解け始めると肢巻きが緩くなり、肢からずり落ちて来ます。効果を高めるためには、氷を最初に砕いておきましょう。柔組織との接触面を最大化できます。

アイスパック
1A〜C：冷凍庫に入れて何度も使えるいろいろな種類のアイスパックがあります。使い方も簡単で、馬のそばに張り付いていなくても構いません。長時間つけすぎていることを心配する必要もありません。馬の体温で徐々に氷が解けていくので、それほど長い間、凍った状態が続かないからです。アイスパックはたいてい、馬の肢型に整えられますから、それをプロテクターで保定しましょう。プロテクターでやや圧を加えることで、腫れに対しても効果があります。

　アイスパックを使うときには、肢につける前に、アイスパックと馬の肢の両方を濡らしましょう。空気よりも水の方が熱伝導率が高いため、アイスパックから肢への冷気が伝わりやすくなります。お金のかからないアイスパックとしては、地元のスーパーマーケットなどで手に入るジェル状のアイスパックが良いでしょう。何度も使えますし、プロテクターさえあれば保定できます。

ファスナー付きアイス・ブーツ
柔軟性のあるプラスチックないしキャンバス地で作られたブーツです。一度購入すれば、その後の使用にはお金がかかりません。ファスナーがついているので、肢に簡単に取り付け、保定できます。ほとんどのタイプは大きなスポンジが下についており、繋にしっかりフィットして、氷がこぼれ落ちるのを防ぎます。

1：まず、繋の周りのバックルを調整します。バックルは肢の外側、やや前の方に来るようにしましょう。

2：氷がこぼれないように、均等に、かつ、しっかりとフィットするように調整します。

ファスナー付きアイス・ブーツ

次ページへつづく ▶

第13章　最後の仕上げ・207

ファスナー付きアイス・ブーツ(つづき)

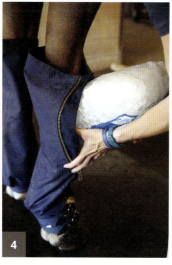
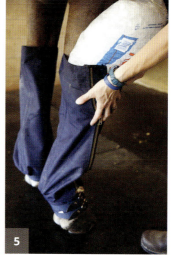

3：3分の1くらいのところまで、ファスナーを閉めます。

4：下の方に氷を入れます。手を使ってしっかりの周りに氷が行き渡るようにしましょう。

5：ファスナーを引き上げながら、氷を入れていきます。

6：少しだけ冷水をブーツの中に振り掛けて、氷が肢に付いて落ち着くように調整しましょう。

ポケット・アイス・ブーツ

気を付けて馬をアイス・ブーツに馬を慣れさせましょう。馬が歩こうとすると、氷が動いてしまい嫌がります。徐々に、自分の厩舎で慣れさせましょう。最初は、氷を入れずにブーツを履かせ、歩かせましょう。これができたら、毎日、少しずつ氷を入れていきましょう。最終的には、膝まで氷を入れたブーツを履いた状態でぶらぶらするのに慣れっこの馬になるでしょう！

ポケット・アイス・ブーツ

1：たいていはネオプレン製で、短いものはポケットが4つ、膝上までのものであればポケットが8つ付いています。初回購入費用を除けば、その後は効果的でお金がかかりません。ファスナー付きアイス・ブーツがどうしても受け入れられないという馬にとっては、良い代替となる選択肢です。

2：このブーツを最も効果的に使うには、まず、ブーツを水に浸してから、それぞれのポケットに氷を詰めます。

3：ポケットに氷を詰めすぎると、ブーツを肢にフィットさせてしっかりと保定するのが難しくなるので注意しましょう。

ウィールプール・ブーツ

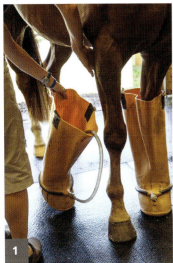
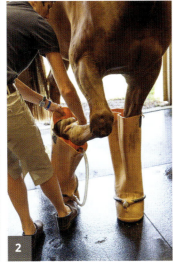
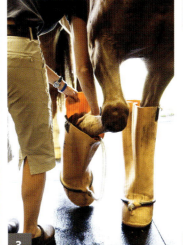

肢に取りつける前に水をかけて、肢とブーツの間の熱伝導を良くしましょう。この状態で冷凍庫に入れて、さらに冷たくする人もいます。

アイスパック

背の高いゴム製のブーツです。おそらく、最も効果的なアイシングの方法で、かつ、蹄も同時にケアできます。エアコンプレッサーとセットで購入でき、これを使うと、モーターで蹄や蹄冠部に空気を送りつつ、下肢のマッサージもでき、血流をうながせます。モーターを使わずにブーツだけ使う人も多いです。

1：馬がブーツの後ろを踏んでしまうことなく、きちんと底に肢を入れられるよう、馬の肢のすぐ後ろに、ブーツのつま先を下に付けて置き、前に傾けます。

2：肢を持ち上げ、ブーツの開口部の真ん中に入れます。

3：肢を下ろしながら、ブーツを前にスライドさせ、ブーツの中に肢を入れます。

4：ブーツの真ん中に立たせるようにしましょう。

5：ゆっくりと氷をブーツの中に入れます。

6：残りを冷水で満たします。

7：アイシングは20分まで。それ以上はいけません。

アイス・バケツ

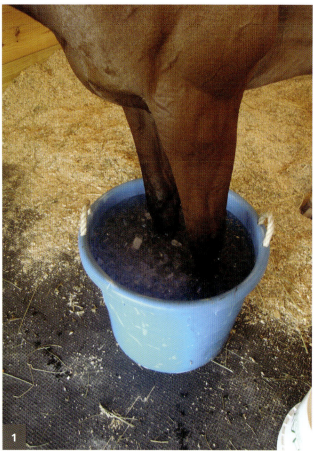

加圧ブーツ

　馬に、このブーツを履いた状態で大人しく立たせておくことを教えるには、時間がかかります。まず、蹄洗所に馬を立たせます。ただし、曳き手は結ばず、誰かに馬を持っていてもらいましょう。それから、片方の肢を空のブーツに入れます。何分間か、大人しく空のブーツを履いていられるようになったら（この状態になるまで、何回かかる可能性があります）、水を入れ始めましょう。最初は、少しだけにしましょう。氷は、一度にひと掴みずつ足します。最初の何回かは、氷があちこちに散らばることを覚悟しましょう。馬がじっと立っていられるようになることを目指して！馬によっては、アイシングの間、乾草をネットに入れて吊るしておくと、非常に大人しくなることがあります。

アイス・バケツ
1：ウィールプール・ブーツを持っていなければ、ゴミ箱やボロバケツを使い、その中に馬を立たせておく手もあります。氷が膝下まで届いて、柔組織全体がおおわれるような状態が理想です。ウィールプール・ブーツよりも初期費用は安く済みますが、容器を十分冷やすには毎回2～3倍の氷が必要になりますので、氷をとにかく大量に使う心づもりは必要です！

Game Ready® Equine
　肢に圧をかけつつ、水温を一定に保つ冷却方法です。圧のかかったプロテクターの中を冷水が循環し、水が皮膚に直接触れません。かなり高価な機械なので、通常使用するには高くて手が出ないかも知れませんが、屈腱炎などの怪我の際には、獣医師が貸し出しをしてくれることも多いです。氷は一袋しか使わずに済

み、また、水が直接皮膚に触れないので水にアルコールを混ぜて水温を下げることもできます。皮膚に問題があって、水に濡らさないで冷却する必要がある場合には、素晴らしい方法です。1つのモーターにたくさんのホースが繋がっています。この装置を使っている時は、常に馬から目を離さないようにして、馬が暴れて機械を壊してしまうリスクを少しでも減らしましょう。

加圧ブーツ

1A&B：ここ数年の間に、Equifit® 社をはじめ各メーカーは馬の肢に圧をかけられる製品を出しました。凍らせられる中身と、血圧計に似た取り外し可能なポンプが付いています。空気を入れて圧をかけることで中の冷たい詰め物が肢にしっかりあたるようになる他、圧そのものが炎症を抑えるのに役立ちます。

カラバン（ドライ・ラッピング）

1：「ドライ・ラッピング」と言われる通り、カラバンを巻く前は、肢をしっかり乾かし、触ったときに違和感がない状態にしておきます。詳しい巻き方は 21 ページを参照してください。夜の間立って寝ると浮腫みの出る比較的年齢の高い馬や、トレーニング・クラスの馬場馬、クラス・ワンの障碍馬、低いクラスのハンター競技など、低いクラスの試合に出ているような馬にとっては、競技生活を健やかに過ごすにはこれだけで十分でしょう。

塗布剤

さまざまな種類の塗り薬が売られています。いずれも腫れや炎症、痛みの軽減に資するものです。一番お金のかからない塗り薬は、アルコールとウィッチヘーゼルを擦り込むものです。ある程度のお金がかけられて、もう少し効果が欲しいのであれば、夜にカラバンを巻く前に、馬の肢にアルニカ・ジェルを塗り込みましょう。新しいものを試すときは、試合に行く前、自分の厩舎にいるときに、小さな範囲から始めることが大切です。敏感で新しい製品に何らかの反応が出てしまう馬もたくさんいます。

カラバン（ドライ・ラッピング）

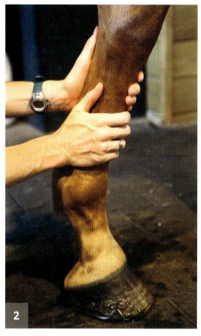

1：Sore No-More® ※1 という塗り薬は、現在、売られている商品の中で最も優れたものの一つです。ハーブ系の原料が使われており、かなり激しい運動の後の痛みや腫れを取り除くのにとても効果があります。これを作っているメーカーでは、現在、FEI の規制に適合した商品を Sore No-More Performance Liniment という名前で出しており、これにはカプサイシンおよびロベリア（いずれも FEI の禁止物質リストに入っている成分）が含まれていません。

2：塗り薬を使うときには、しっかりとマッサージして下肢に塗り込みます。ただスプレーするだけでは不十分です。薬をつけたら、肢を手で挟んで塗り薬を少なくとも 30 秒間は擦り込まなければなりません。

※1）Sore No-More®：日本語の意味は「もう痛まない」。

粘土状の湿布薬

湿布

　粘土状の湿布薬は昔から出回っていて、夜の間に馬の肢の熱を取り去るのに使われています。この治療方法は、厩舎での急性の腫れや、ギャロップや大きな障碍を飛んだ後などに有効です。ただ、一部の湿布薬には薬効成分が入っており、公認競技で使う際には、禁止物質が入っていないか確認しましょう。

212・第二部　競技会にて

1：湿布に必要な道具一式
・湿布薬
・厚めの紙（新聞紙、茶色い紙袋、またはワックスのついていない紙）
・カラバン
・フランネル製の肢巻き
・水

2A&B：紙を濡らして、水滴が落ちるように掛けておきます。

3：ゴム手袋をつけ、湿布薬を少量手に取ります。

4：馬の肢に厚さ1cm程度で付けていきます。多すぎると、乾ききらず、朝、取るのが大変になりますし、効果が薄れてしまいます！

5：湿布薬は膝から球節まで覆うようにします。

6：適切な大きさに切った紙を、馬の肢に巻きます（常に、前から後ろです！）。

7：その上から、通常のカラバンを巻きます（21ページ参照）。

　肢に切り傷や擦り傷がある場合には、まず傷をきれいに洗ってから、傷口に湿布薬が付かないように、カーゼか Animalintex® で保護してから湿布薬を塗りましょう。湿布薬の成分は肌荒れを起こす可能性がありますので、敏感肌の馬には、肌荒れの可能性が低いウィッチヘーゼルを単体で使いましょう。

厩舎のうわさ話

2008年、フィリップ・ダットン選手の乗ったコナート号、通称「サイモン」が、ケンタッキーで行われた Rolex CCI4**** を勝ちました。私やサイモンの「家族」全員にとって、素晴らしい瞬間でした。ただ、クロスカントリーの後の夜は、私にとっては一番、ハラハラした夜でした。明らかな怪我もなく、流水と氷で冷やした後の調子も良さそうで、歩様にも問題がありませんでした。でも、私は、万が一にも何かがおかしくなる可能性はすべて排除しなければ、と思っていました。その時点で私たちは2位につけていて、余力審査では、すべてのギアがフル回転で作動しなければなりませんでした。

　その夜の厩舎仕事は、午後11時まで続きました。午後7時点、サイモン号は万全の様子でしたが、私は、彼が居心地よく休めるように、できうる限りの手を尽くさずして、休むわけにはいかないと思いました。そこで、午後9時頃まで馬房でそっと休ませてから、もう一度肢のアイシングを行い、それから45分ほど曳き馬をして、草を食べさせました。午後10時過ぎ頃に、フィリップとチームの獣医師と共に再び歩様をチェックし、問題ないことを確認しました。私は、もう一度肢をアイシングすることにして、その後、夜の間、湿布薬を塗ってカラバンを巻いておくことにしました。

　翌朝、私は厩舎に午前5時に戻り、飼いつけの後、カラバンを外しました。すると、湿布薬はまだ完全に湿った状態だったのです。前の晩、湿布をつけてカラバンを巻いた時刻があまりにも遅かったので、湿布薬が乾ききる時間がありませんでした。このため、熱を取るよりもむしろ断熱材のような役割を果たしてしまったのです。

　想像に難くないと思いますが、自分をあまりにも情けなく思いました。サイモン号の肢は、すっかり腫れていました。冷たい流水で湿布を落としたあと、タテガミを編む間、サイモン号を氷の中に立たせておきました。フィリップは午前6時頃に到着し、歩様を確認しました。幸いにも、多少の硬さはありましたが、健全でした。フィリップがサイモン号に乗って、頭頸を低く、長くさせて、常歩、速歩、駈歩運動をする間、加圧のためにポロ・バンデージを巻いておきました。あとは、歴史の通りです。いっしょに過ごした馬の中で、一番風変わりな馬。彼は、Rolex 杯を勝ち取るために、飛びました。

　それ以降、私は自分にルールを作りました。午後6時以降の湿布薬はなし。それ以降の時間にカラバンを巻かなければならない場合は、塗り薬を使うことにしています。　エマ

第13章　最後の仕上げ・213

湿布薬の取り方

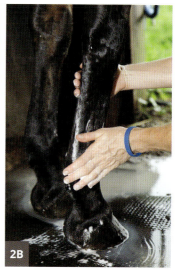

FEIおよび米国馬術連盟規定

レベルアップしていくに従って、公認競技への出場にあたっては、各国の馬術連盟（本書の場合は米国馬術連盟）および国際馬術連盟(FEI)の双方の規制に従う必要が出てきます。これらの規制をしっかりと理解することは極めて重要です。なぜなら、たとえば虫除けなど、厩舎にあるごく普通の製品も規制対象になっている可能性があるからです。皮膚や傷に使う軟膏にもしっかりと注意を払う必要があります。Panalog® 軟膏はとてもマイルドですが、ステロイドが含まれていますので、競技会前10日間は使用できません。

獣医師に製品について問い合わせても構いませんし、FEI のウェブサイト（www.feicleansport.org）でも簡単に確認できます。米国馬術連盟規定については、www.USEF.org の中の薬物規制のコーナーで、禁止物質や使用禁止期間などを確認できます。馬のケアをみなさん以外がする場合には、厩舎の責任者に競技会のスケジュールをしっかり確認してもらうようにしましょう。特定の軟膏や塗り薬を使う場合には、厩舎責任者は競技会で検査される可能性のある製品を知っている必要があります。どんな製品も使われる前にはあなたの確認を取るように徹底しましょう。※1

湿布薬を取る

1A&B：湿布薬を取る際は、乾いた紙を使って、できる限り粘土を取り除きます。

2A&B：残ったカスを落とすため、肢をシャンプーします。

3：しっかりすすいで、肌荒れが起こらないようにしましょう。

4：タオルで肢を乾かし、正常ではない熱や腫れがないか確認しましょう。

※1）なお日本国内の場合、日本馬術連盟の「馬アンチ・ドーピングおよび薬物規制規程」などに従ってください。

湿布薬の代替

1：Stayons® の Poultice Leg Wraps。

2：この形状の湿布は、良い効果を残しつつ、通常の湿布薬の面倒なところを取り除いたものです。敏感肌の馬や粘土で覆いたくない傷があるような馬に向いています。

3：粘土シートをバケツの水ないし流水で濡らします。

4：肢に巻きます。

5：カラバンを巻きます。

6：でき上がりです！手袋も、紙を濡らす必要もなく、みなさんが汚れることもありません。

7：取り外しは、カラバンを外して、紙のシートを肢から剥がすだけです。

8：肢は乾いていて、カスのついていないきれいな状態です。

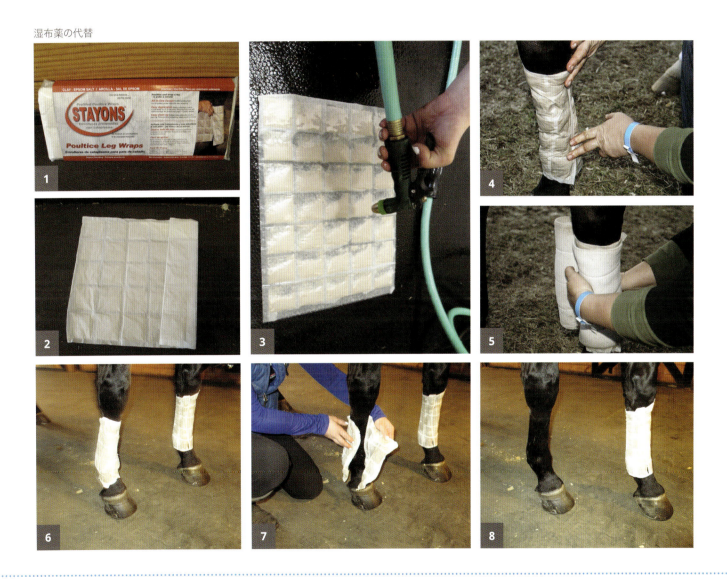

湿布薬の代替

蹄のパック

蹄のパック

挫跖や、蹄を痛がっている、固い地面の上で障碍飛越を行ったなどの場合には、夜の間、蹄にパックをして、痛みを取ることを検討してください。蹄の脈を確認する方法を知っておくと良いでしょう。球節の内側に大きな血管が通っています。心臓からも遠く、体の下の方にりますから、通常はあまり強い脈は取れません。馬が大人しく立っているときに、激しく、速い脈が取れるようならば、蹄の中で何らかの問題が発生したことを示唆している可能性があります。蹄のパックをしてみると良いでしょう。

1：球節の後ろ側にゆっくりと指を滑らせ、脈を探しましょう。内側の蹄球の直ぐ上の関節にわずかなくぼみがあります。強くて激しい脈を感じた場合には、おそらく何か問題があるはずです。脈が弱いとか、見つからないなどの場合は、蹄に問題が生じている可能性は低いと考えて良いでしょう。

2：一番ベーシックな蹄パックは、エプソム・ソルト（硫酸マグネシウム）とイソジンで作ります。

3：まず、ダクトテープで「靴」を作ります。約20cmほどの長さのダクトテープを、自分の足に横向きに貼ります。

4：テープ6切れ分ほどで、ダクトテープの四角形を作ります。

次ページへつづく ▶

蹄のパック(つづき)

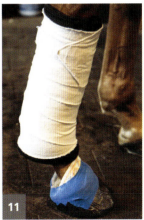

5：上から、今度は縦方向にダクトテープの四角形を作ります。テープの向きを変えることで、強くなります。

6A&B：濡れた砂くらいの硬さになるように、エプソム・ソルトとイソジンを混ぜます。

7A&B：蹄に詰めます。

8A&B：使い捨て紙おむつをかぶせます。

9A：ベトラップを巻きます。つま先から蹄球方向に蹄の周りに巻きます。

9B：悪い例：蹄球の周りを巻くときにさつく引っ張りすぎないようにしましょう。

9C：柔らかい組織の上を巻くときには、ずり落ちない程度の強さでぴったりと巻くに留めます。

9D：一周巻くごとに、蹄球の上でVの字を作るようにします。

10A〜C：最後に、先ほど作ったダクトテープの「靴」を付けましょう。

11：夜にむけて、肢の湿布と蹄のパックが終わった状態です。

第13章　最後の仕上げ・217

市販製品での代替

市販製品での代替

1：AbsorbineのMagic Cushion®やReboundの蹄パックは使い方も簡単で、良く効きます。これらの製品を使用する際には、ゴム手袋をして蹄に詰め物をしましょう。そして、217ページ記載の通り、ベトラップを巻き、ダクトテープの靴を履かせます。市販の製品を使う場合には、使い捨て紙おむつは使わないようにしましょう。使い捨て紙おむつが薬効成分を吸収してしまうためです。

Animalintexの蹄パックはシート状になっていて、適当な大きさに切って、水に浸し、ベトラップで巻いて付けられます。Animalintexには膿瘍などを引き出す性質があるので、蹄底膿瘍や挫跖の可能性を考えている場合には、非常に良い製品です。

プロのコツ

AbsorbineのMagic Cushionを使う際には、製品が染み出してしまったときに皮膚が炎症を起こさないよう、あらかじめ蹄球と蹄冠にワセリンを塗っておきましょう。

ボディ・ケア

馬場、障碍、ハンター、総合、いずれの競技においても、高いレベルの運動をしている馬には、健康で快適な状態を保つために、何らかのボディ・ケアをすると良いでしょう。競技の後も最高のコンディションを保つため、競技馬は一般的に定期的なボディ・ケアを受けています。さまざまな方法がありますが、ここでは私たちが気に入っているいくつかを紹介します。

マグネット付き馬着

1：マグネット付き馬着は、馬に着せて、自動的に20分から30分の治療を行えるものです。Respond Systems社とSport Innovations社から出ている製品が最も有名で、パルスで磁気の出るコイルが入っていて、馬の全身の血流やリンパの循環をうながす効果があります。運動前のウォームアップや、試合の日の最後に筋肉をリラックスさせるのに優れた製品です。磁気治療は、骨の回復や退行性の関節損傷、腫れなどにも効果があるとされています。

Sport Innovationsの磁気ユニットにはマッサージ機能も付いていて、磁気治療といっしょにも、マッサージ機能単体でも使えます。この道具一式購入するには、かなりお金がかかりますが、使い方も簡単ですし、ほとんどの馬に、明らかな効果が出ます。

マグネット付き馬着

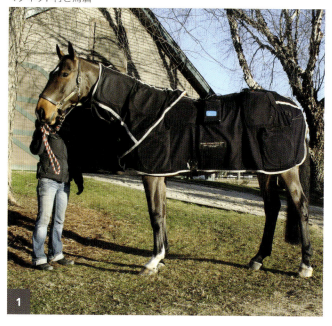

Equissage®

2：理学療法のマッサージ機器です。馬の体全体に振動を与えます。血液循環やリンパの流れをうながす他、リラックス効果もあり、関節の動きを良くします。使いやすく、仰々し過ぎず、運動前後に使うのがお勧めです。

RevitaVet™

3：LEDを使った比較的軽めの治療器具です。仰々しくなく、持ち運び可能で安全な器具です。傷の回復や、柔らかい組織の回復に効果があると共に、ツボの刺激にも効きます。循環をうながす効果があるため、RevitaVetも運動前後にお勧めです。

レーザー治療

4：レーザー治療では、一定の波長を使って細胞の活動を活性化します。さまざまな種類の、手で持てる大きさのレーザー器具が入手可能です。Multi Radiance Medical®のレーザー器具は、赤い光に磁気を帯びさせた唯一の低出力レーザー（コールドレーザー）器具で、細胞が光を吸収しやすくします。このレーザー器具では、4種類の波長を選べ、傷、柔らかい組織の怪我、深い部分にある筋肉の痙攣などに対応可能です。スーパーパルス・レーザーを使っているため、他のレーザー器具と違って熱が溜まらず、馬に火傷を負わせる恐れがありません。青い光に切り替える機能も付いており、傷などに使用した際、細菌感染を抑える効果が期待できます（205ページも参照）。

Equissage®

RevitaVet™

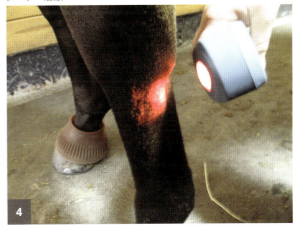
レーザー治療

カイロプラクティック、スポーツ・マッサージ、鍼

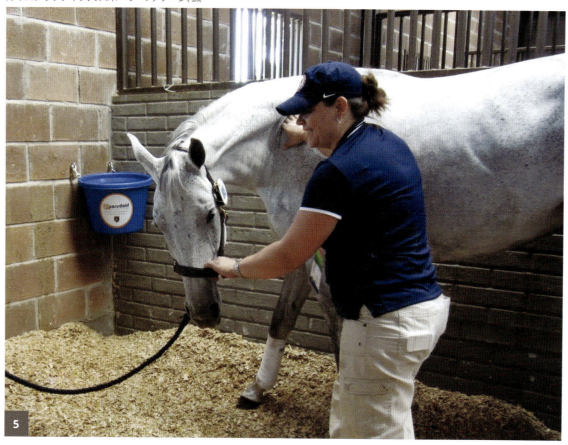

カイロプラクティック、スポーツ・マッサージ、鍼
5：これらの治療は、他の治療との組み合わせで行われることが多いですが、馬によって好き嫌いがあります。個々の馬に合わせて、問題の所在や競技会のスケジュールなどと相談しながら治療方法を選択してください。アメリカ合衆国の多くの州では、カイロプラクティックや鍼治療を行えるのは獣医師に限られています。何が効いているかは、馬が教えてくれます。マッサージの後の方が早くかつ楽にウォームアップできる馬もいれば、鍼治療の間もずっとリラックスしている馬もいます。良いセラピストに馬の治療を頼める恵まれた環境ならば、普段のケアの中で、非常に高い効果をもたらすでしょう。

あとがき

馬業界のあらゆるレベルで何年もの経験を積み、私たちは一つの結論に達しました。どんなメーカーの鞍を使っていようと、どのブランドのキュロットを履いていようと、私たちがこのスポーツをする目的は、ただ一つ、それは馬なのです。自分のポニーのタテガミの編み方を覚えようとしている子どもから、大きな賞金を勝ち取るようなスーパースターまで、このことは一貫した真実であり、そして、どんな血統の馬の面倒を見ていようと、どんな競技の手伝いをしていようと、プロのグルームにとってはなおのことです。馬が何よりも大事です。私たちは皆、馬に夢中です。四本足の仲間が準備万端の状態で、障碍を飛ぶなり、ダンスをするなりして勝利を目指して競技場に出ていくのを見るのが大好きです。そして、馬をハッピーにするために、あれこれと世話を焼くのです。

　本書を通じて、すべての馬が、より高いレベルのケアを受けられるようになることこそ、私たちの真摯な願いです。その努力と、その時間を通じ、すべての馬と、その世話をする人との絆が、ほんの少しでも強まりますように。馬房を本当に正しく掃除すれば、馬はきれいな場所で眠れます。タテガミを完璧にすれば、その馬がどんなにハンサムまたは美人か、みんなに見せつけられます。みなさんが、みなさんの馬の暮らしをほんの少しでも良くしてあげたいと思ってこの本を読み終えてくださったなら、とても嬉しく思います。

謝辞

本書の執筆を通じ、私たちが学んだことの一つは、本が完成し、世に出るまでには、実に多くの人の力が必要ということです！トラファルガー・スクエア・ブックス（Trafalgar Square Books）のみなさんには、私たちのプロジェクトを信じてくださり、そしてずっと支えていただきましたことを深謝します。写真のために牧場と家を貸してくださったウィルディシン一家のみなさん、マーラ・デピューさん、ブレン・ライアン・リスーさん、そして、ジャン・マリー、可愛い馬たちを使わせてくださって、本当にありがとうございました。

キャットより

プロのグルームになるという人生は、あらかじめ考えていたものではありませんでした。そして、グルームのコミュニティのみなさん、それにいつもそばにいて、いつでも質問に答えてくれたみなさん、夜間の緊急事態を助けてくれたみなさんからの支援・助言なくして、今の私はありません。そして、マーラ・デピュー選手なくして、今の私は絶対にありません。私がまだまったくの未熟者であったときに仕事をいただき、そして絶対に基準以下の仕事を認めないということ、いつでも馬を第一に考えることを教えてくださいました。

何年もの間、あちこちへの出張があったり、長時間労働、この本を書くために必要だった経験を積み、その間、ずっとそばにいてくれて、そして今、少し落ち着いてこの経験を本にまとめるように背中を押してくれた素晴らしい夫にも、本当に感謝しています。執筆、校正、書き直しの間、娘の面倒を見ていただいたすべての方にも、感謝してもしきれません。私のアイディアを支持し、愛情と激励をくれた家族。本を書こうかと話したところから、出版社に話をするところ、そして遂には実際に書いてしまうところまで私の限界をどんどん突破させていったダグ・ペイン。そして、もちろん、エマ・フォードとジェシカ・デイリー。いっしょにこの冒険に飛び込んでくれて本当にありがとう。たぶん、最初は、誰もどんなことに首を突っ込んだのか、分かっていなかったと思いますが！本当に、本当に、ありがとう！

エマより

「2014年に何をしていますか？」と15年前に聞かれていたら、「グルームの本を書いている」にはかすりもしないことを答えていたでしょう！2つ理由があります。まず、当時、プロのグルームを職業とするとは決めていませんでしたし、2つ目はそもそも学校でも「書く」こと全般は私の得意分野ではなかったからです！

このプロジェクトに至るまでの道のりは、本当にたくさんの人に支えられていました。あまりにも多くて、書ききれないくらいです。でも、私の人生を通じて、インスピレーションを与えてくれて、支えてくださった3人のプロのグルームの名前を挙げないわけにはいきません。アビゲイル・ラフキン厩舎で働いていた時、厩舎でも競技会でも、いつも馬にとってのベストを目指すよう教えてくれたリズ・コルチュラン。そして、尽きることのないアドバイスと、必要なときにいつも励ましてくれて、私のキャリア形成を助けてくれた親友のサ

ラ・モルトンとコルビー・ボースフィールド、本当にありがとう。

家族、文章をまとめようとしているときにいつも話を聞いてくれたキャロル・アン、人生の次のステップに進もうとするときに背中を押してくれたアメリカ人の妹、エイミー・ラス・ボーラン（中にはちょっと怖いものもありました）、みなさんの支えがなければ、本書の中の私の担当した部分は、でき上がらなかったでしょう。

グルームとしても、素晴らしい人々に雇っていただきました。アデリエンヌ・イオリオ選手、フィリップとイーヴィー・ダットン両選手は、私を励まし、そしてキャリアの中で成長する後押しをしてくださいました。みなさんは、私の第二の家族です。私を信じ、そして素晴らしい、ワールド・クラスの馬たちの世話をさせていただいたこと、本当に感謝しています。みなさんが私を信頼しなければ、グルームの仕事を続けて来られなかったと思いますし、そうしたら、この本もでき上がらなかったでしょう。

私が最後に「ありがとう」と言いたい人は、キャットです。このプロジェクトに誘ってくれて、ありがとう。自分ではまさか本を書こうなどとは頭をよぎりもしなかったでしょうし、キャットが舵取りをしてくれなければ、ペンを手に取って紙に書く勇気も湧かなかったでしょう。キャット、私の技術的な知見の不足と、そしてコンピューターを使う能力不足を補ってくれて、ありがとう。私があれだけコンピューターの問題を起こしたあとにも、引き続き口を聞いてくれているなんて、本当にあなたはなんて素晴らしい人なの！

ジェシカより

この本に登場するたくさんのゴージャスな動物たちと、こんなに近くで仕事をする機会があるとは、想像したことがありませんでした。馬の個性、強さ、優美さは、あらゆる意味で見事です。キャット・ヒル、エマ・フォード、ありがとう。二人のおかげで、私は存在すら知らなかった世界に知見を拡げ、馬とその世話をする人間との間の素敵な関係について、少し分かりはじめてきた気がします。この一生もののユニークな経験ができたことに、感謝しています。

キャット、私の写真家としての能力を信じてくれて、そしてこのプロジェクトに取り組む勇気をくださって、ありがとう。また、日々、私にインスピレーションを与え、支えてくれた夫と娘にも感謝しています。家族がいなければ、この本を完成させることはできませんでした。

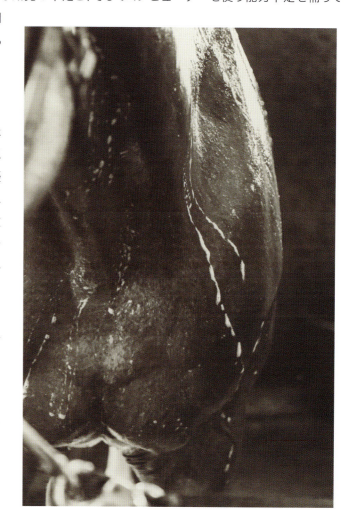

写真クレジット

写真はすべてジェシカ・デイリー (www.jesslynn.photography) による。
ただし、次の写真は著者（キャット・ヒルおよびエマ・フォード）が好意により提供したもの。

17 ページ上段 1 〜 5、30 ページ中段 1・下段 1、31 ページ上段 1、32 〜 33 ページ全カット、34 ページ 5、37 ページ下段 1B、39・42 ページ全カット、46 ページ 2A 〜 F、47 ページ 1、51 ページ 3A、57 ページ上段 1・中段 1・下段 4、58 ページ全カット、59 ページ中段 1 〜 2B、60 ページ中段 1・2、62 ページ上段右 1・上段左 1、63 ページ 1、67 ページ 3、74 ページ 1、76 ページ全カット、78 ページ全カット、79 ページ 1・3B、94 ページ上段、95 ページ 2、96 ページ 4、98 ページ 2B・5、101 ページ上段 1A・B、102 ページ中段および下段 1 〜 2C、105 ページ下段 2・3、107 〜 108・111 〜 112 ページ全カット、109 ページ 4、117 ページ上段 1 〜 3・5、119 ページ下段 2、123 ページ 2 〜 4、124 ページ 5、125 ページ 6、129 ページ 1・5A 〜 D、139 ページ 1、153 ページ 2、164 ページ上段 1 〜 3、168 ページ上段 1A&B・下段 6、170 ページ 2、174 ページ 4A、175 ページ 1・3・4、185 ページ上段右、186 ページ 4A・B、191 ページ全カット、193 ページ上段 1・3・下段 1A・B、197 〜 198 ページ全カット、201 ページ下段左、202 ページ下段 1 〜 3、203 ページ全カット、204 ページ下段、205 ページ全カット、207 ページ上段 1A 〜 C、210 ページ上段 1、215 ページ全カット、218 ページ下段 1、219 〜 220 ページ全カット。

註：原著者ならびに原著出版元は、本書に登場するすべての写真について、撮影者や被写体など関係者を特定すべく、最大限努力しました。しかし、撮影者や被写体となった人物の特定ができない、または、関係者に連絡が取れない写真も一部ありました。こうした関係者が明らかになった場合には、今後の版においてクレジットを明らかにいたします。

翻訳者あとがき

河村さん、やっとできました。

　2017年2月、何となくのお知り合いだった株式会社エクイネット・亀井伸明氏と、お名前しか存じ上げなかった学校の大先輩の河村修氏に「おそらく今の日本にはないと思うんだけど、馬の手入れの完全マニュアルみたいな本、翻訳してみたくない?」とお声がけいただきました。サンプルの翻訳を持って打ち合わせに上がったとき、河村氏が「いいね。いい仕事、しましょう」と仰ってくださったこと、握手をした感覚は今も鮮明に覚えています。河村氏の急逝に動揺したときも、いい「ことば」が出せずに落ち込んだときも、あの短い時間の記憶が最後まで拠り所となり、背中を押し続けてくれました。

河村さん。素晴らしい出会いとチャンスをくださいましたこと、本当に感謝しています。きっとどこかから作品を見てくださっていると信じています。

　この文章を書くにあたって改めて振り返ると、ここには書ききれないほどの、たくさんの方と出会えた幸運に気付かされます。馬術の指導して下さった先生方、厩務員さん、装蹄師さん、獣医さん、先輩、同期、後輩、顧問の先生。いろんな国籍の、さまざまな国に住む「馬友だち」に、たくさんの個性豊かな4本足の大きな仲間たち。

　本書の出版にあたっては、監修の乗馬クラブクレイン・瀬理町芳隆氏、TRC乗馬クラブ小淵沢・仲澤真里氏より、プロの知見から的確なご指摘・ご指導賜わりました。この場を借り、深謝申し上げます。また、野村敦氏とOrange Design Labsの榊原慎也氏にも多大なお力添えを賜わりました。野村氏は、私の日本語に忍耐強くお付き合いくださり、多くの読者に読みやすいよう文章を磨き上げてくださいました。榊原氏は、本書を美しく形にしてくださっただけでなく、実用面でも使いやすく仕上げてくださいました。原文の細かなニュアンスの理解にあたっては、英国在住の「ポロ・レジェンド」で、心から敬愛するホースマンであるエディ・ケネディ氏が海を越えて手を差し伸べてくださいました。

　最後に、プロジェクトを通じてサポートし続けてくださった亀井氏、馬に夢中な私に振り回され続けながらも、愛想を尽かさずにいてくれる両親と夫（そして、もちろん愛猫）にも、心から御礼申し上げます。

　この本が少しでも、皆さん（4本足の仲間も含めて）への恩返しになりますように。

2018年11月

野津 紗綾

©2015 Catherine Hill, Emma Ford and Jessica Dailey
Original title: World-Class Grooming for Horses published in the USA
by Trafalgar Square Books
Japanese translation rights arranged with Trafalgar Square Books, Vermont
through Tuttle-Mori Agency, Inc., Tokyo

馬のためのグルーミング完全ガイド – WORLD-CLASS GROOMING for Horses –
平成30年12月14日　第1刷発行
平成31年 1月16日　第2刷発行

著者：キャット・ヒル　エマ・フォード
翻訳：野津紗綾
監修：瀬理町芳隆　仲澤真里

発行人：亀井伸明
発行：株式会社エクイネット
〒176-0001 東京都練馬区練馬1-20-8 日建練馬ビル2階
電話 :03-6821-1966
メール：info@equinet.co.jp

発売：株式会社メディアパル
〒162-0813 東京都新宿区東五軒町6-21
電話:03-5261-1171

印刷所：株式会社シナノ
編集：野村敦
デザイン・組版：榊原慎也

©2018 EQUINET Co., Ltd
Printed in Japan
ISBN978-4-8021-3132-2 C0075

落丁・乱丁のある場合は当社にご連絡願います。良本とお取替え致します。
本書の複製、デジタル化を無断ですることは著作権法上での例外を除き著作権の侵害となります。
本書に記載されている内容を実際に行った場合に発生した事故やトラブル、損失、損害に関して当社は一切の責任を負いません。
定価はカバーに表示してあります。